Attraktive Stadthotels in Europa

Vom persönlichen
B&B bis zum edlen
Designhotel –
200 aussergewöhnliche
Unterkünfte in
39 beliebten Städten

Der Autor

Claus Schweitzer, geboren 1965, ist Reisespezialist und Autor zahlreicher Reiseführer. Über Hotels schreibt er regelmässig in den Pressetiteln «Bilanz», «Geo Saison», «Frankfurter Allgemeine Sonntagszeitung», «Die Zeit», «Swiss Magazine». Er lebt in Zürich, Montreux und vor allem aus dem Koffer.

© Konsumenteninfo AG, Zürich
Alle Rechte vorbehalten
1. Auflage, März 2012

Autor: Claus Schweitzer
Produktion: Julia Wyss
Layout: Beat Fessler
Korrektorat: Esther Mattille
Titelfoto: PD

Druck: dfmedia, 9230 Flawil

Bestelladresse:
K-Tipp-Ratgeber
Postfach 431
8024 Zürich
ratgeber@ktipp.ch
www.ktipp.ch

ISBN 978-3-906774-52-7

VORWORT

Aussergewöhnliche Stadthotels, die nicht die Welt kosten

In England heisst es «Affordable Style», in Frankreich «Chic, pas cher». Gemeint ist: Schöne Nächte müssen nicht unbedingt teuer sein.

Hotels, die grossen Ansprüchen und normalen Geldbeuteln gerecht werden, sind mehr denn je gefragt – entsprechend ist das Angebot guter, erschwinglicher Hotels in den letzten Jahren kontinuierlich gewachsen, ganz besonders in den europäischen Metropolen.

Der Autor ist Ihnen vorausgereist und hat Hotels gesucht, in denen es mehr zu entdecken gibt als «DZ inkl. Frühstück». Gefunden hat er Häuser, in denen der Gast nicht nur schläft, sondern ins Träumen gerät – ohne böses Erwachen beim Auschecken. Smarte Budget-deluxe-Hotels mit unbezahlbaren Ausblicken und urbane Rückzugsoasen, die trotz überschaubarer Preise Design-Auszeichnungen und Service-Awards abräumen, ob sie sich nun auf edle Schnörkellosigkeit oder Belle-Epoque-Behaglichkeit spezialisiert haben.

Dieser Reiseratgeber versammelt zweihundert aussergewöhnliche Häuser in Europas beliebtesten Städten, Hotels, in denen das Standard-Doppelzimmer weniger als 300 Franken kostet. In den meisten präsentierten Hotels kann man sogar für unter 200 Franken gut gelaunt übernachten – diese sind speziell mit einem Besonders preiswert gekennzeichnet.

Eine besondere Markierung verdienen auch diejenigen Hotels, die für städtische Verhältnisse ruhig liegen – sie sind am Besonders ruhig-Signet erkennbar.

Jedes Hotel wurde aktuell getestet und die jeweiligen Stärken und Schwächen anhand von fünf Kriterien kritisch durchleuchtet. Ob das Hotel nun besonders mit seiner Atmosphäre, seiner Lage, seinen Zimmern, seiner Gastronomie oder seinem Service punktet, ist mit dem Fünf-Sterne-Schema (von ★ für schwach bis ★★★★★ für sehr gut) auf einen Blick ersichtlich, pointierte Kommentare helfen bei der Auswahl. Die vorgestellten Häuser konnten weder die Aufnahme ins Buch noch die Beschreibung in irgendeiner Weise beeinflussen.

Bei den Preisangaben handelt es sich um Richtpreise der Hotels (Stand Herbst 2011). Die Erfahrung zeigt aber, dass ein Aufenthalt je nach Saison oder Wochentag auch erheblich mehr (Messe- und Festivalzeiten) oder weniger (Wochenende, Hochsommermonate) kosten kann. Am tiefsten sind die Preise meist in der Nacht von Sonntag auf Montag, weil dann die Wochenendgäste schon ab-, die Geschäftsleute aber noch nicht angereist sind. Es lohnt sich auf jeden Fall, die Internetseiten der Hotels nach Spezialangeboten zu prüfen oder im Hotel anzurufen und nach preisgünstigen Zimmern zu fragen.

Viel Spass beim Entdecken und gute Erfahrungen unterwegs.

Zürich, März 2012
Verlag und Autor

INHALT

8 Amsterdam
- 8 Arena
- 9 CitizenM Amsterdam City
- 10 Hotel V Frederiksplein
- 11 Lloyd Hotel
- 12 Miauw-Suites
- 13 Rooms and Co
- 14 Sunhead of 1617
- 15 't Hotel

16 Antwerpen
- 16 The Waterfront Art & Guesthouse
- 17 Julien

18 Athen
- 18 Achilleas
- 19 Acropolis Hill
- 20 Amalia
- 21 Periscope
- 22 The Athens Gate

23 Barcelona
- 23 Balmes
- 24 Banys Orientals
- 25 Grand Hotel Central
- 26 Casa Camper Barcelona
- 27 El Jardí Hostal
- 28 Market
- 29 Neri
- 30 Omm
- 31 The 5 Rooms

32 Basel
- 32 Au Violon
- 33 Der Teufelhof
- 34 Hotel D

35 Berlin
- 35 Bleibtreu
- 36 Casa Camper Berlin
- 37 Ellington
- 38 Honigmond
- 39 Ku'damm 101
- 40 Lux Eleven
- 41 Michelberger Hotel
- 42 Soho House Berlin
- 43 The Mandala Hotel

44 Brüssel
- 44 Pantone Hotel
- 45 Le Coup de Cœur
- 46 Tenbosch House
- 47 Chambres en Ville
- 48 Thewhitehotel
- 49 The Dominican
- 50 Bloom!

51 Budapest
- 51 Art'otel Budapest
- 52 Gerlóczy Rooms de Lux
- 53 Lánchíd 19
- 54 Mamaison Hotel Andrassy

55 Dresden
- 55 Pattis
- 56 QF Hotel
- 57 Schloss Eckberg
- 58 Therese-Malten-Villa

59 Dublin
- 59 Number 31
- 60 Pembroke Townhouse
- 61 The Morrison

62 Dubrovnik
- 62 Kazbek
- 63 Lapad
- 64 Valamar Lacroma

65 Edinburgh
- 65 Hotel du Vin
- 66 Malmaison Edinburgh
- 67 Rick's
- 68 The Bonham

69 Florenz
- 69 Antica Dimora Firenze
- 70 Arti
- 71 Cellai
- 72 Loggiato dei Serviti
- 73 Monna Lisa
- 74 Relais Uffizi
- 75 Rosso 23

INHALT

76 Genf
- 76 Eastwest
- 77 Jade
- 78 La Cour des Augustins

79 Hamburg
- 79 East
- 80 Gastwerk
- 81 Hotel Hafen Hamburg
- 82 The George
- 83 25hours Hotel Hamburg No.1
- 84 Wedina

85 Helsinki
- 85 Katajanokka
- 86 Klaus K
- 87 Rivoli Jardin

88 Istanbul
- 88 Ajia Hotel
- 89 Empress Zoe
- 90 Ibrahim Pasha
- 91 Kybele Hotel
- 92 Manzara

93 Kopenhagen
- 93 Carlton Hotel Guldsmeden
- 94 Bertrams Hotel Guldsmeden
- 95 Fox
- 96 Ibsens Hotel
- 97 71 Nyhavn Hotel

98 Lissabon
- 98 Altis Belém Hotel & Spa
- 99 As Janelas Verdes
- 100 Jeronimos 8
- 101 Palácio Belmonte
- 102 Solar Do Castelo
- 103 Solar dos Mouros
- 104 York House

105 London
- 105 base2stay Kensington Hotel
- 106 Bermondsey Square Hotel
- 107 Boundary
- 108 Dean Street Townhouse
- 109 Kensington House Hotel
- 110 Montagu Place
- 111 Number Sixteen
- 112 The Hoxton
- 113 The Main House
- 114 The Zetter

115 Luzern
- 115 Hermitage
- 116 Montana Art Deco Hotel

117 Madrid
- 117 De Las Letras Hotel
- 118 Me Madrid
- 119 Posada del Leon de Oro
- 120 Puerta América
- 121 Room Mate Alicia

122 Mailand
- 122 Antica Locanda dei Mercanti
- 123 Antica Locanda Leonardo
- 124 Antica Locanda Solferino
- 125 Enterprise Hotel
- 126 Palazzo delle Stelline
- 127 Straf
- 128 Tara Verde

129 Moskau
- 129 Mamaison All-Suites Spa Hotel Pokrovka
- 130 National

131 München
- 131 Anna Hotel
- 132 Cortiina
- 133 H'Otello Advokat B'01
- 134 La Maison
- 135 Louis Hotel
- 136 Splendid-Dollmann

137 Neapel
- 137 Belle Arti
- 138 Costantinopoli 104

139 Nizza
- 139 Hi Hotel
- 140 Hôtel Suisse
- 141 Villa de la Tour
- 142 Windsor

INHALT

143 Palma de Mallorca
- 143 Born
- 144 Convent de la Missio
- 145 Portixol
- 146 Tres

147 Paris
- 147 Arvor Saint-Georges
- 148 Caron de Beaumarchais
- 149 Gabriel
- 150 Hidden Hotel
- 151 Hôtel des Grandes Ecoles
- 152 Hôtel du Petit Moulin
- 153 Le Petit Paris
- 154 Les Jardins du Luxembourg
- 155 Les Marronniers
- 156 Mama Shelter
- 157 Hôtel Thérèse
- 158 Verneuil

159 Prag
- 159 Dum U Tri Capu
- 160 Hotel Paris
- 161 Josef
- 162 Neruda
- 163 Sax Vintage Design Hotel

164 Rom
- 164 Adriano
- 165 Albergo del Sole Al Pantheon
- 166 Forum
- 167 Hotel Locarno
- 168 Ponte Sisto
- 169 Victoria Roma
- 170 Villa Laetitia

171 Salzburg
- 171 Arthotel Blaue Gans
- 172 Die Gersberg Alm
- 173 Elefant
- 174 Hotel & Villa Auersperg

175 St. Petersburg
- 175 Alexander House
- 176 Casa Leto Private Hotel
- 177 Rossi

178 Stockholm
- 178 Columbus
- 179 Hellsten
- 180 Hotel J
- 181 Rival
- 182 Skeppsholmen

183 Strassburg
- 183 Beaucour
- 184 Villa Novarina

185 Valencia
- 185 Ad Hoc Monumental Hotel
- 186 Chill Art Hotel Jardín Botánico

187 Venedig
- 187 Casa de Uscoli
- 188 Charming House DD 724
- 189 Locanda Fiorita
- 190 Novecento Boutique Hotel
- 191 Oltre Il Giardino
- 192 Pensione Accademia
- 193 Pensione La Calcina
- 194 Quattro Fontane

195 Wien
- 195 Altstadt Vienna
- 196 Boutiquehotel Stadthalle
- 197 Hollmann Beletage
- 198 Kärntnerhof
- 199 König von Ungarn
- 200 Rathaus Wine & Design
- 201 Wandl

202 Zürich
- 202 Greulich
- 203 Lady's First Design Hotel
- 204 Plattenhof
- 205 Rössli
- 206 Seehof
- 207 Seehotel Sonne

AMSTERDAM

Besonders ruhig

Arena

's-Gravesandestraat 51
T +31 20 850 24 00
www.hotelarena.nl
reception@hotelarena.nl

Preise
EZ und DZ 119–319 €
Frühstück 18,50 €

Ambiente ★★★★○
Seit seiner Umwandlung von einer Jugendherberge in ein warmherziges Lifestyle-Hotel zur Jahrtausendwende mischen sich hier einheimische Bonvivants und Businessleute mit Hotelgästen aus aller Welt. Im schönen neogotischen Backsteingebäude aus dem Jahr 1890 ist die Vergangenheit überall spürbar. Die Zimmer mit ihren oft überhohen Decken und die öffentlichen Räume mit ihren zahlreichen historischen Erinnerungen kontrastieren bestens mit dem modernen Innendesign des Hotels.

Lage ★★○○○
Etwas ausserhalb des Stadtzentrums im ruhigen Viertel Oost beim Oosterpark, zwischen dem populären Pijp- und dem aufstrebenden Zeeburg-Quartier. Zoo und Tropenmuseum sind wenige Gehminuten entfernt.

Zimmer ★★★★○
116 komfortable, raffiniert schlicht dekorierte Zimmer in Weiss- und Beigetönen – mit schwarz gekachelten Bädern. Einige Zimmer sind auf zwei Etagen angelegt, und Zimmer Nummer 268 in einem kleinen Turm hat das Flair einer privaten Residenz. Kostenloses WiFi in den öffentlichen Räumen, ADSL in den Zimmern.

Essen & Trinken ★★○○○
Lebendiges Café-Restaurant mit einheimischen und internationalen Gerichten. Schöne Sommerterrasse.

Service ★★★○○
Angenehm unverkrampft und mehrheitlich aufmerksam.

ÖV: Tram 7 und 10 bis Station Korte's-Gravesandestraat, Tram 9 und 14 bis Station Mauritskade, Tram 3 bis Station Beukenweg.

plus-minus

+ Der in der ehemaligen Kapelle untergebrachte Nachtclub (jeweils freitag- und samstagnachts geöffnet) ist eine Amsterdamer Institution.
− Teilweise etwas hellhörige Zimmer – auch zu den Korridoren, in denen das Putzpersonal schon frühmorgens rumort.

AMSTERDAM

Besonders preiswert

CitizenM Amsterdam City

Prinses Irenestraat 30
T +31 20 811 70 90
www.citizenm
amsterdamcity.com
reservations@citizenm.com

Preise
EZ und DZ 69–159 €
Frühstück 10 €

Ambiente ★★★★○

Das im Sommer 2009 eröffnete und extrem erfolgreiche Hotel will «erschwinglichen Luxus für junge urbane Nomaden» bieten, indem es Einsparungen bei der Zimmergrösse (14 Quadratmeter) und im Service (Self Check-in & Check-out) macht, aber dennoch mit trendigem Design und zeitgemässem Komfort (fantastische 2 x 2-Meter-Matratzen mit superflauschigem Bettzeug) erfreut. Das typische Hotelgefühl mit Marmorbrunnen und Concierge sucht man vergeblich, dafür locken stimmige Aufenthaltsräume, in denen Kinderwagen zwischen Eames Lounge Chairs und Panton-Stühlen parken. Es gibt ein weiteres, identisch konzipiertes «CitizenM»-Hotel am Amsterdamer Flughafen Schiphol.

Lage ★★○○○

Am Rand der Innenstadt, zehn Fahrradminuten vom Stadtteil De Pijp und Vondelpark.

Zimmer ★★★○○

215 sehr kleine, doch klug konzipierte und mit modernster Unterhaltungselektronik ausgestattete Zimmer auf fünf Etagen. Alle Zimmer mit Ambient-Licht, kostenlosen On-demand-Movies und kostenlosem WiFi.

Essen & Trinken ★★○○○

Rund um die Uhr geöffnete «CanteenM» mit Sushi, Bio-Salaten, leckeren Sandwiches, frischen Fruchtsäften und italienischem Kaffee.

Service ★★○○○

Das wenige Personal brüht einen ausgezeichneten Cappuccino – auch morgens um drei – und erklärt technisch minderbegabten Gästen geduldig den «Moodpad» (trickreiche Touch-screen-Fernbedienung, die Temperatur, Licht, Jalousie, Musik und TV regelt).

ÖV: Tram Nr. 5 ab Amsterdam Centraal Station bis Haltestelle Prinses Irenestraat. Von dort wenige Schritte bis zum Hotel.

plus-minus

+ Das Motto «Luxury where it matters, budget where it counts» wurde hier bis ins Detail gelungen in die Realität umgesetzt. Nichts wird dem Zufall überlassen.

− Die Zimmer und Bäder sind winzig klein wie auf einer Yacht. Einen Kleiderschrank sucht man vergeblich.

AMSTERDAM

Besonders preiswert

Hotel V Frederiksplein

Weteringschans 136
T +31 20 662 32 33
www.hotelv.nl
stay@hotelv.nl

Preise
EZ und DZ 119–189 €
inkl. Frühstück

Ambiente ★★★★○
Die Leichtigkeit des Seins steht im Mittelpunkt des «V». Auf der Homepage steht das Motto der Betreiber: «Live love don't hate have fun give don't take live and let live.» Das wunderbare Hotelteam stammt mehrheitlich aus Amsterdam und zeigt, was es heisst, «gezellig» zu sein. Die Atmosphäre ist auf einfache Art stylish und trendy, mit stimmungsvoller Kamin-Lobby, frischen Blumensträussen und mehrheitlich jungen Gästen, die ohne goldene Kreditkarte verreisen. Warme Getränke sind den ganzen Tag kostenlos erhältlich, zudem gibt es eine grosse Auswahl an Zeitschriften und Bildbänden.

Lage ★★★○○
Am Rand der Innenstadt, wenige Strassen vom Pijp-Viertel und der zentralen Einkaufsstrasse Utrechtsestraat entfernt.

Zimmer ★★○○○
48 funktionelle, modern in Brauntönen eingerichtete und ziemlich kleine Zimmer mit kostenlosem WiFi.

Essen & Trinken ○○○○○
Kein Restaurant im Haus, doch befinden sich zahlreiche Restaurants in der nahen Umgebung.

Service ★★★★★
Gut drauf, fachlich souverän und ausgesprochen hilfsbereit.

ÖV: Ab Hauptbahnhof Tram 4 oder 25 bis Station Frederiksplein.

plus-minus

+ Die meisten Mitarbeiter wissen präzise darüber Bescheid, welche Clubs, Restaurants, Coffeeshops und Galerien gerade angesagt sind. Die Hotel-Homepage informiert ebenfalls verlässlich über das aktuelle Geschehen in der Stadt sowie über authentische und innovative Lieblingsorte der Hotelcrew («Amsterdam by V»).

– Selbst in den grösseren Zimmern wird es auch mit wenig Gepäck rasch eng und es gibt wenig Ablageflächen. Auch die Lärmisolation – nach innen und nach aussen – lässt zu wünschen übrig.

AMSTERDAM

Besonders preiswert

Lloyd Hotel

Oostelijke Handelskade 34
T +31 20 561 36 36
www.lloydhotel.com
post@lloydhotel.com

Preise
EZ und DZ 85–300 €
Frühstück 18 €

Ambiente ★★★★★

Aus dem Emigrantenhotel der Zwanzigerjahre wurde 2004 das kulturfreudige, designbewusste und unkonventionelle «Lloyd Hotel». Das Besondere: Die Gäste können aus fünf Zimmerkategorien von spartanisch, mit Etagenbad, bis zur Luxussuite mit Konzertflügel wählen. Entsprechend vielfältig ist das Publikum. In den weitläufigen öffentlichen Räumen tummeln sich Modeleute und Künstler ebenso wie junge Familien. Zudem mischt sich vom Foyer bis ins Dachgeschoss Alt und Neu auf Aufsehen erregende Art – immerhin haben mehr als 50 niederländische Designer am Umbau mitgewirkt. «Offen und exzentrisch wie Amsterdam selbst», schrieb die «New York Times» über das Hotel, «innovativ an allen Fronten», schwärmt ein holländisches Online-Magazin.

Lage ★★★★○

Im trendigen Oostelijk Havengebiet, Amsterdams boomenden Docklands.

Zimmer ★★★○○

117 Zimmer von Ein- bis Fünf-Sterne-Komfort – jedes ist ein Unikat. Alle Zimmer haben niederländisches Flair, auf traditionelle oder moderne Art. Kostenloses WiFi im ganzen Haus.

Essen & Trinken ★★★○○

Mediterran inspirierte Marktküche im spektakulären Restaurantsaal Snel, der zugleich Lobby ist. Rund um den fast dreissig Meter hohen Saal mit gläserner Decke sind plattformartige Galerien und Raumboxen angelegt, die untereinander durch offene Treppen verbunden sind.

Service ★★★○○

Ob Low- oder High-Budget-Gast: Der Service ist für alle derselbe, inklusive 24-Stunden-Zimmerservice.

ÖV: Das Hotel liegt am östlichen Ende des Hauptbahnhofs, mit direkter Tramverbindung vom Bahnhof: Tram 26 bis Station Rietlandpark.

plus-minus

+ Das kulturell engagierte Hotel erfreut regelmässig mit (meist kostenlosen) Konzerten, Lesungen, Modeschauen, Filmvorführungen und Anlässen aller Art. Ausserdem gibt es eine Bibliothek mit über 8000 Büchern und Kunstbänden. Fahrradverleih an der Rezeption.
− Die düstere Backsteinfassade lässt wenig Gutes erhoffen – drinnen aber ist es hell und freundlich.

AMSTERDAM

Miauw-Suites

Hartenstraat 36
T +31 20 893 29 33
www.miauw.com
miauw@miauw.com

Preise
EZ und DZ 145 €
Suite 195–245 €
Frühstück 15 €

Ambiente ★★★★★
Der Erfolg der «Miauw-Suites» in Antwerpen hat die Besitzerin Analik dazu motiviert, einen Amsterdam-Ableger dieser clever gemachten Unterkunft mit dem Lebensgefühl einer eigenen Wohnung zu eröffnen. 2007 war es so weit: In zwei alten, miteinander verbundenen Häusern locken vier lichtdurchflutete, modern eingerichtete Zimmer und Suiten, teilweise mit eigener Küche und Blick auf die Keizersgracht. Um die Preise erschwinglich zu halten, wird auf teure Dienstleistungen verzichtet, und die Rezeption ist nicht immer besetzt – den Gästen wird bei Ankunft ein Hausschlüssel überreicht. Wie die Besitzerin stammen die Gäste mehrheitlich aus dem Design-, Werbe- und Filmbusiness. Regelmässig werden Kunstausstellungen, Performances sowie hauseigene Mode- und Möbelkollektionen gezeigt.

Lage ★★★★★
Im Stadtzentrum in den angesagten «9 Straatjes» (Seitenstrassen von Prinsengracht, Keizersgracht, Herengracht und Singel).

Zimmer ★★★★★
4 geräumige, cool gestylte Zimmer und Suiten mit frischen Blumen und kostenlosem WiFi. Jedes Zimmer verfügt zudem über einen Apple-Computer mit freiem Internetzugang.

Essen & Trinken ○○○○○
Kein Restaurant im Haus, doch befinden sich ungezählte Cafés und Restaurants in unmittelbarer Umgebung. In den Sommermonaten wird die Modeboutique im Erdgeschoss zu einem kleinen Café umfunktioniert.

Service ★★○○○
Gut für unabhängige Gäste. Wer gerne rund um die Uhr von Hotelmitarbeitern umhätschelt wird und einen Concierge als ständigen Ansprechpartner braucht, ist hier fehl am Platz.

ÖV: Tram 13, 14, 17 bis Station Westermarkt.

plus-minus

+ Die «Miauw-Suites» sind ein stets im Wandel begriffener Showroom – die meisten Möbel und Wohnaccessoires stehen zum Verkauf. Hat man die Nachttischlampe ins Herz geschlossen, bezahlt man sie zusammen mit der Zimmerrechnung und nimmt sie gleich nach Hause.
− Im sprichwörtlichen Stadtzentrum gelegen, kann es hier auch mal ein bisschen laut werden.

AMSTERDAM

Besonders ruhig
Besonders preiswert

Rooms and Co

Hemony straat 1a
T +31 20 671 52 47
www.roomsandco.nl
info@roomsandco.nl

Preise
EZ und DZ 130 €
inkl. Frühstück

Ambiente ★★★○○
Die Art Guesthouse, die man immer zu entdecken hofft: charmant, speziell, behaglich – genau so wie Amsterdam selbst. Es befindet sich in einem renovierten Haus aus dem Jahr 1910 und beherbergt acht wohnliche Zimmer, die entweder auf die ruhige Strasse oder auf putzige Stadtgärten blicken. Obschon es vom «Rooms & Co» nicht weit ins Stadtzentrum und ins Museumsquartier ist, gibt es kaum Touristen in der Gegend, was das Gefühl verstärkt, dass man ein Teil der lokalen Szene ist.

Lage ★★○○○
Am Rand der Innenstadt, rund zehn bis fünfzehn Gehminuten ins Stadtzentrum und ins Museumsquartier.

Zimmer ★★○○○
8 einfache, angenehme Zimmer (alle nach Farben benannt und entsprechend thematisiert: «Green Room», «Red Room», «White Room» usw.) mit kostenlosem WiFi.

Essen & Trinken ○○○○○
Kein Restaurant im Haus, doch befinden sich diverse Restaurants in der nahen Umgebung.

Service ★★○○○
Wechselhaft. Vieles klappt mehr durch Zufall als nach Plan. Einige Gästekommentare auf dem Internetportal Trip Advisor lassen klar darauf schliessen, dass man den Launen des Hausherrn Daniel Jurisich ausgeliefert ist.

ÖV: Vom Hauptbahnhof Tram 4 bis Station Stadhouderskade. Von dort sind es zwei Gehminuten bis zum «Rooms and Co».

plus-minus
+ Der «Brown Room» führt direkt in den Garten hinaus.
− Wie in so manchem Amsterdamer Bed & Breakfast scheinen die Heizungen an den kältesten Wintertagen oftmals zu streiken.

AMSTERDAM

Besonders preiswert

Sunhead of 1617

Herengracht 152
T +31 20 626 18 09
www.sunhead.com
carlos@sunhead.com

Preise
EZ und DZ 119–149 €
inkl. Frühstück

Ambiente ★★★★○
«Bed and delicious Breakfast» umschreibt Gastgeber Carlos Cecilio sein 400 Jahre altes Kanalhaus an Amsterdams prachtvollster Gracht. Das putzige B&B empfängt seit 1994 zufriedene Besucher aus aller Welt, wie das Gästebuch zeigt, und das lukullische Frühstück in der Küche von Carlos würde jedem Fünf-Sterne-Hotel gut anstehen. Die beiden schönen Zimmer befinden sich beide am Ende einer steilen, engen Treppe im Dachgebälk – der «Red Tulip Room» verfügt über einen traumhaften Kanalblick, der «Yellow Narcissus Room» hat keinen nennenswerten Ausblick, ist dafür sehr ruhig und besonders gemütlich. Man fühlt sich wie in «seiner» Amsterdamer Wohnung, und eine Hauskatze gibt es auch – hier kommt definitiv kein «Hotel-Feeling» auf. Es gibt nur ein echtes Problem – man bekommt kein Zimmer, wenn man nicht weit im Voraus reserviert.

Lage ★★★★★
Im Herzen des als Unesco-Weltkulturerbe klassifizierten Grachtengürtels.

Zimmer ★★★★○
2 heimelige, liebevoll gepflegte und in einem bunten Amsterdamer Stilmix eingerichtete Doppelzimmer mit kostenlosem WiFi. Das B&B empfängt keine Kinder unter 10 Jahren.

Essen & Trinken ○○○○○
Kein Restaurant im Haus, jedoch befinden sich zahlreiche Restaurants in unmittelbarer Nähe – es lohnt sich, den Empfehlungen des Gastgebers zu folgen.

Service ★★★★○
Sehr persönlich und hilfsbereit, aber nicht immer vorhanden wie in einem richtigen Hotel.

ÖV:
Tram 1, 2, 5, 13, 14, 17 bis Station Dam.

plus-minus

+ Die Lage an der Herengracht mit ihren Giebelhäusern aus dem 17. Jahrhundert könnte einem Kalenderbild entsprungen sein. Abends ist die ganze Szenerie so romantisch illuminiert, dass man leicht versteht, weshalb sich manche Amsterdamer so vorkommen, als lebten sie in einem Themenpark für Touristen.

− Bei winterlichen Aussentemperaturen wird es in den beiden Zimmern unterm Dach nie so richtig warm.

AMSTERDAM

't Hotel

Leliegracht 18
T +31 20 422 27 41
www.thotel.nl
amsterdam@thotel.nl

Preise
EZ 134–169 €
DZ 145–199 €
Familienzimmer 249–299 €
inkl. Frühstück

Ambiente ★★★★○
Familiengeführte Edelpension in einem historischen Kanalhaus an der idyllischen Leliegracht, die Keizersgracht und Herengracht miteinander verbindet. Das Haus muss nicht auftrumpfen, um sich zu beweisen. Es ist geschaffen für Gäste, die ein gewisses Understatement schätzen und das Gefühl, in einem privaten Anwesen eingeladen zu sein, in dem der Gastgeber für alles gesorgt hat. Wer Hotels gewöhnt ist, in denen ein Zimmer dem anderen gleicht, wird das vielleicht nicht mögen.

Lage ★★★★★
Nahe dem zentralen Dam-Platz und doch an einer ruhigen Ecke im berühmten Grachtengürtel. Ein idealer Ausgangspunkt für Amsterdam-Erkundungen zu Fuss.

Zimmer ★★○○○
8 sehr unterschiedliche, eher einfache Zimmer. Drei Zimmer blicken auf die Leliegracht. Zimmer Nummer 8 ist ein Loft für bis zu fünf Personen. Alle Zimmer verfügen über Flachbildschirm und kostenloses WiFi.

Essen & Trinken ○○○○○
Kein Restaurant im Haus, doch befinden sich zahlreiche Restaurants in der nahen Umgebung. In den Zimmern liegt eine Liste der vom Hotel empfohlenen Lokale inklusive Stadtplan mit den genau eingetragenen Restaurant-Standorten auf.

Service ★★★★○
Hier ist alles ein bisschen persönlicher als anderswo. Wer zum zweiten Mal kommt, ist bereits ein Freund des Hauses.

ÖV: Tram 13, 14, 17 bis Station Westermarkt.

plus-minus

✚ Authentischer kann man in Amsterdam kaum wohnen.

− Die sehr steilen Treppen mögen für den einen oder anderen Gast eine Herausforderung sein, aber je höher das gebuchte Zimmer liegt, desto besser ist der Ausblick. Ausserdem helfen die Mitarbeiter ungefragt beim Koffer hoch- und runtertragen.

ANTWERPEN

Besonders preiswert

The Waterfront Art & Guesthouse

Verbindingsdok Westkaai 8
T +32 476 37 50 21
www.waterfront-art.be
info@waterfront-art.be

Preise
EZ 99 €, DZ 115 €
inkl. Frühstück

Ambiente ★★★○○
Bohème-artiges, sehr gepflegtes Bed & Breakfast mit viel hausgemachter Kunst der Gastgeberin Olga Dengo, nettem Empfang und zwei gemütlichen «Home from home»-Gästezimmern. Im ohnehin schon tiefen Zimmerpreis (115 € für zwei Personen) sind auch das Frühstück, sämtliche Konsumationen aus dem prall mit Getränken und Snacks gefüllten Kühlschrank in der Küche, der Parkplatz, WiFi und auf Wunsch die Benutzung des Malateliers inbegriffen. Die Atmosphäre im Wohnsalon mit Blick auf die Waterfront und die vorbeifahrenden Schiffe ist ausgesprochen friedlich und entspannt.

Lage ★★★○○
An der boomenden Waterfront, zwischen Willemdok und Kattendijkdok.

Zimmer ★★○○○
2 angenehme, funktionell eingerichtete Zimmer mit guten Betten und kostenlosem WiFi.

Essen & Trinken ○○○○○
Kein Restaurant im Haus, jedoch befinden sich diverse Restaurants in der nahen Umgebung.

Service ★★★★○
Das Gastgeberpaar Wouter Arrazola de Oñate und Olga Dengo sorgt mit souveräner Herzlichkeit für ein zweites Zuhause seiner Gäste und ist jederzeit bei Restaurantempfehlungen, Theaterbuchungen und Reisearrangements behilflich.

ÖV: Tram 4 und 7 bis Station Lange Koepoortstraat.

plus-minus

+ Frühstückszeit ist dann, wenn es der Gast wünscht, und problemlos auch nachmittags um drei Uhr möglich.
− Keine nahegelegene Anbindung an öffentliche Verkehrsmittel.

ANTWERPEN

Besonders ruhig

Julien

Korte Nieuwstraat 24
T +32 3229 06 00
www.hotel-julien.com
info@hotel-julien.com

Preise
EZ und DZ 170–245 €
inkl. Frühstück

Ambiente ★★★★★
Die Hotellerie braucht Überzeugungstäter. Die Hotellerie braucht Leidenschaft und Hingabe. Stil. Ein Stück Wahnsinn. Und ein bisschen Witz und Spass. So entsteht ein Hotel wie das «Julien»: charaktervoll, aufregend und natürlich schön. Die Besitzer verstanden es bestens, aus zwei alten flämischen Gebäuden ein zeitgemässes Boutiquehotel mit dem gewissen frechen Etwas zu machen. Seit der stilsicheren Erweiterung im Frühjahr 2010 locken begrünte Innenhöfe, ein gemütlicher Wohnsalon mit Kamin und Büchern, ein wunderbarer Frühstücksraum, eine Bar, wo neben Cocktails und feinen Offenweinen auch kleine Häppchen serviert werden, eine Dachterrasse mit Blick über Antwerpens Altstadt und eine grandiose Fotokunstsammlung, die sich über das ganze Hotel verteilt. Insgesamt ein uneingeschränkt empfehlenswertes Hotel mit viel Liebe zum Detail und belgischer Gastlichkeit auf höchstem Niveau.

Lage ★★★★○
Ruhig in der Innenstadt, nur wenige Gehminuten von der Kathedrale und den Einkaufsstrassen entfernt.

Zimmer ★★★★★
22 sehr unterschiedliche, durchwegs geschmackvoll eingerichtete und makellos saubere Zimmer im Stil «weniger ist mehr». Sehr gute Betten, mehrheitlich hohe Räume, kostenloses WiFi im ganzen Haus. Zwei Zimmer verfügen über grosse private Balkone.

Essen & Trinken ★★○○○
Kein Restaurant im Haus, aber Snacks und leichte Gerichte sind jederzeit zu haben.

Service ★★★★★
Das gut motivierte Hotelteam sorgt mit warmherziger Fürsorglichkeit dafür, dass die Gäste sich wie Freunde des Hauses fühlen.

ÖV: Tram 10 und 11 bis Station Melkmarkt.

plus-minus

+ Kleiner Wellnessbereich mit Sauna, Dampfbad und professionell durchgeführten Körper- und Beautybehandlungen.

− Der Aufzug führt nicht in die oberen Etagen, je nach Zimmer ist mit sehr steilen Treppen zu rechnen.

ATHEN

Besonders preiswert

Achilleas

Lekka 21
T +30 210 32 33 197
www.achilleashotel.gr
achilleas@tourhotel.gr

Preise
EZ 75–137 €, DZ 100–159 €
Dreibettzimmer 120–170 €
Vierbettzimmer 150–185 €
inkl. Frühstück

Ambiente ★★○○○
Ein ganz normales Drei-Sterne-Hotel mit dem Vorteil, tadellos gepflegt zu sein, über einen ausgesprochen freundlichen Empfang und Service zu verfügen und buchstäblich im Herzen der Stadt zu liegen. Wer es gerne ruhiger und zurückgezogener mag: Das unlängst eröffnete Schwesterhotel «Acropolis Hill» (siehe nächster Hoteltipp) bietet ebenfalls einen sensationellen Gegenwert.

Lage ★★★○○
Im Stadtzentrum, drei Gehminuten zum Syntagma-Platz.

Zimmer ★★○○○
34 solide, zweckmässig eingerichtete Zwei-, Drei- und Vierbettzimmer. Kostenloses WiFi im Lobbybereich.

Essen & Trinken ○○○○○
Kein Restaurant im Haus, doch befinden sich zahlreiche Restaurants und Bars in der unmittelbaren Umgebung.

Service ★★★★○
Persönlich, aufmerksam und mit fliessenden Englischkenntnissen – drei Attribute, die in Athener Hotels nicht immer selbstverständlich sind.

ÖV: Metro Blaue Linie bis Station Syntagma. Am Syntagma-Platz der Karageorgi-Servias-Strasse folgen und rechts in die Lekka-Strasse abbiegen.

plus-minus

+ Hervorragendes Preis-Leistungs-Verhältnis.
− Für unruhige Schläfer ist das Quartier nicht optimal: In den umliegenden Strassen ist nachts viel los.

ATHEN

Besonders ruhig
Besonders preiswert

Acropolis Hill

7 Mousson Street
T +30 210 9235 151
www.acropolishill.gr
info@acropolishill.gr

Preise
EZ 85–130 €, DZ 110–140 €
Dreibettzimmer 130–160 €
inkl. Frühstück

Ambiente ★★★○○
Aus dem heruntergekommenen «Austria Hotel» wurde Ende 2010 das urban gestaltete «Acropolis Hill». Es überzeugt mit besonders nettem Empfang, einladender Lobby-Lounge-Bar und ordentlichem Frühstück. Aus den Zimmern blickt man entweder auf die Akropolis, auf einen grünen Hügel, auf den Hotelpool im Garten oder auf die Innenstadt. Die Auswahl an Hotels im ruhigen Filopappou-Stadtviertel bestand bisher aus übertreuerten oder maroden Unterkünften, umso erfreulicher ist dieses neue, geheimtippwürdige und erstaunlich preisgünstige Boutiquehotel.

Lage ★★★★○
In einer friedlichen Wohngegend auf dem grünen Filopappou-Hügel zu Füssen der Akropolis, wenige (steile) Gehminuten zum Syntagma-Platz und zu den Haupteinkaufsstrassen.

Zimmer ★★★○○
36 komfortable, schlicht gestylte Zimmer in dezenten Grau-, Beige-, Braun-, Weiss- und Blautönen. Alle Zimmer mit kleinem Balkon und kostenlosem WiFi.

Essen & Trinken ★○○○○
Lobby-Lounge-Bar mit kleinen Snacks, im Sommer schöne Rooftop-Bar. Diverse Restaurants fünf bis zehn Gehminuten entfernt.

Service ★★★★○
Liebenswürdig, effizient, überdurchschnittlich. Die Rezeption ist rund um die Uhr besetzt.

ÖV: Metro-Station Siggrou-Fix. Von dort die Drakou-Strasse hinaufgehen bis zur Mousson-Strasse.

plus-minus

+ Das Freibad im Garten bietet eine willkommene Abkühlung nach einer Stadterkundung.
− Die Zimmer und Bäder sind klug konzipiert, doch ziemlich klein.

ATHEN

Besonders preiswert

Amalia

10 Amalias Avenue
T +30 210 32 37 300
www.amaliahotelathens.gr
reserve@amaliahotels.com

Preise
EZ und DZ 98–250 €
inkl. Frühstück

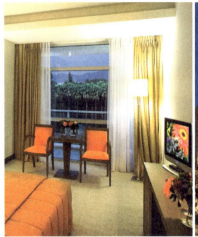

Ambiente ★★★○○
Das in den frühen Sechzigerjahren eröffnete und 2007 totalrenovierte Hotel ist keine architektonische Schönheit und auch von der Innendekoration her keine Offenbarung. Es gibt aber dem Reisenden zu jedem Zeitpunkt das Gefühl, dass er im Mittelpunkt der Stadt angekommen ist. Das hier ist das Zentrum.

Lage ★★★★○
Im Stadtzentrum, mit Blick auf das Griechische Parlament und den prachtvollen Nationalgarten. Wenige Schritte vom Syntagma-Platz entfernt, praktisch alle nennenswerten Sehenswürdigkeiten sind zu Fuss erreichbar.

Zimmer ★★★○○
98 komfortable, makellos saubere, doch banal eingerichtete Zimmer, die meisten mit Balkon. WiFi kostenpflichtig.

Essen & Trinken ★★○○○
Restaurant mit griechischen Spezialitäten. In der Lobby-Lounge (mit Blick auf den Nationalgarten) werden jederzeit kleine Häppchen serviert.

Service ★★★★○
Die durchwegs aufmerksamen, professionell agierenden Mitarbeiter sorgen dafür, dass sich der Gast im Mittelpunkt fühlt, sei dies im Hotel oder im Restaurant.

ÖV: Metro Blaue Linie bis Station Syntagma. Das «Amalia» liegt 50 Meter entfernt. Express-Flughafenbus X 95 bis Station Othonos-Strasse (ebenfalls 50 Meter zum Hotel).

plus-minus

+ Das hochgradige Gastbewusstsein der Hotelcrew und das gute, überdurchschnittlich reichhaltige Frühstück.

− Die Zimmer nach vorne sind bei offenen Fenstern extrem laut, bei geschlossenen Fenstern ziemlich laut, und auf die Klimaanlage ist nicht immer Verlass. Für Lärmempfindliche empfiehlt sich unbedingt ein Zimmer nach hinten.

ATHEN

Besonders ruhig

Periscope

22 Charitos Street
T +30 210 72 97 200
www.periscope.gr
info@periscope.gr

Preise
EZ und DZ 135–185 €
Juniorsuite 210–290 €
Penthouse-Suite 397–450 €
inkl. Frühstück

Ambiente ★★★○○
Gar nicht einfach, im edel-kosmopolitischen Kolonaki-Quartier eine bezahlbare Unterkunft zu finden. Zum Glück gibt es dieses kleine Lifestyle-Hotel, das mit urbanem Chic, Liebe zum Detail und einer schönen Dachterrasse mit kleinem Pool erfreut. Im Zentrum der Aufmerksamkeit dieser Dachterrasse steht ein echtes Periskop. Es lässt sich mittels eines Joysticks von den Gästen steuern, sodass man unentdeckt Allerlei beobachten kann. Die jeweiligen An- und Einsichten (im neutralen Zustand Stadtbilder) werden zeitgleich auf einen Bildschirm in der Lobby-Lounge projiziert. Ebenfalls originell: Die Zimmerdecken sind mit Luftaufnahmen von Athen dekoriert – ein verblüffender Anblick, wenn man auf dem Bett liegt.

Lage ★★★★○
In einer kleinen, ruhigen Strasse im sicheren und sauberen Kolonaki-Viertel, wo man wenige Touristen und viele elegante Athener antrifft. Zehn Gehminuten vom Syntagma-Platz und zwanzig Gehminuten von der Akropolis entfernt.

Zimmer ★★★○○
17 komfortable, schlicht-modern gestaltete, eher kleine Zimmer. 4 geräumige Juniorsuiten mit schönem Blick auf den Lycabettus-Hügel und die Akropolis. Penthouse-Suite mit privater Terrasse und Aussen-Whirlpool. Kostenloses WiFi und kostenloser CD- und DVD-Verleih.

Essen & Trinken ★○○○○
In der Hotelbar werden kleine Häppchen serviert. Zahlreiche Restaurants, Café und Bars befinden sich in der nahen Umgebung.

Service ★★★○○
Routiniert freundlich.

ÖV:
Metro-Station Evangelismos.

plus-minus
+ Freier Zutritt zum Holmes Place Health Club (zehn Gehminuten vom Hotel).
− Wie in so vielen auf Design getrimmten Hotels läuft das Wasser in der Dusche mehr oder weniger schlecht ab, sodass das Badezimmer rasch überschwemmt ist.

The Athens Gate

10 Syngrou Avenue
T +30 210 92 38 302
www.athensgate.gr
info@athensgate.gr

Preise
EZ und DZ 110–235 €
Dreibettzimmer 190–250 €
Vierbettzimmer 310–385 €
Juniorsuite 285–340 €
inkl. Frühstück

Ambiente ★★★★○
Das Interieur des modernen, siebenstöckigen Gebäudes ist schlicht – nicht im Sinne von simpel-anspruchslos, vielmehr im Sinne gekonnter Konzentration auf das Wesentliche. Der Clou dieses Hotels ist jedoch die Lage direkt gegenüber dem Tempel des Olympischen Zeus. Zum unlängst eröffneten Neuen Akropolis-Museum (ein transparentes Meisterwerk mit mannigfaltigen Mosaiken und berückenden Torsi) und zur rund 130 Meter höher gelegenen Tempelanlage mit dem Parthenon-Tempel sind es wenige Schritte.

Lage ★★★★○
Mittendrin, neben dem Zeus-Tempel und wenige Gehminuten zu den Gassen der Plaka.

Zimmer ★★★○○
98 komfortable, schlicht-schöne, eher kleine Zimmer sowie 1 Juniorsuite. Alle Frontzimmer mit Balkon und Blick auf den Zeus-Tempel. Alle rückwärtigen Zimmer im siebten Stock blicken auf die Akropolis. Kostenpflichtiges WiFi in den öffentlichen Räumen.

Essen & Trinken
★★★★○
Sehr empfehlenswertes Dachgarten-Restaurant (Frühstück, Lunch und Dinner) mit Bar und berauschendem Ausblick. Lobby-Bar-Cafeteria.

Service ★★★★○
Zurückhaltend zuvorkommend und kenntnisreich, wenn es um Auskünfte über Sehenswürdigkeiten und Restaurants geht.

ÖV: Metro-Station Akropolis.

plus-minus

+ Abends, wenn die Akropolis über dem Dachgarten-Restaurant zu schweben scheint, wird es einem ganz leicht ums Herz und schwindlig vor Glück.
− Die ständige Geräuschkulisse wegen der stark befahrenen achtspurigen Hauptstrasse zwischen Hotel und Zeus-Tempel.

BARCELONA

Balmes

Carrer de Mallorca 216
T +34 93 451 19 14
www.derbyhotels.com/es/hotel-balmes
balmes@derbyhotels.es

Preise
EZ 90–200 €
DZ 100–250 €
Suite 220–450 €
Frühstück 15 €

Ambiente ★★★○○
Hip hin oder her – die Erschwinglichkeit eines Hotels ist für junge Businessreisende von zentraler Bedeutung. Kaum Abstriche machen muss der trendbewusste Gast mit schmalem Geldbeutel im «Balmes». Das Drei-Sterne-Haus liegt sehr zentral im Eixample-Quartier, bietet hundert angenehme Zimmer im Minimal-Look, einen pittoresken Innenhofgarten mit Freibad und ein Mitarbeiterteam, das grossen Wert darauf legt, dass möglichst jeder Spezialwunsch zu möglichst jeder gewünschten Zeit erfüllt wird. In den öffentlichen Räumen, die mit afrikanischen Masken und moderner Kunst – edlen Sammelstücken des Hotelbesitzers Jordi Clos – geschmückt sind, trifft man auf schöne Menschen – eigentlich wie in New York oder London. Nur redet hier keiner vom Job, niemand stöhnt über Mobbing, Migräne oder Winterdepressionen.

Lage ★★★○○
Zentral im Eixample-Quartier, nahe Passeig de Gracia und Plaça Catalunya.

Zimmer ★★★○○
102 schlichte, makellos saubere Zimmer und 8 Suiten (teilweise mit Terrasse zum riesigen, begrünten Innenhof). Kostenloses WiFi im ganzen Haus. Unlängst sind einige luxuriöse Apartments (35–57 Quadratmeter, mit komplett ausgestatteter Küche) in einem ruhigen Nebengebäude hinzugekommen.

Essen & Trinken ★★○○○
Kleines Restaurant (nur wochentags und mittags von 13.30 bis 15.30 Uhr geöffnet). In der «Bar Bal» werden täglich von 8–23 Uhr kleine Häppchen serviert. Für ein gehaltvolleres Essen braucht man nur ein paar Schritte zu gehen: In der Umgebung gibt es viele Restaurants.

Service ★★★★★
Die Herzlichkeit der Mitarbeiter ist ansteckend: Gute Laune liegt über dem Haus.

ÖV: U-Bahn-Stationen Diagonal (Linien 3 und 5) und Passeig de Gracia (Linien 1 und 3). Von beiden Haltestellen ist es jeweils rund 700 Meter bis zum Hotel.

plus-minus

+ Sehr schöner Innenhofgarten mit kleinem Freibad.
− Die Einzelzimmer sind mit 12 Quadratmetern winzig klein. Und die Matratzen sind teilweise etwas gar durchgelegen.

BARCELONA

Besonders preiswert

Banys Orientals

Calle Argenteria 37
T +34 93 268 84 60
www.hotelbanysorientals.com
reservas@hotelbanys
orientals.com

Preise
EZ 87–97 €, DZ 99 €
Suite 130 €
Frühstück 10 €

Ambiente ★★★★★
Nur ein paar Häuserblocks von der Kathedrale entfernt, läuft dieses kleine Hotel beinahe Gefahr, übersehen zu werden, so gut verbirgt es sich hinter einer unauffälligen historischen Fassade mit kleinen Balkonen. Doch genau darin besteht das Erfolgsgeheimnis des «Banys Orientals»: Nicht äusserlich auftrumpfen, sondern mit Inhalten überzeugen. Die Zimmer sind nicht gross, verfügen aber über Holzböden, schlicht-schönes Mobiliar und geräumige Walk-in-Duschen. Auf Minibar und Room-Service muss der Gast verzichten, dafür bietet ein Kühlschrank im Korridor unerschöpflichen Nachschub an Wasserflaschen, es gibt eine grosse Schale mit Äpfeln und diverse internationale Tageszeitungen. Der überdachte Innenhof beherbergt ein hübsches Restaurant. Das belebte gotische Viertel liegt vor der Haustür, und zu Fuss ist man schnell im Szeneviertel Raval, an der Plaça Reial oder am Hafen. Ruhig wird es hier auch nachts nie, dafür wohnt man im sprichwörtlichen Herzen einer mediterranen Metropole. Zu Preisen, von denen City-Nomaden andernorts nur träumen.

Lage ★★★★☆
In einer verkehrsberuhigten Gasse im gotischen Viertel nahe der Kathedrale.

Zimmer ★★★★☆
43 Zimmer und 13 zweistöckige Suiten im Zen-Stil. Kostenloses WiFi im ganzen Haus. Auf Wunsch Bügelbrett und -eisen im Zimmer.

Essen & Trinken ★★☆☆☆
Traditionelle katalanische Spezialitäten.

Service ★★★★☆
Ein echtes Lächeln ist hier leicht zu bekommen.

ÖV: U-Bahn-Station Jaume I.

---

plus-minus

+ Ein besseres Preis-Leistungs-Verhältnis findet sich in ganz Europa kaum.
− Das «Banys Orientals» ist Opfer des eigenen Erfolgs und stets lange im Voraus ausgebucht.

BARCELONA

Grand Hotel Central

Via Laietana 30
T +34 93 295 79 00
www.grandhotelcentral.com
info@grandhotelcentral.com

Preise
EZ und DZ 179–230 €
Suite 189–400 €
Dreibettzimmer 195–255 €
Frühstück 20 €

Ambiente ★★★★◯
Der Pool auf der zauberhaften Dachterrasse des «Grand Hotel Central» lohnt alleine die Reise nach Barcelona. Man schwimmt über den Dächern des quirligen El-Born-Quartiers und überblickt dabei weite Teile der Stadt bis zum Meer. Wer das Wasser zu kalt findet, geniesst einen Drink in der «Skybar» hinter dem Pool, die wie ein Amphitheater angelegt ist. Auch sonst kann sich das Hotel mit der imposanten Fassade aus den Zwanzigerjahren und den cool gestalteten Zimmern sehen lassen. Das Essen im schicken «Avalon» schmeckt – zu moderaten Preisen – ausgezeichnet, auch wenn die Tische etwas nah beieinander stehen. Für Körperbewusste gibt es einen Fitnessraum und einen kleinen Wellness-Bereich. Wer früh aufsteht, kann sich ein hoteleigenes Fahrrad ergattern. Es geht aber auch ohne: Die meisten Sehenswürdigkeiten liegen in Fussgängerdistanz, und zur nächsten U-Bahn-Station sind es wenige Schritte.

Lage ★★★★◯
An der vielbefahrenen Via Laietana im El-Born-Viertel bei der Kathedrale und umgeben von pittoresken kleinen Gassen, in denen man herrlich bummeln und ausgehen kann.

Zimmer ★★★★◯
147 komfortable Zimmer und Suiten in klarem, ruhigem Design. Die Minibar (wird täglich neu gefüllt) ist im Übernachtungspreis inbegriffen. Kostenloses WiFi in der Bibliothek.

Essen & Trinken ★★★★◯
Moderne spanische Küche im Restaurant «Avalon», einem Ableger des Sternekochs Ramon Freixa. Hochfrequentierte «Skybar» mit weitem Panorama, sanfter Chillout-Musik und urbanem Flair (die Bar schliesst – untypisch für Barcelona – bereits um Mitternacht).

Service ★★★★★
Die Balance von herzlicher Gastfreundschaft und dezentem Umgang mit den Gästen wird hier souverän geboten.

ÖV: U-Bahn-Station Jaume I.

plus-minus

+ In einer Stadt mit vielen Penthouse-Lounges ist diejenige des «Grand Hotel Central» die spektakulärste.

− Die U-Bahn lässt die Zimmer in den unteren Stockwerken regelmässig zittern – auch nachts. Ausserdem: Das überteuerte Frühstück kann man durch das nahe «Starbucks» leicht umgehen.

BARCELONA

Casa Camper Barcelona

Carrer d'Elisabets 11
T +34 93 342 62 80
www.casacamper.com/barcelona
barcelona@casacamper.com

Preise
EZ 175–230 €, DZ 195–245 €
Suite 215–265 €
inkl. Frühstück

Ambiente ★★★★★
Die «Casa Camper» entstand, weil ein finanzkräftiger, branchenfremder Unternehmer eine Passion für Hotels entwickelte, die über Bubentraumerfüllungen und reines Prestigedenken hinausgeht. Lorenzo Fluxa, Besitzer des Schuhunternehmens Camper, hat sich 2005 die Architekten Fernando Amat (Eigentümer des hiesigen Designkaufhauses Vinçon) und Jordi Tio ins Boot geholt und aus einem denkmalgeschützten Stadthaus ein energieeffizient bewirtschaftetes, mit zeitgenössischer Kunst bestücktes Hotel geschaffen. Von aussen ist die «Casa Camper» kaum als Hotel zu erkennen. Eher denkt man an ein Fahrradgeschäft – ein Dutzend Velos hängen zum Gebrauch für die Gäste an der Decke. Zum Ausspannen kann man sich auf eine Terrasse zurückziehen und den Blick über die Dächer der Innenstadt schweifen lassen. Oder die Augen beruhigen beim Blick auf den Jardin Vertical – eine triste Mauer wandelte sich hier durch 117 Exemplare der Aspidistra-Schusterpalme zur botanischen Oase.

Lage ★★★○○
Zentral im multikulturellen Raval-Viertel, wenige Schritte zum unbedingt sehenswerten Museu d'Art Contemporani.

Zimmer ★★★★★
20 komfortabel lässige Zimmer und 5 Suiten. Eigentlich besteht jedes Zimmer aus einem Schlafraum und einem Wohnbereich mit Hängematte, getrennt durch einen Gang. Kostenloses WiFi im ganzen Haus. Fitnessraum.

Essen & Trinken ★★★★○
Restaurant «Dos Palillos» mit authentischen asiatischen Gerichten im spanischen Tapas-Stil. Zudem bietet das Hotel ein rund um die Uhr kostenlos verfügbares Snack-Buffet («tentempié») neben der Lobby.

Service ★★★★○
Geschmeidig und grossstädtisch selbstbewusst.

ÖV: U-Bahn-Station Catalunya. Von dort sind es zwei Gehminuten bis zum Hotel.

plus-minus

+ Das Hotel nimmt Rücksicht auf eine ganze Reihe von ökologischen Normen, von der Wasserwiederaufbereitung über Sonnenenergie und Recyclingmassnahmen bis zum eigenen Gemüsegarten.

− Die Umgebung ist wenig geeignet für Lärmempfindliche und nachts gar nicht geeignet für ängstliche Naturen.

BARCELONA

Besonders ruhig
Besonders preiswert

El Jardí Hostal

Plaça Sant Josep Oriol 1
T +34 93 301 59 00
www.eljardi-barcelona.com
reservations@
eljardi-barcelona.com

Preise
EZ und DZ 60–120 €
Frühstück 6 €

Ambiente ★★○○○
Das «Jardí» ist nicht das «Ritz», doch wer ein wirkliches Budget-Hotel an zentralster Lage sucht, ohne vom Lärm der Stadt gestört zu werden, für den ist diese Adresse nicht zu übertreffen. Die Zimmer sind winzig und wirklich nur mit Bett und Mini-Bad ausgestattet, doch sauber und mehrheitlich mit Postkartenblick auf einen der beiden hübschen kleinen Plätze Plaça del Pi und Plaça Sant Josep Orio mit Kirche. Das wissen auch andere: Das Hotel ist fast immer ausgebucht.

Lage ★★★★★
An idyllischer und (nachts) erstaunlich ruhiger Lage zwischen den beiden Plätzen Plaça Sant Josep Oriol und Plaça del Pi inmitten des gotischen Viertels, in einer kleinen Seitenstrasse der Las Ramblas wenige hundert Meter unterhalb der Plaça Catalunya.

Zimmer ★○○○○
38 sehr kleine und einfache Zimmer, manche mit kleinem Balkon.

Essen & Trinken ★○○○○
Kein Restaurant im Haus, aber unzählige Lokale in unmittelbarer Umgebung. Frühstücksraum und «Bar del Pi» mit netter Boulevard-Terrasse.

Service ★★★○○
Jung, zwanglos freundlich und hilfsbereit.

ÖV: U-Bahn-Station Liceu.

plus-minus

+ Sehr gutes Preis-Leistungs-Verhältnis an allerbester Lage.
− Die Zimmer zum Innenhof münden in einen dunklen Lichtschacht und sind gar nicht zu empfehlen. Die engen Bäder aller Zimmer eignen sich eher für schlanke Studentinnen als für wohlbeleibte Gäste.

BARCELONA

Besonders preiswert

Market

Pasatge de
Sant Antoni Abad 10
T +34 93 325 12 05
www.forkandpillow.com
reservas@markethotel.com.es

Preise
EZ und DZ 88–170 €
Frühstück 10 €

Ambiente ★★★★◯
Charmant und persönlich und sehr versteckt – kaum ein Taxifahrer, der das von aussen unscheinbare Hotel auf Anhieb findet (oder finden will). Der typische «Market»-Gast ist denn auch weniger der supergestresste Geschäftsreisende als der sinnenfrohe Bonvivant, der das Angenehme mit dem Nützlichen verbinden will und während seines Barcelona-Aufenthalts ein zweites Zuhause in genussfördernder Atmosphäre sucht. In den Zimmern verschmilzt reduzierter Asia-Stil mit zeitgenössischen Möbeln, den besten Blick über die Dächer der Stadt bietet die geräumige Juniorsuite 701. In dem einstigen Lager- und Apartmenthaus gibt es nicht nur Hotelzimmer, sondern auch – kreuz und quer über die Hoteletagen verteilt – ganz normale Wohnungen.

Lage ★★★◯◯
Im zentralen Eixample-Quartier nahe der modernistischen Markthalle Sant Antoni, die man morgens hin und wieder hört. Rund zehn Gehminuten zu den Ramblas.

Zimmer ★★★◯◯
58 geschmackvoll schlichte, eher kleine Zimmer und Juniorsuiten mit schönen alten Holzböden, Regenduschen und kostenlosem WiFi.

Essen & Trinken ★★★★◯
Einladendes, bei den Einheimischen sehr beliebtes und preislich moderates Restaurant «Market» mit authentischer katalanischer Küche und köstlichen Risotti. Knallrote Lounge-Bar «Rosso» mit Tapas-Häppchen.

Service ★★★★◯
Die hochmotivierten Mitarbeiter scheinen so gerne hier zu sein wie die Gäste.

ÖV: U-Bahn-Station Sant-Antoni.

plus-minus

✚ Im «Market»-Restaurant und in der «Rosso»-Bar swingt dieses südlich-entspannte Flirren, das Barcelona so sexy macht.
− Unbedingt Zimmer mit Aussenfenster buchen, denn die Zimmer zum Lichthof sind ziemlich düster.

BARCELONA

Neri

Sant Sever 5
T +34 93 304 06 55
www.hotelneri.com
info@hotelneri.com

Preise
EZ und DZ 170–240 €
Juniorsuite 204–280 €
Frühstück 28 €

Ambiente ★★★★★
Das «Neri» ist ein Paradebeispiel für ein Phänomen, dem man in der Hotelszene immer häufiger begegnet nach dem Motto: Gestalte einen Ort so, dass du selbst gerne deine Zeit dort verbringen möchtest, und schon werden sich genügend Leute finden, die deinen Geschmack haben. So geschehen in diesem kleinen Palast aus dem 18. Jahrhundert, der im Jahr 2003 feinsinnig umgebaut wurde und seitdem den Zauber der Vergangenheit stilvoll mit der Gegenwart verbindet. Hier wurde kein Detail dem Zufall überlassen. In den Zimmern kontrastiert massive Palazzo-Ästhetik mit urbanem Chic, die Betten werden von riesigen abstrakten Gemälden gekrönt. Von einigen Zimmern blickt man auf einen der romantischsten und verstecktesten Plätze der Altstadt, die Plaça Sant Felip Neri, die auch in Carlos Ruiz Zafons Roman «Der Schatten des Windes» eine wichtige Rolle spielt. Im Restaurant sitzt man unter mittelalterlichen Gewölben. Eine ganz besondere Adresse.

Lage ★★★★★
Im Gassengewirr des Barrio Gótico, wortwörtlich einen Steinwurf von der Kathedrale entfernt.

Zimmer ★★★★★
21 elegante, hochwertig eingerichtete Zimmer und Juniorsuiten. Die schönsten Zimmer sind diejenigen mit eigener Terrasse im dritten Stockwerk sowie die Nummer 103 mit Balkon zur Plaça Sant Felip Neri. Alle Zimmer mit kostenlosem WiFi und individueller Auswahl an Bettwäsche und Kopfkissen.

Essen & Trinken ★★★★○
Stimmungsvolles Restaurant mit zeitgemäss zubereiteter mediterraner Küche (Reservation ein, zwei Tage im Voraus ratsam). Bar.

Service ★★○○○
Das Personal bietet die ganze denkbare Bandbreite von freundlich-zuvorkommend bis träge und affektiert.

ÖV: U-Bahn-Station Liceu oder Jaume I.

plus-minus

+ Die Dachterrasse mit Hängematten und die Lounge-Bibliothek sind wunderbare Orte, um sich von Stadterkundungen zu erholen.
− Man entkommt kaum dem Chill-out-Sound, der im ganzen Haus vor sich hin plätschert.

BARCELONA

Omm

Rosselló 265
T +34 93 445 4000
www.hotelomm.es
reservas@hotelomm.es

Preise
EZ und DZ 190–335 €
Suite 425–680 €
Frühstück 25 €

Ambiente ★★★★★
Nachdem sich die Grupo Tragaluz mit einem halben Dutzend hochfrequentierter Restaurants in Barcelona einen Namen gemacht hatte, eröffnete sie in bester Zentrumslage ihr erstes Hotel. Dabei wurde alles, was als hoteltypisch auffallen könnte, vermieden. Schon die weitläufige Lobby-Lounge ermahnt den Eintretenden höflich, aber bestimmt: Ich bin kein normales Hotel, und du bist hoffentlich auch kein normaler Gast. Die öffentlichen Räume des «Omm» sind lebhafte Orte des Sehens und Gesehenwerdens: Keine Spur von «Touristen-Ghetto», wie dies oftmals in den klassischen Hotelpalästen der Fall ist, sondern ein einheimischer Szenetreffpunkt, an dem man abends stets das Gefühl bekommt, es gelte etwas zu feiern. Die Zimmer sind cool mit hohem Wohlfühlfaktor, das motivierte Team lässt sich auch bei vollem Haus nicht aus der Ruhe bringen.

Lage ★★★★☆
Im Stadtzentrum. Zur edlen Shoppingmeile Passeig de Gràcia sind es zwanzig Schritte.

Zimmer ★★★★★
Schwarze Korridore führen zu 91 hellen, nüchtern eleganten Zimmern und Suiten mit Eichenholzböden und kostenlosem WiFi.

Essen & Trinken ★★★★★
Das Gourmetrestaurant «Moo» (innovative katalanische Marktküche) und das einfachere Café-Restaurant «Moovida» ersetzen eine Woche Trendforschung. Bar, Lounge.

Service ★★★★★
Während man in vielen Designhotels Geduld und Verständnis für selbstgefälliges Personal der Kategorie «schön und jung genügt» mitbringen muss, strahlen hier die Mitarbeiter mit natürlicher Souveränität.

ÖV: U-Bahn-Station Diagonal. Das Hotel liegt an der Ecke Passeig de Gràcia und Diagonal.

plus-minus

+ Dachterrasse mit kleinem Pool, Bar und grandiosem Panorama über das Häusermeer der Eixample hinüber zu Gaudis Casa Mila und Sagrada Familia.
− Mittwoch-, donnerstag-, freitag- und samstagnachts wummern in manchen Zimmern die Bässe des hauseigenen Nightclubs «Ommsession».

BARCELONA

The 5 Rooms

Pau Claris 72
T +34 93 342 78 80
www.the5rooms.com
info@the5rooms.com

Preise
EZ 115–155 €
DZ 135–185 €
inkl. Frühstück

Ambiente ★★★○○
Eigentlich wollte Yessica Delgado Fritz nur eine grössere Wohnung. Weil die vierhundert Quadratmeter Fläche wunderschön, aber um einiges zu gross waren, eröffnete sie dieses luxuriöse Bed & Breakfast. Die Ambiance von Geborgenheit inmitten moderner Ästhetik und die vernünftigen Preise führten zu anhaltendem Erfolg. Das ermutigte Yessica, weiteren Wohnraum hinzuzukaufen, sodass inzwischen ein Dutzend Zimmer und Suiten zur Verfügung stehen.

Lage ★★★○○
Zentral im Eixample-Quartier, zwei Gehminuten von der Plaça Catalunya und vom Passeig de Gracia entfernt.

Zimmer ★★○○○
12 angenehme, eher kleine Zimmer und Suiten mit guten Betten, schönen Bädern und kostenlosem WiFi.

Essen & Trinken ○○○○○
Kein Restaurant im Haus, aber zahlreiche Restaurants und Bars in der nahen Umgebung.

Service ★★★★○
Die Gastgeberin Yessica liebt Gäste. Sie serviert gut gelaunt das Frühstück (zu jeder gewünschten Tageszeit), gibt Stadttipps und empfiehlt angesagte Restaurants. So fühlt man sich schnell wie ein Einheimischer.

ÖV: U-Bahn-Station Passeig de Gracia (Linien 1 und 3).

plus-minus

+ Man fühlt sich wie zu Hause – nur etwas besser. Der Wunsch der charmanten Gastgeberin: Die Welt mit ihrer kleinen Edelpension etwas besser zu machen.

– Die Zimmer zur verkehrsreichen Pau Claris sind sehr laut. Nach Möglichkeit Zimmer zum Innenhof buchen.

BASEL

Besonders ruhig
Besonders preiswert

Au Violon

Im Lohnhof 4
T +41 61 269 87 11
www.au-violon.com
info@au-violon.com

Preise
EZ 120–182 CHF
DZ 160–202 CHF
Frühstück 15 CHF

Ambiente ★★★○○
Einst ein Kloster aus dem 12. Jahrhundert, dann während 160 Jahren ein Gefängnis und Mitte der Neunzigerjahre in das heutige Hotel umgebaut. Entweder schläft man in einer der renovierten Zellen im ehemaligen Gefängnistrakt oder in Polizeibüros, letztere mit Blick aufs Münster und die Dächer der Altstadt.

Lage ★★★★★
In einem idyllischen, versteckten Hof oberhalb des Barfüsserplatzes, am oberen Rand der Altstadt.

Zimmer ★★○○○
20 einfache, kleine, saubere Zimmer mit einem ganz speziellen Charme. In den 14 Zimmern zum ruhigen Innenhof kann man das Gefühl des früheren Zellenlebens für sich entdecken. Kostenpflichtiges WiFi.

Essen & Trinken ★★★○○
Klassische französische Brasserieküche. An warmen Sommertagen lockt der hübsche Kiesgarten rund um den plätschernden Lohnhofbrunnen unter alten Platanen – einer der schönsten Plätze in Basel für ein lauschiges Abendessen.

Service ★★○○○
Wechselhaft. Je nach Mitarbeiter und Situation mal sehr gut, dann wieder erstaunlich unmotiviert und herablassend.

ÖV: Ab Bahnhof SBB Tram 8 oder 11 bis Station Bankverein. Umsteigen in Tram 3 bis Station Musik-Akademie. Das Hotel befindet sich hinter der Kirche St. Leonard im ersten Innenhof vom Lohnhof.

plus-minus

✚ Von der Rezeption führt ein direkter Lift zum zentralen Barfüsserplatz.
— Im Lohnhof finden insbesondere an Wochenenden sehr oft Hochzeiten und Veranstaltungen statt. Und: Montag bis Samstag gibt es Frühstück nur bis 9.30 Uhr (sonntags bis 10.30 Uhr).

BASEL

Der Teufelhof

Leonhardsgraben 49
T +41 61 261 10 10
www.teufelhof.com
info@teufelhof.com

Preise
EZ 148–578 CHF
DZ 218–648 CHF
Suite 298–748 CHF
inkl. Frühstück

Ambiente ★★★★★
Was ist noch besser als ein feines, gut gelegenes, bezahlbares Hotel? Eines, das kein bisschen langweilig ist. Die Betreiber des Gesamtkunstwerks «Der Teufelhof» verfolgen seit 1990 mit sympathischer Hartnäckigkeit das Ziel, auf verschiedensten Ebenen Neugier zu wecken und Verbindungen zwischen Hotellerie, Gastronomie, Theater und Kunst zu schaffen. So besteht das aussergewöhnliche Kultur- und Gasthaus aus dem Gourmetrestaurant «Bel Etage», dem Bistro «Atelier», einer Café-Bar, einem Kleintheater, einem unterirdischen archäologischen Museum, einem Wein- und Delikatessladen sowie einem Kunst- und einem Galeriehotel, das einem begeisterten Besucher folgenden Eintrag ins Gästebuch entlockte: «Hiermit ziehe ich meine Anmeldung für einen Platz im Himmel umgehend zurück und bewerbe mich für einen Daueraufenthalt in der Hölle – sie ist köstlich.»

Lage ★★★★★
Am oberen Rand der Altstadt.

Zimmer ★★★★○
26 Zimmer, 3 Juniorsuiten, 4 Suiten. Die 9 besonders originellen Zimmer im «Kunsthotel» werden regelmässig als bewohnbare Kunstwerke neu gestaltet. Die 24 schlicht modernen Zimmer im «Galeriehotel» dienen als Galerie mit wechselnden, thematisch gegliederten Ausstellungen.

Essen & Trinken ★★★★★
Im gemütlichen Bistro «Atelier» wie im Gourmetrestaurant «Bel Etage» (perfekt inszenierte Wohnzimmeratmosphäre, 1 Michelin-Stern) wird eine ehrliche, frische Küche ohne Effekthascherei aufgetragen. Beide Lokale mit eigener Terrasse.

Service ★★★★○
Familiär und hilfsbereit.

ÖV: Ab Bahnhof SBB Tram 8 oder 11 bis Station Bankverein. Umsteigen in Tram 3 bis Station Musik-Akademie.

plus-minus

+ Hier herrscht jenes Weltstadtflair, um das sich luxuriösere Hotels in Zürich und Genf oft vergebens bemühen.
− Das ratternde Tram, das den schmalen Leonhardsgraben passiert, scheint akustisch quer durch manches Zimmer zu fahren.

BASEL

Hotel D

Blumenrain 19
T +41 61 272 20 20
www.hoteld.ch
sleep@hoteld.ch

Preise
EZ und DZ 205–370 CHF
Suite 410–480 CHF
Frühstück 22 CHF

Ambiente ★★○○○
D steht für Design – und das zu Recht. Das würfelähnliche, Ende 2010 eröffnete Hotelgebäude ist von der Lounge bis zu den Suiten im obersten Stock durchgestaltet, im coolen Stil der Basler Architekten Wyss-Santos. Atmosphärisch dominieren sanfte Creme- und Brauntöne, edle Hölzer und viel Licht. Trotz leicht unterkühltem Business-Flair und eher kleinen Zimmern (15 Quadratmeter, Suiten 30 Quadratmeter) fühlen sich sowohl trendbewusste Geschäftsreisende als auch aktive Stadtentdecker wohl.

Lage ★★★○○
Im Stadtviertel Grossbasel bei der Schifflände und keine hundert Schritte vom ehrenwerten Luxushotel «Les Trois Rois» entfernt. Zur Fussgängerzone im Stadtzentrum sind es wenige Gehminuten.

Zimmer ★★★○○
46 komfortable, puristisch gestaltete Zimmer und 2 Suiten auf sechs Etagen. Alle Zimmer mit guten Betten, schönem Bad, Regendusche, grossem Flachbild-TV, iPod-Dockingstation und kostenlosem WiFi. Lediglich die beiden Suiten haben einen Blick über die Dächer Basels, von den restlichen Zimmer blickt man auf die Strasse respektive das nächste Haus.

Essen & Trinken ○○○○○
Kein Restaurant im Haus, doch befinden sich zahlreiche Restaurants in der nahen Umgebung.

Service ★★★○○
Routiniert freundlich.

ÖV: Vom Bahnhof SBB Tram 8 (Richtung Kleinhünigen) bis Station Schifflände.

plus-minus

+ Kleiner Fitnessbereich mit Sauna.
− Auf die Qualität des Frühstücksbuffets (vorwiegend Bio-Produkte) wird grossen Wert gelegt, doch Langschläfer werden enttäuscht: Um 10 Uhr morgens ist bereits Ende mit Frühstück.

BERLIN

Besonders ruhig
Besonders preiswert

Bleibtreu

Bleibtreustrasse 31
T +49 30 884 740
www.bleibtreu.com
info@bleibtreu.com

Preise
EZ 78–198 €
DZ 88–198 €
Frühstück 19 €

Ambiente ★★★★○
Aus dem Trubel Berlins einen kleinen Schritt zur Seite. Das «Bleibtreu» ist ein sicherer Wert für Menschen mit Gefühl für das Besondere. 1996 eröffnet, war es eines der ersten wirklichen Designhotels in Deutschland. Die Einrichtung hat die Zeiten gut überstanden, auch wenn eine gelegentliche Auffrischung der etwas spartanischen Zimmer gewiss nicht schaden würde. Das liebevoll geführte Hotel hat viel zu bieten: Bar, Lounge, Restaurant, Blumenladen, Zeitungskiosk, Kunstausstellungen, Delikatessengeschäft, kleiner Wellnessbereich. Blickfang im Innenhofgarten ist der «Blaue Tisch», eine zehn Meter lange, mit meeresblauer Keramik verkleidete Tafel, die als Ort der Begegnung dient. Eingebettet in ein Meer von blauen und durchsichtigen Glaskieseln ein Genuss fürs Auge.

Lage ★★★★★
In einer relativ ruhigen Seitenstrasse des Kurfürstendamms, im Zentrum der City West. Zahlreiche exklusive Geschäfte und Boutiquen in der unmittelbaren Umgebung.

Zimmer ★★○○○
60 Zimmer und Suiten im nordisch-minimalistischen Stil. Kostenlose Minibar. Bei der Ankunft liegt als Geschenk ein Buch auf dem Bett. Kostenpflichtiges WiFi.

Essen & Trinken ★★★○○
Das Restaurant «Deli 31» bringt einen Hauch von New York ins Hotel: Burger, Fries, Salads, Bagels, Sandwiches, aber auch deftige Gerichte wie Bouletten mit Rahmpüree oder Bratwürstchen auf Sauerkraut werden vor den Augen der Gäste an der offenen Theke zubereitet. Espressobar. Lounge-Bar.

Service ★★★★★
Überaus freundlich und effizient – man fühlt sich vom Moment der Ankunft bis zur Abreise hochwillkommen.

ÖV: U-Bahn-Station Uhlandstrasse, S-Bahn-Station Savignyplatz.

plus-minus

+ Das Langschläfer-Frühstück à la carte wird von 6.30 bis 21.30 Uhr serviert.
− Zwar ist alles noch einigermassen gut im Schuss, aber das «Bleibtreu» läuft Gefahr, den Anschluss an die neue Generation moderner Hotel zu verpassen. Sehr kleine Bäder, alte Röhrenfernseher.

Casa Camper Berlin

Weinmeisterstrasse 1
T +49 30 200 03 410
www.casacamper.com/berlin
berlin@casacamper.com

Preise
EZ und DZ 155–300 €
Suite 330–500 €
inkl. Frühstück

Ambiente ★★★★★
Nach dem Erfolg der «Casa Camper» in Barcelona hat Lorenzo Fluxa, Besitzer der namensgebenden Schuhmarke Camper, dieselben beiden spanischen Designer und Architekten wie beim Mutterhaus im Raval-Viertel nach Berlin-Mitte gebracht und ein ähnliches Hotelkonzept für Deutschlands Hauptstadt erarbeitet. Identisch sind der hohe ästhetische Anspruch und das intelligente Design, das lustvolle Engagement für Umwelt und Nachhaltigkeit, die Fusion-Tapas-Formel des Restaurants «Dos Palillos» und das Snack-Buffet im siebten Stock. Anders als die «Casa Camper» in Barcelona ist der Berlin-Ableger jedoch ein Neubau, die Standardzimmer sind mit mindestens 32 Quadratmetern doppelt so gross wie jene in Barcelona. Interessant an der unkonventionellen Zimmeraufteilung ist, dass das Bett im hinteren Teil liegt und das Bad im Fensterbereich. Aus der Dusche kann man das Geschehen auf der Strasse beobachten, ohne selber gesehen zu werden.

Lage ★★★★☆
Sehr zentral im Stadtteil Berlin-Mitte, nahe dem Hackeschen Markt und der Museumsinsel.

Zimmer ★★★★★
51 smart gestylte, geräumige Zimmer und Suiten mit weinroten Wänden, fantastischen Betten, gutem Beleuchtungskonzept, iPod-Dock, kostenlosem WiFi und kostenlosem Pay-TV. Kostenfreier Zugang zum hauseigenen Fitnesscenter mit Sauna.

Essen & Trinken ★★★★☆
Restaurant «Dos Palillos» mit authentischen asiatischen Gerichten im spanischen Tapas-Stil. Café-Bar «Tentempié» mit rund um die Uhr kostenlos verfügbaren Snacks («tentempié») im obersten Stock. Dies soll den Gästen das Gefühl vermitteln, hier zu Hause zu sein – mit einem immer zugänglichen Kühlschrank.

Service ★★★★★
Freundlich, durchwegs kompetent und hilfsbereit.

ÖV: Die U-Bahn-Station Weinmeisterstrasse liegt direkt neben dem Hotel.

plus-minus

+ Fahrradverleih im Hotel. Individuelle Auswahl an Kopfkissen.
− Die Zimmerfenster können nicht geöffnet werden, sodass man der Klimaanlage ausgesetzt ist. Und: Die U-Bahn scheint direkt durch die Sauna zu rattern.

BERLIN

Besonders preiswert

Ellington

Nürnberger Strasse 50–55
T +49 30 683 150
www.ellington-hotel.com
contact@ellington-hotel.com

Preise
EZ 118–208 €
DZ 128–268 €
Suite 198–460 €
Frühstück 19 €

Ambiente ★★★★★
Zwischen den beiden Weltkriegen ein legendäres Tanzlokal mit dem berühmten Ballsaal «Femina», in den Fünfziger- und Sechzigerjahren ein angesagter Jazzclub («Badewanne»), in den Siebzigerjahren die ultimative In-Diskothek («Dschungel»): Hinter der 185 Meter langen, denkmalgeschützten Bauhaus-Fassade eröffnete im Frühling 2007 das heutige Hotel, das es versteht, den Glamour der Zwanzigerjahre aufleben zu lassen. Durch grosse Fenster fällt das Licht auf ein nüchternes Art-déco-Ambiente. In den weitläufigen öffentlichen Räumen und auf der prächtigen Hofterrasse gibt der schnelle Puls Berlins den Takt an.

Lage ★★★★☆
Wilmersdorf ist einer der westlichen Stadtbezirke, die nach der Wiedervereinigung zugunsten der aufstrebenden Trendviertel im Osten ins Hintertreffen gerieten, aber jetzt anfangen, richtig cool zu werden. Wenige Schritte von KaDeWe und Kurfürstendamm entfernt, sorgt das «Ellington» heute für neuen Glanz in Berlin-West.

Zimmer ★★★☆☆
285 geschmackvoll schlichte, eher kleine Zimmer, Familienzimmer und Suiten in Weiss-Grau-Beige-Nuancen. Zwei Turmsuiten mit Blick über die Dächer Berlins und auf die Gedächtniskirche. Am Sonntag kostenfreier Late-Check-out. Gratiseintritt in den Fitnessbereich. WiFi kostenpflichtig.

Essen & Trinken ★★★★☆
Restaurant «Duke» mit internationaler Crossover-Küche und grosser Innenhofterrasse. Bar.

Service ★★★☆☆
Zuvorkommend und hilfsbereit mit kleinen Nachlässigkeiten.

ÖV: U-Bahn-Station Wittenbergplatz. 5 Gehminuten (am KaDeWe und Peek & Cloppenburg vorbei und links in die Nürnberger Strasse abbiegen).

plus-minus

✚ Jazzradio 106,8 sendet täglich ab 18 Uhr live aus seinem gläsernen Studio im Hotel – von der Bar aus kann man den Moderatoren bei der Arbeit zusehen und das Programm über die Lautsprecheranlage verfolgen. Ausserdem: Jazzbrunch mit Live-Musik jeden Sonntag ab 11.30 Uhr. Regelmässige Jazzkonzerte in der Lounge und im Sommergarten.
– Viele Reisegruppen – doch ist das Hotel gross genug, dass man diesen meist entkommt

BERLIN

Besonders preiswert

Honigmond

Tieckstrasse 11/
Invalidenstrasse 22
T +49 30 284 45 50
www.honigmond.de
info@honigmond.de

Preise
EZ und DZ 135–235 €
inkl. Frühstück

Ambiente ★★★★○
Ein Gründerzeitaltbau von 1895 beherbergt das Haupthaus (das «Honigmond Restaurant-Hotel»), ein dreihundert Meter entferntes Gebäude aus dem Jahr 1845 die Dépendance mit mediterranem Garten (das «Honigmond Garden Hotel»). Beiden gemeinsam ist die friedliche, charmante, romantische Atmosphäre mit antiquarischem Mobiliar, Stuckdecken, Kronleuchtern, Ölgemälden, knarrenden Holzböden, Himmelbetten, farbenfrohen Stoff- und Tapetenmustern. Man fühlt sich wie bei den netten Grosseltern zu Besuch.

Lage ★★★○○
Im zentralen Scheunenviertel im Stadtteil Mitte. Das «Honigmond Restaurant-Hotel» liegt in einer verkehrsberuhigten Wohnstrasse, das «Honigmond Garden Hotel» an der lauten Invalidenstrasse. Eigene Parkplätze (10 € pro Tag).

Zimmer ★★★○○
60 sehr unterschiedliche, makellos saubere, teilweise etwas schummrig beleuchtete Zimmer im Retro-Stil. Kostenloses WiFi in den öffentlichen Bereichen.

Essen & Trinken ★★★○○
Stimmiges Kaffeehaus-Restaurant mit traditioneller deutscher Küche. Mancher Gast spielt hier abends auf dem alten Klavier.

Service ★★★★○
Warmherzig, familiär und sehr persönlich. Das Team besteht fast ausschliesslich aus Frauen.

ÖV: U-Bahn-Station Oranienburger Tor, S-Bahn-Station Nordbahnhof.

plus-minus

+ Der versteckte Hinterhofgarten des «Garden Hotels» mit Goldfischteich, plätscherndem Brunnen, Palmen und üppiger Vegetation lässt Berlins hektische Asphaltwelt schnell vergessen. Sechs ebenerdige Zimmer bieten direkten Zugang zum grünen Paradies, in dem nachts die Frösche quaken.
− Wie Altbauten oftmals sind: hellhörig, mit rauschenden und knackenden Rohren.

BERLIN

Besonders preiswert

Ku'damm 101

Kurfürstendamm 101
T +49 30 520 0550
www.kudamm101.com
info@kudamm101.com

Preise
EZ 99–219 €
DZ 119–250 €
Frühstück 15 €

Ambiente
Das 2003 eröffnete Drei-Sterne-Hotel, das nach seiner Strassennummer an der berühmten Einkaufsstrasse benannt ist, versteckt sich hinter der belanglosen Fassade eines ehemaligen Bürokomplexes. Betritt man das Hotel, ist man rasch von der heimeligen Internationalität und dem warmherzigen Empfang eingenommen. Bemerkenswert ist die Farbgestaltung, die auf den Farbreihen des französischen Architekten Le Corbusier basiert: Gedämpfte, tiefe Töne und helle, leichte Farben ergänzen sich zu naturnaher Harmonie, die vom Betrachter als wohltuend wahrgenommen wird – ganz gemäss dem Corbusier-Zitat: «Farbe ersetzt fehlende Architektur.» Stimmig sind der kleine Stadtgarten hinter dem Haus und der lichtdurchflutete Frühstücksraum im siebten Stock mit Panoramablick über die Dächer Westberlins.

Lage ★★★○○
Zentral am westlichen Kurfürstendamm. Exklusives Shopping vor der Haustür. Eigene Tiefgarage.

Zimmer ★★★○○
170 dezent puristische, makellos saubere Zimmer in drei Kategorien, alle mit guten Betten. Kostenpflichtiges WiFi.

Essen & Trinken
Lounge-Bar (tagsüber und abends kleine Snacks «on the run»). Zahlreiche Restaurants in unmittelbarer Nähe.

Service ★★★★○
Professionelles, unaufdringlich aufmerksames Hotelteam, das es versteht, einem die Widrigkeiten des Lebens vom Hals zu halten.

ÖV: U-Bahn-Station Adenauerplatz, S-Bahn-Station Hatensee.

plus-minus

+ Sehr umfangreiches, qualitativ hochstehendes und schön präsentiertes Frühstücksbuffet.

– Die alten Röhrenfernseher und die schulhausartigen Linoleumböden in den Zimmern passen nicht ganz ins insgesamt stimmige ästhetische Gesamtkonzept.

Lux Eleven

Rosa-Luxemburg-Strasse 9–13
T +49 30 936 2800
www.lux-eleven.com
info@lux-eleven.com

Preise
EZ und DZ 135–209 €
Suite 195–295 €
Frühstück 16 €

Ambiente ★★★★★
Umgeben von Modeläden und Galerien, Bars und Restaurants, nur wenige Schritte von Alexanderplatz, Oranienburgerstrasse und Schönhauserstrasse entfernt, überkommt einen hier sofort das berauschende Grossstadtgefühl. In den drei weissen Gebäuden aus dem 19. Jahrhundert, in denen früher der russische Geheimdienst KGB sein Unwesen trieb, präsentiert das coole, aber nie kühl wirkende «Lux Eleven» Luxus mit einem Understatement, dass es einem erst einmal den Atem verschlägt. Beim zweiten Luftholen sieht man dann, wie feinsinnig das Interieur gestaltet und wie liebevoll alles gepflegt ist. Abgesehen von der gewöhnungsbedürftigen Dusche ist alles zweckmässig, und der Service lässt manches Berliner Fünf-Sterne-Hotel alt aussehen. Dem Team merkt man an, dass es aus Menschen mit einer echten Leidenschaft für das Bessere besteht. Jeder hat am Hotel mitgearbeitet, alle sind mit ihm «verheiratet», man kann jeden nach allem fragen, denn jeder fühlt sich verantwortlich für alle Belange, zu welcher Tageszeit auch immer.

Lage ★★★○○
Zentral im Stadtteil Mitte, in der Nähe des Alexanderplatzes, mit Blick auf den Fernsehturm.

Zimmer ★★★★★
72 luftige, elegante Zimmer in fünf Kategorien, alle mit voll ausgerüsteter Kitchenette, offenen Bädern, iPod-Dock und kostenlosem WiFi. Waschmaschine und Trockner im jederzeit zugänglichen Hotel-Waschraum.

Essen & Trinken ★★★○○
Fein zubereitete italienische Küche im «Restaurant Luchs». Bar.

Service ★★★★★
Rezeptions- und Serviceteam agieren mit einer Hingabe, Freundlichkeit und Aufmerksamkeit, als hinge der Erfolg des Hauses allein von ihnen ab.

ÖV: U-Bahn-Station Alexanderplatz.

plus-minus

+ Jüngere Gäste werden beim Einchecken gefragt, ob man sie bei einem der hippen Clubs nach Wahl auf die Gästeliste setzen könne, um lange Warteschlangen und mögliches Abblitzen zu umgehen.
− Das Bad quasi im Hotelzimmer integriert zu haben, mag nicht jedermanns Sache sein.

BERLIN

Besonders preiswert

Michelberger Hotel

Warschauer Strasse 39/40
T +49 30 297 78 590
www.michelbergerhotel.com
reservations@michelberger
hotel.com

Preise
EZ und DZ 65–160 €
Frühstück 9 €

Ambiente ★★★★○
«Wir wollten einen Platz schaffen, der so kreativ, ehrlich, rau, herzhaft, entspannt und preisgünstig daherkommt, wie Berlin im Idealfall eben ist», sagt Tom Michelberger, der das Hotel zusammen mit ein paar branchenfremden Freunden im Herbst 2009 eröffnete. Und so soll sich das «Michelberger Hotel» auch anfühlen: Wie das Zuhause eines coolen Freundes. Die typischen Charakteristika des alten Fabrikgebäudes blieben erhalten: Klinkerfassaden, riesige Sprossenfenster, hohe Decken umrahmen das originelle, in vielerlei Hinsicht verblüffende Innendesign. Man fühlt sich wie auf einem anderen Planeten. Die Zimmer sind so verschieden wie die Gäste – Studenten, Verliebte, Familien, Künstler, Handwerker, Geschäftsfrauen, Weltenbummler und Berlinliebhaber.

Lage ★○○○○
Neben der berühmten Oberbaumbrücke in Friedrichshain, in unmittelbarer Nachbarschaft vieler Clubs.

Zimmer ★★○○○
119 sehr unterschiedliche, mehrheitlich einfache Zimmer in den Kategorien «Cosy», «Loft», «Band», «Michelberger WG», «Comfort», «Luxus» und «The Big One». Letzteres ist ein Loft für bis zu acht Personen – laut Hotel-Website «gebaut für italienische Grossfamilien, Basketballteams, Laufstegsupermodels und nimmeralte Rockbands».

Essen & Trinken ★○○○○
Bar mit Innenhofterrasse. Gulaschsuppe gibt es rund um die Uhr, dazu jeden Tag ein Mittagsmenü.

Service ★★○○○
Nett und mit viel gutem Willen, doch hier und da mangelt es an einer verlässlichen Konstanz.

ÖV: U-Bahn und S-Bahn-Station Warschauer Strasse.

plus-minus

+ Schon der Besuch auf der Homepage macht Spass und spiegelt das unkonventionelle Lebensgefühl des Hotels.
− Die unmittelbare Umgebung des Ostbahnhofs stimmt wenig hoffnungsfroh.

BERLIN

Soho House Berlin

Torstrasse 1
T +49 30 40 50 440
www.sohohouseberlin.com
reservations@sohohouse
berlin.com

Preise
EZ und DZ 210–500 €
Frühstück 18 €

Ambiente ★★★★★
Wenn ein Gebäude die deutsche Geschichte widerspiegelt, dann dieses. 1928 im späten Bauhaus-Stil von jüdischen Besitzern als Kaufhaus erbaut, wurde es 1937 zum Hauptquartier der Hitlerjugend und beherbergte nach dem Zweiten Weltkrieg die Archive der Kommunistischen Partei. Seit 2010 ist es der erfolgreiche Berlin-Ableger der englischen Soho-House-Hotelgruppe und ein angesagter Private Memberclub. Die Vermischung von Vintage-Flair und bewusst unfertigem Ostberliner Industrielook ist gelungen.

Lage ★★○○○
Zwischen Alexanderplatz und Prenzlauer Berg im Stadtviertel Mitte.

Zimmer ★★★★★
40 komfortable, geschmackvoll nostalgisch eingerichtete Zimmer und Suiten mit geräumigen Bädern, Regenduschen, Holzböden und iPod-Dock. Nette Details wie Wärmeflaschen im Nachttisch, umfangreiche Auswahl von Pflegeprodukten im Badezimmer, Wasserkocher mit Teeauswahl. In vielen Hotelzimmern stehen zudem alte Plattenspieler und eine Auswahl von Vinyl-Schallplatten bereit. Kostenloses WiFi im ganzen Haus. Kostenloser Eintritt in den perfekt ausgestatteten Fitnessbereich.

Essen & Trinken ★★★★○
Schönes Restaurant «House Kitchen» (von Pizza über Club-Sandwich bis Chateaubriand ist alles zu haben), gemütliche Club-Bar mit Kamin.

Service ★★○○○
Das mehrheitlich englische Personal ist so cool und trendy, dass man sich kaum zu fragen traut, ob einem jemand den Koffer trägt. Gewöhnungsbedürftig: Jeder Gast wird automatisch geduzt.

ÖV: U-Bahn-Station Rosa-Luxemburg-Platz.

plus-minus

+ Privatkino. Hauseigenes Spa mit Sauna, Dampfbad, grossem Hamam und vielen Körper- und Beautybehandlungen. Dachterrasse mit Pool und Berlin-Rundblick.
− An Wochenenden sind die öffentlichen Bereiche des Hotels übervoll mit einheimischen Clubmitgliedern. Und der nächtliche Lärmpegel der Prenzlauer Allee kann das Einschlafen bei offenen Fenstern unmöglich machen.

BERLIN

The Mandala Hotel

Potsdamer Strasse 3
T +49 30 590 05 00 00
www.themandala.de
reservations@themandala.de

Preise
Juniorsuite 180–260 €
Suiten 220–3850 €
Frühstück 25 €

Ambiente
Mehr Berlin geht nicht: vorn das Sony-Center, hinten der Potsdamer Platz. An dieser vibrierenden Lage spielt das «Mandala» die Rolle eines Ruhepols. Der geschäftsführende Pächter Lutz Hesse sorgt für eine entspannte, coole Atmosphäre. Im ganzen Haus gibt es keinen unnötigen Schnickschnack. In den 166 Juniorsuiten und Suiten – keine kleiner als 40 Quadratmeter, alle mit eigener Küche, bodentiefen Glasfronten und geräumigen Bädern – harmoniert helles Birnenholz mit zeitlosen Designmöbeln. Über ein Drittel der Gäste logieren länger als einen Monat im Hotel. Wer mehr als eine Woche bleibt, wird gleich beim Check-in um einen Termin mit der Hausdame gebeten, damit diese optimal auf die persönlichen Vorlieben des Gastes eingehen kann. Auch der Einkaufsservice zählt zu den Spezialitäten des Hauses: Wer seine Küche mit Ess- und Trinkwaren bestücken will, gibt seinen Einkaufszettel einfach dem Concierge, der sich – zum normalen Ladenpreis – um alles kümmert. Wer hierher kommt, kommt wieder.

Lage ★★★★★
Verborgen hinter einer funktionalen Fassade am Potsdamer Platz.

Zimmer ★★★★★
166 grosse, lichtdurchflutete Juniorsuiten und Suiten von 40 bis 200 Quadratmeter. Alle mit begehbarem Kleiderschrank und kompletter Küche.

Essen & Trinken ★★★★★
Hohe Küchenkunst im Gourmetrestaurant «Facil», einem spektakulären Glaspavillon auf der Terrasse im fünften Stock des Hotels. Lounge-Bar mit kleinen Häppchen.

Service ★★★★★
Ausgesprochen effizient und herzlich.

ÖV: U-Bahn- und S-Bahn-Station Potsdamer Platz.

plus-minus

+ Im «Ono Spa» lässt es sich auf 600 Penthouse-Quadratmetern wunderbar entspannen und dabei über Berlins Mitte blicken. Der grosse Fitnessbereich ist rund um die Uhr geöffnet.

− Das Frühstücksbuffet zählt zu den besten der Stadt, doch insbesondere an Wochenenden am späteren Morgen kann es zu wenig Tische für alle Spätaufsteher haben.

BRÜSSEL

Besonders ruhig
Besonders preiswert

Pantone Hotel

1 Place Loix
T +32 2 541 48 98
www.pantonehotel.com
info@pantonehotel.com

Preise
EZ und DZ 79–239 €
Frühstück 15 €

Ambiente ★★★○○
Innenarchitekt Michel Penneman und Architekt Olivier Hannaert haben sich bei der Konzeption dieses farbenfrohen, hochwertig ausgestatteten Hotels an der Pantone-Farbpalette inspiriert. Die Zimmer sind jeweils in einem von sieben Farbtönen – von erdhaftem Braun bis zu aquatischem Blau – gehalten. Selbst das Toilettenpapier, das Shampoo und das Duschgel ordnen sich konsequent in die Pantone-Logik ein.

Lage ★★★○○
Im ruhigen Saint-Gilles-Viertel am Rand des Stadtzentrums bei der Place Louise.

Zimmer ★★★★○
59 minimalistisch gestaltete, lichtdurchflutete und makellos saubere Zimmer mit guten Betten, alle mit Flachbildschirm und kostenlosem WiFi. Viele Zimmer mit weiten Ausblicken über die Stadt.

Essen & Trinken ○○○○○
Kein Restaurant im Haus, doch befinden sich zahlreiche Restaurants in der nahen Umgebung. Im Sommer Barbetrieb auf der schönen Dachterrasse.

Service ★★★★○
Zuvorkommend und ausgesprochen hilfsbereit, wenn es um Auskünfte für Stadterkundungen oder um Reservationen für Restaurants und Theater geht.

ÖV: Vom Bahnhof Brüssel Midi-Zuid Metro Richtung Simonis-Elisabeth bis Hotel des Monnaies. Von dort 200 Meter der Rue Berckmans folgen, das «Pantone Hotel» befindet sich auf der rechten Seite.

plus-minus

+ Die konsequente Farb- und Formensprache überzeugt ebenso wie das gute Preis-Leistungs-Verhältnis. Dass jedoch auch der Zucker (nicht die Verpackung) beim Frühstück in Pantone-Farben eingefärbt ist, mag sogar begeisterten Pantone-Anwendern etwas zu weit gehen.
− Für die Bedienung der Klimaanlage benötigt man höhere technische Fähigkeiten.

BRÜSSEL

Le Coup de Cœur

43 place de la
Vieille Halle aux Blés
T +32 474 03 24 70
www.lecoupdecoeur.be
info@lecoupdecoeur.be

Preise
EZ und DZ 135 €
Suite 200 €
inkl. Frühstück

Ambiente ★★★○
Arnaud Rasquinet hat ein zentral gelegenes Stadthaus aus dem 19. Jahrhundert in dieses luxuriöse Bed & Breakfast verwandelt. Im Erdgeschoss, wo früher eine Metzgerei war, ist heute eine Weinbar, darüber befinden sich vier sublime, in einem High-End-Flohmarkt-Stil eingerichtete Gästezimmer. Wer in der EU-Kapitale eine Alternative zu den klassischen Hotels sucht und nach etwas Individuellerem und Aussergewöhnlicherem Ausschau hält, etwas, das zwar hohe Komfortstandards, doch gleichzeitig authentisch lokales Lebensgefühl und einen unverwechselbar persönlichen Touch hat, findet dies im «Coup de Cœur».

Lage ★★★★○
Am Place de la Vieille Halle aux Blés, mitten im Sablon-Viertel (das für seine vielen Antiquitätenläden bekannt ist) und wenige Gehminuten von der Grand-Place entfernt.

Zimmer ★★★★○
4 geräumige, geschmackvoll dekorierte Zimmer und Suiten mit grossen Bädern, Flachbildschirm, ADSL und iPod (diverse Musikrichtungen einprogrammiert). Eines der Zimmer verfügt über eine kleine Terrasse.

Essen & Trinken ★○○○○
Weinbar (wochentags) mit kleinen Snacks zur Mittagszeit. Zahlreiche Restaurants in unmittelbarer Nähe.

Service ★★○○○
Mal überaus freundlich, mal von allen guten Geistern der Aufmerksamkeit verlassen. Man hat den Eindruck, dass der «Maître de maison» grosse Freude am Einrichten hat (und dies auch sehr gut kann), aber wenig Interesse an der täglichen Führung seines schönen B & B aufbringt.

ÖV: Wenige Gehminuten vom Hauptbahnhof.

---

plus-minus

✚ Zentraler kann man in Brüssel nicht absteigen – ein idealer Ausgangspunkt für Stadterkundungen in alle Richtungen.

− Wer bei offenem Fenster schläft, muss mit nächtlichen Lärmbelästigungen aus dem lebhaften Quartier rechnen.

BRÜSSEL

Tenbosch House

131–133 Rue Washington
T +32 2888 90 90
www.tenboschhouse.com
info@tenboschhouse.com

Preise
EZ und DZ 240–260 €
Suite 280–350 €
inkl. Frühstück

Ambiente ★★★★★
Zwei Art-Nouveau-Stadthäuser wurden zu diesem luxuriösen Guesthouse verbunden, das mit Platz, Style und Privatsphäre erfreut. Von aussen ist es kaum als Unterkunft zu erkennen. Jedes Zimmer hat die Grösse eines privaten Apartments, mit individuellem Charme, fantastischen Betten und teilweise riesigen Regenduschen. Catharina Eklof, die schwedische Ehefrau des Mitbesitzers Cedric Meuris, hat einzigartige Möbelstücke aus der Mitte des letzten Jahrhunderts und originelle Accessoires zu einem wohnlichen Ganzen verwoben – es wird auf den ersten Blick klar, dass an nichts gespart wurde. Zur Infrastruktur des «Tenbosch House» gehört ein einladender Salon mit Kamin, eine Lounge-Bar mit gut bestückter Bibliothek, ein kleines Hallenbad mit Sauna sowie ein Hinterhofgarten mit Liegestühlen.

Lage ★★★★○
Im Ixelles-Quartier zwischen Place du Châtelain und Place Brugmann. Très chic bei Einheimischen, wenig bevölkert von Touristen.

Zimmer ★★★★★
7 geräumige, geschmackvoll schlicht eingerichtete Zimmer (30–40 Quadratmeter) und Suiten (50–75 Quadratmeter), alle mit Loggia oder Terrasse und kostenlosem WiFi. Auf Wunsch mit iPods und/oder iPod-Dock. Vor der Ankunft wird der Gast gefragt, auf welche Art das Bett gemacht werden soll (Auswahl von verschiedenen Kissen und Duvets).

Essen & Trinken ★○○○○
Kein Restaurant im Haus, doch befinden sich diverse Restaurants in der nahen Umgebung. Hausbar mit schöner Auswahl von Weinen, frischen Fruchtsäften und lokalen Bieren.

Service ★★★★★
Aufmerksam und hochprofessionell. Wann immer man einen Kaffee aufs Zimmer bestellt, oder einen Baby-sitter benötigt, wird diesem Wunsch umgehend entsprochen.

ÖV: Bus 60 bis zur Station Washington.

plus-minus

+ Drei führende Kunstgalerien in Brüssel bestücken das «Tenbosch House» mit ständig wechselnden Ausstellungen, die sich über das ganze Haus und die Zimmer verteilen.
− Check-in-Zeit ist erst um 16 Uhr. Allerdings versucht das Rezeptionsteam auf Anfrage, nach Möglichkeit auch eine frühere Anreisezeit zu berücksichtigen.

BRÜSSEL

Besonders ruhig
Besonders preiswert

Chambres en Ville

Rue de Londres 19
T +32 2512 92 90
www.chambresenville.be
reservation@chambresenville.be

Preise
EZ 70–90 €, DZ 90–100 €
inkl. Frühstück

Ambiente ★★★★☆
Brüssel ist die Stadt der europäischen Gemeinschaft und der ungezählten austauschbaren Business-Hotels, wo Staatsdiener und EU-Manager nächtigen, wenn die Zeit wieder mal nicht für den Rückflug gereicht hat. Ein Lichtblick ist das «Chambres en Ville», ein nettes «Maison d'hôtes», das in einer ehemaligen Spiegelfabrik aus dem 19. Jahrhundert untergebracht ist. Philippe Guilmin, vielgereister Gastgeber, Innenarchitekt, Werbegrafiker, Party-Caterer und Künstler in Personalunion, lebt auf der anderen Seite des malerischen Innenhofs und kümmert sich rührend um seine Gäste. Leider ist dieser Geheimtipp nicht mehr ganz geheim, weshalb ohne frühzeitige Reservation kaum eines der vier Zimmer zu ergattern ist.

Lage ★★☆☆☆
Am Südostrand des Stadtzentrums. 5 Gehminuten zum Europäischen Parlament, 15 Gehminuten zu den wichtigsten Museen, 20 Gehminuten zur Grand-Place.

Zimmer ★★★☆☆
4 charmante, thematisch konzipierte Zimmer («La Gustavienne», «The Levant», «La Vie d'Artiste» und «Retour d'Afrique») mit guten Betten und kostenlosem WiFi. An Gäste, die länger als 15 Tage bleiben, wird ein Studio mit Balkon («La Grande Mansarde») vermietet.

Essen & Trinken ☆☆☆☆☆
Kein Restaurant im Haus, doch befinden sich zahlreiche Restaurants und Bars rund 200 Meter entfernt (Place St Boniface).

Service ★★★★☆
Sensibel, herzlich, spontan. Das Prinzip des Hausherrn ist so einfach wie einleuchtend: «Stell dir vor, du empfängst zu Hause Freunde oder Bekannte und bewirtest sie.»

ÖV: Vom Gare du Midi Metro 2 bis Station Trône. Von dort 800 Meter der Rue du Trône folgen, bei der dritten Ampel (Restaurant «L'Ancienne Poissonnerie») rechts zur Place de Londres und dann rechts in die Rue de Londres abbiegen.

plus-minus

+ Sensationelles Preis-Leistungs-Verhältnis. Einfaches, aber köstliches Frühstück mit gutem Kaffee, frischem Gebäck und hausgemachten Marmeladen.
− Kein Aufzug, kein TV, kein Room-Service – das stört hier jedoch keinen.

BRÜSSEL

Besonders preiswert

Thewhitehotel

Avenue Louise 212
T +32 2644 29 29
www.thewhitehotel.be
info@thewhitehotel.be

Preise
DZ 75–180 €
inkl. Frühstück

Ambiente ★★★○○
Weisser geht es nicht. (Fast) alles im Hotel, vom Namen über das Mobiliar bis zu den Badezimmern präsentiert sich in Weiss. Die wenigen Farbtupfer dienen wohl vor allem dazu, das Weiss noch zu unterstreichen. In Kombination mit dem puristischen Design ist das Ambiente entsprechend cool, doch in sich stimmig. Jean-Michel André, der Besitzer, ist Teil der hiesigen Kunstszene und gibt sowohl jungen wie etablierten Künstlern eine breite Plattform für wechselnde Ausstellungen, die bis in die Zimmer reichen.

Lage ★★○○○
Relativ zentral direkt an der Brüsseler Luxusmeile Avenue Louise, die eine Schneise durch das Quartier Ixelles schlägt.

Zimmer ★★★○○
53 komfortable, minimalistisch gestylte Zimmer, alle mit einem Balkon und kostenlosem WiFi. Jedes Zimmer verfügt über eine Besonderheit eines belgischen Designers oder Künstlers.

Essen & Trinken ○○○○○
Kein Restaurant im Haus, doch befinden sich diverse Restaurants und Bars in nächster Umgebung.

Service ★★○○○
Routiniert freundlich. Das Hotelteam braucht noch etwas Nachhilfe im Lächeln.

ÖV: Tram 81, 83 und 94 bis Station Bailli.

plus-minus

+ Das lukullische Buffet-Frühstück. Und: Das Hotel vermietet Bikes (15 € pro Tag) und Elektro-Bikes (25 € pro Tag).
− Dies ist kein Hotel für Menschen mit leichtem Schlaf: Die Zimmer sind alle sehr ringhörig, und diejenigen zur lauten Avenue Louise sind bei offenen Fenstern gar nicht zu geniessen.

BRÜSSEL

Besonders ruhig

The Dominican

Rue Léopold 9
T +32 2203 08 08
www.thedominican.be
info@thedominican.carlton.be

Preise
EZ und DZ 140–360 €
Suite 560–1440 €
Frühstück 27 €

Ambiente ★★★★★
Subtile Kombination aus Luxus, Design und Seele: Das 2007 aus einem sechshundertjährigen Dominikanerkloster entstandene Hotel verbindet avantgardistische Innenarchitektur mit historischer Authentizität. Rund um den idyllischen Innenhofgarten mit dreihundertjährigem Feigenbaum gruppieren sich die Lobby, das Restaurant und die Lounge-Bar. Auch die Zimmer sind um den Innenhof angeordnet, weshalb man bei offenen Fenstern friedlich schlafen kann. Mächtige Torbögen, hohe Decken, gewölbte Korridore und zahlreiche bauliche Reverenzen an die klösterliche Vergangenheit machen aus einem Aufenthalt im «Dominican» ein ganz besonderes Erlebnis. Zum Relaxen nach einem anstrengenden Tag locken Fitnesscenter, Sauna und Dampfbad.

Lage ★★★★★
Im historischen Stadtzentrum, gleich hinter dem berühmten Théâtre Royal de la Monnaie (dem Brüsseler Opernhaus) und wenige Gehminuten von der Grand-Place und vom Gare Centrale entfernt.

Zimmer ★★★★★
146 supermoderne Zimmer und 4 Suiten mit hohen Fenstern, Eichenholzböden, guten Betten, makellosen Bädern und kostenlosem WiFi. Wenn man abends ins Zimmer zurückkommt, wird man von tranceartiger gregorianischer Musik empfangen.

Essen & Trinken
★★★★★
Zeitgemässe Marktküche im eleganten Restaurant mit Sommerterrasse im Innenhof.

Service ★★★★★
Zuvorkommend, individuell, intuitiv – eine wahre Freude.

ÖV: Bus 29, 38, 63, 66, 71 bis Station Arenberg.

plus-minus

+ Im Zimmerpreis inbegriffen sind nicht nur WiFi im ganzen Haus, sondern auch Video-on-Demand, Minibar und die Benutzung der Nespressomaschine im Zimmer.
− Das Frühstück ist für den hohen Preis vergleichsweise mickrig. Wenige Schritte ausserhalb des Hotels gibt es jedoch zahlreiche gute Alternativen.

BRÜSSEL

Besonders preiswert

Bloom!

Rue Royale 250
T +32 2220 66 11
www.hotelbloom.com
info@hotelbloom.com

Preise
EZ und DZ 69–189 €
Penthouse-Loft 164–219 €
Frühstück 19–25 €

Ambiente ★★★○○
Der hässliche schwarze Betonklotz – bis ins Jahr 2008 eine biedere Bleibe einer internationalen Hotelkette – erinnert daran, dass innere Werte zählen: Junge Künstler aus ganz Europa haben 287 der 305 Zimmer sowie die Restaurants und Lounges mit Wandmalereien und Installationen in Kunstwerke verwandelt. Unter dem Motto «Stay away from the ordinary!» bietet das unkomplizierte Lifestyle-Hotel ein Spektakel mit teilweise übermütigen Dekorationen und waghalsigen Farb- und Formenspielereien.

Lage ★★○○○
Einigermassen zentral beim botanischen Garten. Innenstadt ist bequem zu Fuss zu erreichen.

Zimmer ★★★★○
Abgesehen von 18 blütenweissen Zimmern, die bei Wechselausstellungen als temporäre Galerie dienen, ist keines der insgesamt 305 Zimmer gleich, weil jeweils eine Wand von einem anderen Künstler zur Vielfalt des Begriffs «Bloom» (Blüte, blühen, Blume) gestaltet wurde. Gemeinsam sind den Zimmern optimale Lichtverhältnisse und die Hightech-Ausstattung mit kostenlosem WiFi. Besonders grosszügig wohnt man in den vier Penthouse-Lofts – zu einem verhältnismässig überschaubaren Preis. Zimmer der kleinsten Kategorie sind 30 Quadratmeter gross.

Essen & Trinken ★★★○○
Stimmiges Restaurant mit DJ-animierter Bar-Lounge, Frühstücksrestaurant «OO!».

Service ★★★○○
Freundlich leger, mit kleinen Nachlässigkeiten.

ÖV: Vom Gare Midi Metro 2 und 6 bis Station Botanique. Von dort sind es 20 Meter bis zum Hotel.

plus-minus

+ Vom Fitnessraum auf der 8. Etage geniesst man weite Ausblicke auf die Brüsseler Innenstadt.
− Mit der Sauberkeit in den Zimmern und Bädern ist es nicht immer weit her. Auch sind die strassenseitigen Zimmer aufgrund des nie versiegenden Verkehrs (keine schalldichten Fenster) und der grellen Strassenbeleuchtung (keine wirklich abdunkelnden Vorhänge) problematisch – die Zimmer zum Park sind bestimmt die bessere Wahl.

BUDAPEST

Besonders preiswert

Art'otel Budapest

Bem Rakpart 16–19
T +36 1 487 94 87
www.artotel.hu
budapest@artotel.hu

Preise
EZ und DZ 89–139 €
Suite 149–278 €
Frühstück 18 €

Ambiente ★★★○○
Die kleine deutsche Art'otel-Gruppe, die weitere Häuser in Berlin, Köln und Dresden betreibt, begann Anfang der Neunzigerjahre, Hotels von Künstlern mitgestalten zu lassen. Dieses Konzept ist heute nicht mehr revolutionär, dennoch ist das «Art'otel Budapest» die gelungenste Interpretation der Gruppe. In vier denkmalgeschützten, miteinander verbundenen Barockgebäuden aus dem 17. Jahrhundert und einem Neubau werden Werke auf Papier, auf Leinwand und als plastische Arbeiten des renommierten amerikanischen Künstlers Donald Sultan gezeigt. Auch Teppichmuster, Teetassen und Handtücher wurden von ihm gestaltet. Das Hotel zeigt, wie man alte Mauern mit modernem Leben füllen kann und bietet ein sehr gutes Preis-Leistungs-Verhältnis, ist aber im Ganzen wohl eher für den Geschäftsreisenden als für den privaten Budapest-Besucher zu empfehlen.

Lage ★★★★○
Gegenüber dem Parlament an der Donaupromenade im Stadtteil Buda. Jeweils zehn Gehminuten zum Buda-Schloss und zur Fussgängerzone.

Zimmer ★★★○○
156 funktionale, teilweise etwas abgewohnte Zimmer und 9 Suiten in der Farbpalette Schwarz/Weiss/Grau/Rot. Kostenloses WiFi im ganzen Haus. Die Zimmer im rückwärtigen alten Gebäude sind sehr ruhig. Kostenfreier Eintritt in den kleinen Fitnessbereich mit Sauna.

Essen & Trinken ★★★○○
Asiatische, mediterrane und authentisch ungarische Gerichte im Restaurant «Chelsea». Bar-Café mit Sommerterrasse.

Service ★★★★○
Professionell und hilfsbereit.

ÖV: U-Bahn-Station Batthyány Tér.

plus-minus

+ Besonders morgens und abends fantastischer Ausblick auf das alte Budapest und die Donau (wenn Donaublick gebucht). Überdurchschnittliches Frühstücksbuffet.
– Die Kirchenglocken um 7 Uhr morgens sorgen für sicheres «Nicht-Verschlafen».

BUDAPEST

Besonders ruhig
Besonders preiswert

Gerlóczy Rooms de Lux

Gerlóczy Utca 1
T +36 1 501 40 00
www.gerloczy.hu
reservation@gerloczy.hu

Preise
EZ und DZ 90 €
Frühstück 12 €

Ambiente ★★★★★
Das charmante, 2008 eröffnete Mini-Hotel mit dem Slogan «Be a Budapester!» unterfliegt den Radar der Trendsetter, bietet aber jene besondere Ambiance, die heimatlose Grossstädter heute suchen. Die fünfzehn Zimmer, die man durch eine pittoreske Wendeltreppe erreicht, haben zwar gehobenes Drei-Sterne-Niveau, doch gleichzeitig authentisch lokales Lebensgefühl und einen unverwechselbar persönlichen Touch. Das Café-Restaurant «Gerlóczy» im Erdgeschoss ist eines der sympathischsten Lokale der Stadt – gute Laune kann man hier regelrecht tanken. Insgesamt ein zauberhaftes kleines Traumhotel für Individualisten, die sich in den grösseren Bettenburgen verloren fühlen.

Lage ★★★★★
Ruhig an einem hübschen alten Platz im historischen Zentrum von Pest, nur zwei Minuten von der Fussgängerzone und den Einkaufsstrassen entfernt.

Zimmer ★★★○○
15 geschmackvoll nostalgisch eingerichtete, makellos saubere Zimmer mit kostenlosem WiFi, teilweise mit hohen Decken und Balkon.

Essen & Trinken ★★★★○
Bemerkenswert stimmungsvolles Café-Restaurant mit fein zubereiteten mediterranen und ungarischen Gerichten zu reellen Preisen. An warmen Tagen wird draussen serviert.

Service ★★★★○
Das zurückhaltend aufmerksame Team ist kaum spürbar und dennoch immer zur Stelle, wenn es sein soll.

ÖV: U-Bahn-Station Astoria.

plus-minus

+ Hoteleigene Mietfahrräder.

− Schöne, aber etwas unpraktische Bäder – kaum Ablageflächen, kein Duschvorhang.

Lánchíd 19

Lánchíd Utca 19
T +36 1 419 19 00
www.lanchid19hotel.hu
info@lanchid19hotel.hu

Preise
EZ und DZ 91–178 €
Suite 241–353 €
Frühstück 15 €

Ambiente ★★★○○
Das 2007 eröffnete Designhotel tanzt im barocken Burgviertel gekonnt aus der Reihe: mit einer Ziehharmonika-artig gefalteten Glasfassade, deren Winkel und Farbe je nach Windverhältnissen ändert und nachts dramatisch erstrahlt. Auch hinter dieser verblüffenden Schale setzten die Architekten auf avantgardistisches Design mit viel Glas und Stahl. Dem einen oder anderen Gast mag das Ganze zu kühl sein, doch die Lage in Buda wärmt das Herz: Viele der Zimmer blicken auf die Donau und das Pester Ufer – ein Weltkulturerbe der Unesco.

Lage ★★★★★
Am Fuss des Königspalastes und an der Donaupromenade im Stadtteil Buda, in unmittelbarer Nähe zur namensgebenden Lánchíd (Kettenbrücke) und wenige Gehminuten von der Pester Innenstadt entfernt.

Zimmer ★★★★○
45 geräumige, modern gestylte, aber im Detail wenig praktisch konzipierte Zimmer und 3 Suiten. Letztere mit grossen Panoramaterrassen. Kostenloses WiFi im ganzen Haus.

Essen & Trinken ★★★○○
Trendiges Restaurant «L 19» mit internationaler Küche und Sommerterrasse. Lobby-Bar.

Service ★★○○○
Wechselhaft. Im Restaurant stehen einzelne kompetente Mitarbeiter einem unmöglichen Haufen von Kellnern und Kellnerinnen gegenüber, die kaum mehr können und zu tun wissen, als untereinander zu schnattern. Als Gast kommt man sich oftmals ein bisschen störend vor.

ÖV: U-Bahn-Station Batthyány Tér.

plus-minus

+ Location, location, location!
− Seltsam für ein Hotel dieses Designanspruchs: Spannteppiche in allen Zimmern. Und zahlreiche Zimmer sind trotz Baujahr 2007 bereits wieder dringend überholungsbedürftig.

BUDAPEST

Besonders preiswert

Mamaison Hotel Andrassy

Andrássy út 111
T +36 1 462 21 00
www.andrassyhotel.com
reservation@andrassyhotel.com

Preise
EZ und DZ 69–189 €
Suite 129–329 €
Frühstück 20 €

Ambiente ★★★★○
Das architektonisch gradlinige Bauhaus-Gebäude, das von aussen an einen alten Ozeanliner erinnert und von opulenten neoklassizistischen Palästen umgeben ist, war einst ein Waisenhaus, dann eine Absteige der Nomenklatura, seit 2003 dient es als wohnliche Zuflucht für zeitgeistige Budapest-Besucher, denen Klarheit lieber ist als Plüsch. Auf moderne Ästhetik wurde grosser Wert gelegt, auch die schnörkellosen Details sind stilsicher gewählt. Der Verzicht auf den in Ungarn üblichen Nobelkitsch tut der Ruhe und Konzentration suchenden Seele genauso gut wie der freundliche Empfang.

Lage ★★★★○
In einer repräsentativen Gegend an der schönen, aber lauten Andrássy-Strasse nahe dem Heldenplatz, dem extravaganten Vajdahunjad-Schloss und den Széchenyi-Thermalbädern. Die Innenstadt ist in rund zwanzig Minuten zu Fuss zu erreichen.

Zimmer ★★★★○
61 komfortable, behagliche, makellos saubere Zimmer und 7 Suiten in sanften Beigetönen. Die meisten Zimmer verfügen über eine Terrasse. Kostenloses WiFi im ganzen Haus. Ebenfalls kostenlose Benutzung des Fitnesscenters mit Sauna im nahen Schwesterhotel «Mamaison Residence Izabella».

Essen & Trinken ★★★○○
Gut gemachte multikulturelle Küche im «Baraka Restaurant» mit Sommerterrasse.

Service ★★★★○
Aufmerksam und zuvorkommend.

ÖV: U-Bahn bis Station Bajza-Utca. Von dort sind es rund hundert Meter zum Hotel.

plus-minus

+ Die Einstellung «Weniger ist mehr» gilt auch für die Preise, die sich für das Gebotene im Rahmen halten.

− Warum man das Frühstück selbst an warmen Hochsommertagen nicht draussen auf der Terrasse einnehmen kann, sondern im etwas düsteren Souterrain sitzen muss, kann einem im Hotel niemand schlüssig erklären.

DRESDEN

Besonders ruhig
Besonders preiswert

Pattis

Merbitzer Strasse 53
T +49 351 425 50
www.pattis.net
info@pattis.de

Preise
EZ 110–130 €
DZ 140–160 €
Suite 180–290 €
inkl. Frühstück

Ambiente ★★★★○
Dass Eleganz und Gemütlichkeit einander nicht ausschliessen müssen, erfährt man schon beim Betreten des sonnengelben Hauses, hinter dessen alten Mauern man in eine romantische Hotelwelt mit prachtvoller Lobby, hübscher Bibliothek und zahlreichen Jugendstilelementen eintaucht. Das motivierte Team um die Familie Pattis achtet mit aufmerksamer Zurückhaltung darauf, dass jeder Gast sich als der Wichtigste fühlt.

Lage ★★★○○
In einem parkähnlichen Garten am Stadtrand, im Ortsteil Briesnitz. Schöne Waldwege von der Haustür weg.

Zimmer ★★★★○
46 geräumige, gutbürgerlich eingerichtete Zimmer sowie 3 Suiten.

Essen & Trinken ★★★○○
Restaurant «Gourmetlounge» mit (zuweilen bemüht) kreativer Küche und Restaurant «Vitalis» mit regionalen Spezialitäten. Sommerterrasse. Bar.

Service ★★★★○
Individuell und familiär.

ÖV: Vom Postplatz Dresden Bus 94 bis Station Merbitzer Strasse.

plus-minus

+ Fantastisches Frühstück. Wellnessbereich mit Sauna, Dampfbad und diversen Körper- und Schönheitsbehandlungen.
− Für Stadterkundungen ist man auf den Bus, das Taxi oder das eigene Auto angewiesen (wenige Fahrminuten ins Zentrum).

DRESDEN

Besonders preiswert

QF Hotel

Neumarkt 1
T +49 351 563 30 90
www.qf-hotel.de
info@qf-hotel.de

Preise
EZ 109–209 €
DZ 129–249 €
Suite 349–449 €
Frühstück 20 €

Ambiente ★★★★○
Dort, wo 1804 das «Hotel Stadt Berlin» eröffnete und durch seine «runde Ecke» auffiel, strahlt heute das neu erbaute «QF Hotel» in schnörkelloser Eleganz – und mit eben jener charakteristischen runden Ecke bei der Frauenkirche. Das perfekte Gespür für gutes, zeitgenössisches Design in einem Hotel in bester Lage mit Topmöglichkeiten für Sightseeing, Shopping und Ausgehen in nächster Nähe. Wer aber in einem Grosshotel wie diesem auch eine grandiose Lobby und weitläufige öffentliche Räumlichkeiten mit Restaurants und Spa erwartet, liegt im «QF» falsch.

Lage ★★★★★
Wortwörtlich mittendrin, in der Fussgängerzone direkt neben der Frauenkirche. Parkservice für alle, die mit dem Auto anreisen.

Zimmer ★★★★★
93 luxuriöse, geschmackvoll gestylte Zimmer (26–44 Quadratmeter) und 3 Suiten (51–57 Quadratmeter; 2 Suiten mit Dachterrasse und Traumpanorama).

Essen & Trinken ★○○○○
Schicke «Bellini's Bar». Zahlreiche Restaurants in unmittelbarer Umgebung.

Service ★★★★○
Freundlich, effizient, hilfsbereit.

ÖV: Vom Hauptbahnhof Tram 3 oder 7 bis Station Pirnaischer Platz. Dort die Wilsdruffer Strasse überqueren, links in die Landhausstrasse einbiegen und dieser 250 Meter folgen bis zum Hotel.

plus-minus

+ Beim Frühstück im obersten Stockwerk blickt man über die Dächer von Dresden und auf die Kuppel der Frauenkirche.
− Wer Ruhe sucht, sollte kein Zimmer zum Neumarkt buchen. Und: Das kostenpflichtige WiFi ist extrem langsam und bricht immer wieder zusammen.

DRESDEN

Besonders ruhig
Besonders preiswert

Schloss Eckberg

Bautzner Strasse 134
T +49 351 809 90
www.schloss-eckberg.de
info@schloss-eckberg.de

Preise
EZ 85–152 €
DZ 118–223 €
Suite 154–248 €
inkl. Frühstück

Ambiente ★★★★★
Das romantische neugotische Schloss von 1859 wurde nach der Wende von einem Münchner Investor aus dem Dornröschenschlaf geweckt und zu einem ansehnlichen Hotel ausgebaut. Die Innendekoration passt sich der Geschichte als traditionsreicher Herrensitz an – hier können sich auch normalverdienende Familien wie Weekend-Fürsten fühlen. Die Lage bei den Elbschlössern ist einzigartig, die repräsentative Gesamterscheinung des Schlosses und des umliegenden Parks bemerkenswert, ausserordentlich ist zudem der stets den Grundsätzen der Denkmalpflege verpflichtete Aufwand – alles, was bewahrt werden konnte, ist erhalten worden.

Lage ★★★★★
Ruhig in einem idyllischen Park am Elbhang mit Postkartenblick auf Dresden und das Elbtal (ehemaliges Unesco-Weltkulturerbe – vor dem Bau der Waldschlösschenbrücke). Mit der Strassenbahn ist man schnell und bequem in der Innenstadt (an der Hotelrezeption kann man Fahrkarten kaufen).

Zimmer ★★★○○
84 komfortable Zimmer, verteilt auf Schloss und (preislich günstigeres) Kavaliershaus im Park. Die Zimmer im Schloss sind sehr klassisch in Dunkelblau eingerichtet, diejenigen im Kavaliershaus etwas einfacher und moderner. Kostenloses WiFi in der ganzen Anlage.

Essen & Trinken ★★★○○
Französisch-internationale, qualitativ schwankende Küche im historischen Speisesaal und im lichtdurchfluteten Wintergartenrestaurant. Sehr schöne Sommerterrasse, mittelmässiges Frühstück.

Service ★★★○○
Korrekt.

ÖV: Vom Postplatz in der Dresdner Innenstadt Tram 11 (Richtung Bühlau) bis Station Elbschlösser. Von dort fünf Gehminuten bergauf bis zum Hotel.

plus-minus

+ Nostalgiker können sich hier wie auf einem anderen Planeten fühlen.
− Das Hotel ist auch ein beliebter Tagungs- und Veranstaltungsort, was der privaten Ambiance abträglich sein kann.

DRESDEN

Besonders ruhig
Besonders preiswert

Therese-Malten-Villa

Wilhelm-Weitling-Strasse 3
T +49 351 205 35 21
www.dresden-pension.net
post@dresden-pension.net

Preise:
EZ 80–100 €, DZ 90–110 €
Dreibettzimmer 110–130 €
Vierbettzimmer 130–150 €
Frühstück 9 €

Ambiente ★★★★★
Therese Malten war eine Opernsängerin und besondere Interpretin von Richard Wagners Werken. Das schätzte auch der sächsische König, der ihr ein Grundstück im Dresdner Ortsteil Kleinschwachnitz schenkte. Dort liess sich die Kammersängerin eine Neo-Renaissance-Villa mit hohem Souterrain, Freitreppen und Erkern erbauen. Heute ist das architektonische Schmuckkästchen eine familiäre Hotel-Pension mit Kaminsalon und geräumiger Gästeküche, alles mit antiken Möbeln und viel Liebe zum Detail eingerichtet. Nach der morgendlichen Stärkung tut ein Spaziergang entlang des Elbufers gut. Wer Lust auf eine besondere Stadtführung oder einen geführten Ausflug in die Sächsische Schweiz hat, dem vermittelt das Gastgeberpaar eine Tour mit dem einheimischen Historiker Albrecht Hoch. Selbst Alleinreisende brauchen sich in dieser stilvollen Wohlfühl-Residenz nicht absurd zu fühlen, und Kinder werden wie richtige Menschen behandelt.

Lage ★★★★◯
Ländlich ausserhalb des Stadtzentrums, in einer Gartenanlage an der Elbe. Am Haus führt der Elberadweg vorbei: 12 Kilometer bis zur Altstadt, es stehen Leihfahrräder für Kinder und Erwachsene zur Verfügung (7–9 € pro Tag).

Zimmer ★★★★◯
6 komfortable, wohnliche Zimmer, in denen man sich wie Graf und Gräfin fühlt. Kostenloses WiFi im ganzen Haus.

Essen & Trinken ◯◯◯◯◯
Kein Restaurant im Haus. Die voll ausgerüstete Gästeküche steht zur freien Verfügung. Mehrere Restaurants sind einigermassen in der Nähe.

Service ★★★★◯
Ungezwungen herzlich und unaufdringlich zuvorkommend.

ÖV: Vom Zentrum Dresden 28 Minuten Strassenbahnfahrt sowie 500 Meter Fussweg bis zum Hotel.

plus-minus

+ Ines und Stefan Scharfe servieren ihren Gästen ein «Frühstück, so wie wir es selbst am liebsten haben: mit Müesli, frischen Brötchen vom Bäcker, Schinken, Käse, Obst und hausgemachter Marmelade» – im Sommer auf der Terrasse.

− Wer die Anonymität und Coolness eines innerstädtischen Designhotels liebt, liegt hier falsch.

DUBLIN

Number 31

31 Leeson Close
T +353 1 676 50 11
www.number31.ie
info@number31.ie

Preise
EZ 110–150 €
DZ 150–220 €
Dreibettzimmer 199–260 €
Vierbettzimmer 240–320 €
inkl. Frühstück

Ambiente ★★★★○
Das ehemalige Heim des bekannten irischen Architekten Sam Stephenson, bestehend aus einer georgianischen Stadtvilla und einem modernen Gartenhaus, wurde von Noel und Deirdre Comer in ein zauberhaftes Bed & Breakfast mit der gewissen (gewollten) Unvollkommenheit umgebaut. Es ist eine wirkliche Zuflucht im Herzen der Stadt und spricht gleichermassen Privatreisende als auch Geschäftsleute an, die nach einer stilvollen Unterkunft zum moderaten Preis suchen. Herzstück des «Number 31» ist der kleine Hofgarten und eine kalifornisch anmutende Kamin-Lounge im Gartenhaus.

Lage ★★★★○
Zentral zwischen Lower Leeson Street und Fitzwilliam Street, fünf Gehminuten zum Shopping-Distrikt rund um die Grafton Street.

Zimmer ★★★○○
21 komfortable, individuell gestaltete und mehrheitlich geräumige Zimmer, viele mit Blick auf den Garten. Kostenloses WiFi in der ganzen Anlage.

Essen & Trinken ★○○○○
Bar. Kein Restaurant im Haus, doch finden sich zahlreiche Restaurants und ein aktives Nachtleben in unmittelbarer Umgebung.

Service ★★★★★
Warmherzig und sehr persönlich. Noel und Deirdre Comer sind die besten Gastgeber, die man sich vorstellen kann.

ÖV: Bus-Station Lower Leeson Street.

plus-minus
+ Sensationelles «Full Irish Breakfast».
− Eine Doppelverglasung könnte den Verkehrslärm, dem manche Zimmer ausgesetzt sind, mildern.

DUBLIN

Besonders ruhig
Besonders preiswert

Pembroke Townhouse

90 Pembroke Road
T +353 1 660 02 77
www.pembroketownhouse.ie
info@pembroketownhouse.ie

Preise
EZ und DZ 69–154 €
Dreibettzimmer 104–164
Frühstück 10–15 €

Ambiente ★★★○○
Hier kann man echte irische Gastfreundschaft in drei miteinander verbundenen georgianischen Stadthäusern aus dem 18. Jahrhundert geniessen. Sobald man das Edel-Guesthouse betritt, ist man von der freundlichen Atmosphäre und dem warmherzigen Empfang eingenommen. Das Gästebuch ist voll von Lobeshymnen, die glückliche Besucher auf dieses «Home away from home» verfasst haben.

Lage ★★★★○
An einer schönen, ruhigen Wohnstrasse im georgianischen Stadtteil Ballsbridge, fünfzehn Gehminuten zur Innenstadt.

Zimmer ★★○○○
48 einfache, saubere Zimmer. Kostenpflichtiges WiFi in den öffentlichen Bereichen.

Essen & Trinken ○○○○○
Kein Restaurant im Haus, doch finden sich zahlreiche Restaurants in der Nähe, etwa das französisch-irische Gourmetlokal «L'Ecrivain» (109a Lower Baggot Street) und das malaysische Restaurant «Langkawi» (46 Upper Baggot Street). Das «Pembroke Townhouse» sorgt für ein gutes irisches Frühstück.

Service ★★★★○
Ausgesprochen zuvorkommend und aufmerksam.

ÖV:
Bus-Station Pembroke Road.

plus-minus

+ Kostenlose Parkplätze.
− Die Einrichtung der Zimmer ist etwas ältlich und banal.

DUBLIN

Besonders ruhig
Besonders preiswert

The Morrison

Lower Ormond Quay
T +353 1 887 24 00
www.morrisonhotel.ie
info@morrisonhotel.ie

Preise
EZ und DZ 120–340 €
Suite 220–490 €
Frühstück 25 €

Ambiente ★★★★○
«So hip it hurts» – so trendig, dass es wehtut –, so empfanden die Dubs, die richtigen Dubliner, ihre Stadt während des New-Economy-Booms und der damit einhergehenden Lifestyle-Inflation in den Nullerjahren. Nun, da die Krise den «Keltischen Tiger» beinahe in den Bankrott getrieben und sich die Invasion der Range Rovers und Chichi-Restaurants normalisiert hat, ist Dublin liebenswerter denn je. Das macht sich auch im High-Style-Hotel «The Morrison» bemerkbar, wo die Hipness von einst einer souveränen Gastlichkeit gewichen ist. Die Innenarchitektur präsentiert sich in einem unaufgeregten «East meets West»-Stil mit viel zeitgenössischer Kunst.

Lage ★★★★○
Im Stadtzentrum und doch relativ ruhig am Fluss Liffey. Gleich auf der gegenüberliegenden Flussseite (drei Gehminuten) liegt der Ausgeh-Distrikt Temple Bar.

Zimmer ★★★★○
126 geradlinig-moderne Zimmer und 12 Suiten. Kostenloses WiFi in den öffentlichen Bereichen.

Essen & Trinken ★★○○○
In der Café-Bar werden mittags und abends zeitgemässe irische Gerichte serviert. Wie in vielen Lokalen Dublins fällt auf, dass sich die Gäste-Generationen und sozialen Schichten besser mischen als anderswo. Jeder quatscht mit jedem, und die vielen Expats erfüllen das «Morrison» mit multikultureller Vielfalt.

Service ★★★★○
Die gut motivierte Crew bringt Professionalität und natürlichen Charme in keinen Widerspruch.

ÖV: Nächster Aircoach-Stop (Busverbindung Flughafen–Stadtzentrum): Gresham Hotel, O'Connell Street (zehn Gehminuten zum «Morrison Hotel»).

plus-minus

➕ Schickes neues Fitnesscenter. Sehr guter Concierge, der sich bestens auskennt und jeden Sonderwunsch erfüllt.
➖ Die Zimmer sind zwar hochwertig eingerichtet und tadellos sauber, aber teilweise etwas überstrapaziert, und auch die Bäder zeigen Abnutzungserscheinungen.

DUBROVNIK

Besonders ruhig

Kazbek

Lapadska Obala 25
T +385 20 362 999
www.kazbekdubrovnik.com
info@kazbek.hr

Preise
EZ 133–244 €
DZ 152–276 €
Suite 334–412 €
inkl. Frühstück

Ambiente ★★★★○
1573 als Sommerresidenz erbaut und nach wechselvoller Geschichte dem Verfall preisgegeben, wurde das «Kazbek» 2006 von einer schwedischen Immobilienentwicklungsfirma entdeckt und in einen charmanten Ort verwandelt, der die glücklichen alten Zeiten als kultiviertes Sommerfrischeparadies wiederaufleben lässt. Auf der hübschen Terrasse lockt ein Freibad, an Schlechtwettertagen eine Sauna mit Whirlpool. Der Trumpf des Hauses ist jedoch der feinsinnige Service: Während sich viele andere kroatische Hotels – auch in der Fünf-Sterne-Liga – schwertun, herzliche und zugleich professionelle Mitarbeiter zu finden, wird man im «Kazbek» wie ein Freund des Hauses empfangen.

Lage ★★★★○
Im Stadtteil Gruz, durch eine wenig befahrene Durchgangsstrasse und eine Fussgängerpromenade vom Meer getrennt. Drei Kilometer ausserhalb der Altstadt von Dubrovnik. Am gegenüberliegenden Ufer docken die Kreuzfahrtschiffe an – je nach deren Anzahl und Grösse bleibt man tagsüber besser im Hotel oder am nahen Strand und verschiebt einen Besuch in der zum Unesco-Weltkulturerbe zählenden Altstadt auf den frühen Abend, wenn die Ozeandampfer meist weiterziehen.

Zimmer ★★★○○
12 komfortable, tadellos saubere Zimmer und 1 Suite mit kostenlosem WiFi.

Essen & Trinken ★★★★○
Restaurant mit kroatisch-mediterraner Küche aus saisonalen Frischprodukten, an kalten Tagen im Gewölbesaal, an warmen auf der Hofterrasse serviert. Lounge-Bar-Terrasse.

Service ★★★★★
Tadellos. Fern der schroffen, unaufmerksamen Art, die einem den Aufenthalt in vielen anderen Hotels der Region verleiden kann.

ÖV: Der Linienbus 6 zum Stadtzentrum (zehn Fahrminuten) hält gleich um die Ecke.

plus-minus

+ Im Hafen vor dem Hotel ankern eine hauseigene Segelyacht und ein Schnellboot, die für Transfers und Ausflüge zu den nahen Inseln gemietet werden können (beide Schiffe bis maximal zehn Personen plus Crew).
− Die Zimmer sind teilweise etwas düster und ziemlich grossmütterlich eingerichtet.

DUBROVNIK

Besonders ruhig
Besonders preiswert

Lapad

Lapadska Obala 37
T +385 20 455 555
www.hotel-lapad.hr
sales@hotel-lapad.hr

Preise
EZ 90–161 €
DZ 120–226 €
Suite 198–312 €
inkl. Frühstück

Ambiente ★★★○○
Die Metamorphose des Billigreiselandes Jugoslawien in das sommerliche Trendziel Kroatien ist auf besten Wegen. Die konsequente Verbesserung der touristischen Infrastruktur an der lange wenig bekannten Adriaküste hat den Blick für die Schönheit dieser einst blühenden Mittelmeerlandschaft geschärft. Dubrovnik, das pulsierende Zentrum von Süddalmatien, hat einen erheblichen Anteil an dieser Entwicklung. Die Hotels ziehen mit, etwa das «Lapad», das mit frisch strahlenden Interieurs und Freibad in historischen Mauern überrascht. Von vielen Zimmern blickt man auf den Hafen.

Lage ★★★★○
Im Stadtteil Gruz, durch eine wenig befahrene Durchgangsstrasse und eine Fussgängerpromenade vom Meer getrennt. Neben dem Hotel «Kazbek» (siehe vorhergehender Tipp) gelegen. Drei Kilometer ausserhalb der Altstadt von Dubrovnik. Die Anlegestelle der Fähren zu den Elaphiti-Inseln liegt auf der anderen Seite der Bucht (rund zehn Gehminuten).

Zimmer ★★★○○
163 komfortable, moderne, eher kleine Zimmer, viele mit Balkon. Kostenpflichtiges WiFi.

Essen & Trinken ★★○○○
Restaurant. Bar. Mittelmässige mediterrane Küche, stark verbesserungswürdiges Frühstück.

Service ★★○○○
Wechselhaft. Es ist immer mit Überraschungen zu rechnen, im Positiven wie im Negativen.

ÖV: Der Linienbus 6 zum Stadtzentrum (zehn Fahrminuten) hält direkt vor dem Hotel.

plus-minus

+ Einige Zimmer lassen sich durch eine Verbindungstür leicht zu Familienzimmern umfunktionieren. Überhaupt können sich Kinder im unkomplizierten «Lapad» willkommen fühlen.

− Unverständlich, dass ein Hotel dieses Anspruchs kulinarisch und servicemässig keine höheren Ambitionen verfolgt.

DUBROVNIK

Besonders ruhig

Valamar Lacroma

Iva Dulcica 34
T +385 52 465 000
www.valamar.com
info@valamar.com

Preise
EZ und DZ 149–243 €
Juniorsuite 283–383 €
Familienzimmer 268–364 €
inkl. Frühstück

Ambiente ★★★★○
Das österreichische Hotelunternehmen Valamar zählt mit zwei Dutzend Hotels in Kroatien zu den wichtigsten Tourismusentwicklern des Landes. Meist wurden abgewirtschaftete Anlagen aus den Siebzigerjahren modernisiert und für anspruchsvolle Gäste fit gemacht. Am besten ist dies im Vier-Sterne-Resort «Valamar Lacroma» gelungen, das trotz maximal achthundert Gästen und Konferenzzentrum ein Wohlfühlflair ausstrahlt und mit fantastischen Ausblicken erfreut. Zur weitläufigen Infrastruktur zählen zwei Restaurants, ein grosses Spa, ein Fitnesscenter, ein Aussen- und ein Innenpool (30 und 25 Meter Länge), ein überwachter Kiesstrand, Tennisplätze und während der Schulferienzeiten eine gute Kinderbetreuung. Auf den ersten Blick kann man es als Nachteil empfinden, dass man zur Altstadt fünfzehn Busminuten in Kauf nehmen muss – ist man aber erst einmal hier, will man kaum mehr mit einem Hotelzimmer im oft überlaufenen und engen Stadtzentrum tauschen.

Lage ★★★★★
Im üppigen Grün auf der Halbinsel Babin Kuk.

Zimmer ★★★★★
385 komfortable, coole, aber nicht kalte Zimmer und 16 Suiten, viele mit Balkon und Meerblick. Kostenpflichtiges WiFi.

Essen & Trinken ★★★★○
Buffet-Restaurant «Lacroma», Restaurant «Langusto» mit mediterranen Spezialitäten. Beide Restaurants mit Panoramaterrassen. Drei Bars.

Service ★★★○○
Routiniert freundlich, hinsichtlich der Grösse des Hotels naturgemäss etwas unpersönlich.

ÖV: Der Linienbus zum Stadtzentrum (fünfzehn Fahrminuten) hält beim Hotel.

plus-minus

+ Bei einem Sonnenuntergang wird es einem hier ganz leicht ums Herz und schwindelig vor Glück.
− An Grosskonferenztagen genügt die Kapazität der Anlage nicht.

EDINBURGH

Hotel du Vin

11 Bristo Place
T +44 131 247 49 00
www.hotelduvin.com
reservations.edinburgh@hotelduvin.com

Preise
EZ und DZ 120–275 £
Suite 230–360 £
Frühstück 11–14 £

Ambiente ★★★★☆
Die britische «Hotel du Vin»-Gruppe hat sich darauf spezialisiert, historische Gebäude in stilvoll moderne Hotels zu verwandeln. Der Edinburgh-Ableger, der einst als Irrenanstalt und Krankenhaus diente, verbindet viktorianischen Charme mit lässiger Exzentrik. Das Bistro und die beiden Bars sind gesellige Treffpunkte für einheimische Geniesser, die nach einem Tag voller Meetings noch etwas erleben wollen.

Lage ★★★☆☆
Im Stadtzentrum, neben dem Bedlam Theatre. Wenige Schritte zum National Museum of Scotland und zum Festival Theatre Edinburgh.

Zimmer ★★★★☆
43 komfortable, geschmackvoll gestaltete Zimmer und 4 Suiten mit guten Matratzen, Regenduschen und DVD-Player. Kostenpflichtiges WiFi.

Essen & Trinken ★★★★☆
Einladendes Bistro mit französisch-englischer Marktküche und hübschem Hofgarten. Zwei Bars (die eine mit 250 verschiedenen Whiskeys).

Service ★★★☆☆
Korrekt.

ÖV: Die Edinburgh Waverley Station (Hauptbahnhof) liegt zehn Gehminuten entfernt. Von dort keine adäquate Busverbindung zum Hotel – dafür kostet ein Taxi nur rund 5 £.

plus-minus

+ Fantastische Weinauswahl auch im Offenausschank. Der Sommelier hält neben Lafite und Sassicaia auch Entdeckungen für arme Schlucker bereit.
− Manche Zimmer blicken auf eine triste Mauer.

EDINBURGH

Besonders preiswert

Malmaison Edinburgh

1 Tower Place, Leith
T +44 131 468 50 00
www.malmaison-edinburgh.com
reservations.edinburgh@malmaison.com

Preise
EZ und DZ 110–230 £
Suite 200–315 £
Frühstück 12–14 £

Ambiente ★★★★○
Ein ehemaliges Seemannsheim in Leith, Edinburghs altem Hafen, wurde in einen trendigen Ort für moderne Reisende verwandelt, die viel Lifestyle und kultivierten Service zu überschaubaren Preisen suchen. Das Konzept des «Malmaison» (dasjenige in Edinburgh war das erste) ist so erfolgreich, dass es inzwischen ein Dutzend Ableger in England gibt, unter anderem im hippen Londoner Stadtteil Clerkenwell.

Lage ★★★○○
Im alten Hafen von Edinburgh, zehn Bus- oder Taxi-Minuten vom Stadtzentrum entfernt.

Zimmer ★★★★○
92 komfortable, geschmackvoll exzentrisch gestaltete Zimmer und 8 Suiten mit modernster Unterhaltungselektronik und kostenlosem WiFi.

Essen & Trinken ★★★★○
Attraktive, überaus beliebte Brasserie mit zeitgemässer schottischer Küche aus regionalen Produkten. Bar.

Service ★★★★○
Zuvorkommend, effizient und freundlich.

ÖV: Bus 16 bis Station Commerical Street oder Bus 22 bis Station The Shore.

plus-minus

+ Attraktiver Weinkeller und dazu ein Sommelier, der einem nicht die teuerste, sondern die beste Flasche empfiehlt.
− Die Zimmer, die nicht aufs Wasser blicken, haben Sicht auf hässliche Häuserblocks.

EDINBURGH

Besonders preiswert

Rick's

55a Frederick Street
T +44 131 622 78 00
www.ricksedinburgh.co.uk
info@ricksedinburgh.co.uk

Preise
EZ und DZ 115–220 £
Suite 230–400 £
inkl. Frühstück

Ambiente ★★★★○
«Wenn Sie sich so alt fühlen, wie Sie sind, kommen Sie lieber nicht hierher», rät ein regionaler Reiseführer. Denn die Mehrheit der Gäste im energiegeladenen «Rick's» – zumindest diejenigen in den öffentlichen Bereichen – sind jünger als 25 Jahre. Das Haus zieht die Schicken und Schönen der Stadt magisch an. Es will so wenig Hotel sein wie möglich und bietet dennoch zehn sehr angenehme Zimmer zu reellen Preisen. Sie sind die perfekte Rückzugsmöglichkeit in der urbanen Umgebung – und sollte einen plötzlich der Wunsch nach Gesellschaft überkommen, spaziert man einfach in die Lounge-Bar. Hier bleibt keiner lange fremd, jeder fühlt sich sofort aufgenommen und auf unkomplizierte Weise dazugehörig. Falls das «Rick's» ausgebucht sein sollte: Das etwas teurere Schwesterhotel «Tigerlily» an der edlen George Street (www.tigerlilyedinburgh.co.uk) bietet noch mehr Bling-Bling.

Lage ★★★★○
In der New Town, an der Ecke Frederick Street und George Street, inmitten der Einkaufs- und Ausgehstrassen.

Zimmer ★★★○○
10 komfortable, eher kleine Zimmer und Suiten mit DVD-Player, kostenlosem WiFi, Bügelbrett und -eisen.

Essen & Trinken ★★★○○
Restaurant mit moderner schottischer Küche. Angesagte Lounge-Bar.

Service ★★○○○
Das Personal ist gut drauf, aber an der sogenannten Rezeption ist meist niemand anzutreffen.

ÖV: Die Edinburgh Waverley Station (Hauptbahnhof) liegt acht Gehminuten entfernt.

plus-minus

+ Frühstück gibt es bis 12 Uhr mittags.
− Bei offenem Fenster kann es nachts laut werden – und auch frühmorgens um halb sechs Uhr, wenn die Müll- und Flaschenabfuhr kommt.

EDINBURGH

Besonders ruhig

The Bonham

35 Drumsheugh Gardens
T +44 131 226 60 50
www.thebonham.com
reserve@thebonham.com

Preise
EZ und DZ 110–300 £
Juniorsuite 200–375 £
inkl. Frühstück

Ambiente ★★★★★
«The Bonham» ist ein viktorianisches Townhouse mit zeitgerecht aufgemöbeltem Innenleben. Das unaufdringlich vornehme Hotel spricht den Typ von Gast an, der sich gerne trendig gibt, im Herzen aber ein Traditionalist geblieben ist, wie es ein englischer Journalist auf den Punkt gebracht hat. Von den meisten Zimmern geniesst man einen schönen Ausblick auf die Stadt. Die öffentlichen Räume beherbergen eine permanente Ausstellung von rund 30 aufstrebenden Künstlern aus Schottland.

Lage ★★★★○
Ruhig im West End, zehn Gehminuten ins Stadtzentrum.

Zimmer ★★★★○
46 komfortable, geschmackvoll in satten Farben gestaltete, teilweise etwas abgewohnte Zimmer und 2 Juniorsuiten mit moderner Unterhaltungselektronik, Molton-Brown-Pflegeprodukten und kostenlosem ADSL-Empfang. Kostenloses WiFi in den öffentlichen Räumen.

Essen & Trinken ★★★★★
Im urban cool gestylten Restaurant erregt Küchenchef Michel Bouyer schon seit einiger Zeit Aufsehen mit Gerichten, die durch handwerkliche wie aromatische Präzision Spass machen und für genussfreundliche Preise erstaunlich nah ans absolute Spitzenküchenniveau kommen. Auch vegetarische Menüs gelingen Michel Bouyer bis ins beglückende Detail.

Service ★★★★○
Freundlich und aufmerksam.

ÖV: Vom Hauptbahnhof Edinburgh Waverley: Bus 19, 37 oder 47 bis Station Queensferry Street.

plus-minus

+ Die Zimmer verfügen über dicke Wände – das Hotel war früher ein Entbindungsheim.
− Das Frühstück ist zwar im Zimmerpreis eingeschlossen, kommt aber etwas mickrig daher.

FLORENZ

Besonders ruhig
Besonders preiswert

Antica Dimora Firenze

Via San Gallo 72
T +39 055 463 3292
www.anticadimorafirenze.it
info@anticadimorafirenze.it

Preise
EZ und DZ 100–160 €
inkl. Frühstück

Ambiente ★★★★○
Teure Traumhotels gibt es reichlich in und rund um Florenz, aber eine bezahlbare, gut gelegene und ansprechende Unterkunft zu finden ist ein kleines Kunststück. Ein paar dynamische Frauen rund um Lea Gulmanelli haben diese Lücke erkannt. Sie haben es sich zur Aufgabe gemacht, auf dem teuren Pflaster von Florenz charmante Gästehäuser mit hübschen Zimmern zu vernünftigen Preisen anzubieten. Vorreiter der «Antica Dimora Firenze» waren die Mini-Hotels «Residenza Johanna I & II» und «Antica Dimora Johlea», die sich alle in schönen Gebäuden aus dem 19. Jahrhundert befinden (alle Adressangaben unter www.johanna.it). Das Konzept ist immer dasselbe: Verzicht auf breite Hoteldienstleistungen (die Rezeption ist nur von 8 bis 20 Uhr besetzt, weshalb die Gäste gebeten werden, vor 19 Uhr einzuchecken und den Schlüssel anzunehmen), dafür bieten die Häuser für normale Portemonnaies viel Ästhetik. Die «Antica Dimora Firenze» ist das Vorzeigehaus der kleinen B&B-Privatkollektion, mit stimmiger Innendekoration in heiteren Pastelltönen, schönen Antiquitäten, Terrakottaböden und natürlichen Materialien.

Lage ★★★★○
In einer ruhigen Strasse am Rand des historischen Zentrums, zehn Gehminuten bis zum Dom.

Zimmer ★★★★○
6 gepflegte, in femininer Eleganz dekorierte Zimmer. Kostenloses WiFi im ganzen Haus.

Essen & Trinken ○○○○○
Kein Restaurant im Haus, doch zahlreiche Restaurants in naher Umgebung.

Service ★★○○○
Freundlich und hilfsbereit, aber nicht immer vorhanden wie in einem normalen Hotel.

ÖV: Hauptbahnhof Firenze Santa Maria Novella (Firenze SMN) fünfzehn Gehminuten entfernt.

plus-minus

+ Dem Hotel gelingt es exemplarisch, Einfachheit mit hoher Qualität zu verbinden.
− Gästen, die mit dem Auto anreisen, kann nur viel Glück bei der Parkplatzsuche gewünscht werden. Das nächste öffentliche Parkhaus liegt zehn Gehminuten entfernt und wirkt nicht sehr vertrauenerweckend.

FLORENZ

Besonders ruhig
Besonders preiswert

Arti

Via dei Servi 38A
T +39 055 26 78 553
www.hoteldellearti.it
info@artiehotel.it

Preise
EZ 100–129 €
DZ 115–175 €
Dreibettzimmer 145–195 €
inkl. Frühstück

Ambiente ★★★○○
In einer Stadt mit mehr als regem Tourismus ist dies eines der wenigen Hotels, die einem nicht wie eine Touristenfalle vorkommen, sondern mit familiärem, entspanntem Florentiner Charme überzeugen. Das Arti ist zudem erschwinglich, liegt ideal im historischen Zentrum und ist in einem frischen Stil à la «Ikea meets Toscana» durchrenoviert. Der Nachteil: Wer eines der neun Zimmer haben will, muss Wochen, wenn nicht gar Monate im Voraus reservieren.

Lage ★★★★★
Relativ ruhig und sehr zentral zwischen Piazza della Santissima Annunziata und Dom.

Zimmer ★★★○○
9 solide, gepflegte Zimmer mit Holzböden, angenehmen Bädern und kostenlosem WiFi.

Essen & Trinken ★○○○○
Kleines, öffentlich zugängliches Café (wochentags tagsüber geöffnet). Kein Restaurant im Haus, doch zahlreiche Restaurants und Bars in naher Umgebung.

Service ★★★★○
Die Herzlichkeit der Mitarbeiter ist ansteckend: Gute Laune schwebt über dem Haus. Reklamationen wird sofort nachgegangen – ein flackerndes Licht im Badezimmer wird umgehend repariert.

ÖV: Hauptbahnhof Firenze Santa Maria Novella (Firenze SMN) zwanzig Gehminuten entfernt. Vom Bahnhof Buslinien 17, 10, 1A, 1B oder 57 bis Station Piazza San Marco. Von dort der Via Cesare Battisti bis zur Piazza Santissima Annunziata folgen und am Platz rechts in die Via dei Servi einbiegen.

plus-minus

+ Hübscher Attika-Patio mit Blick über die Dächer von Florenz und die Domkuppel.
− Frühstück wird nur bis 9.30 Uhr serviert.

FLORENZ

Cellai

Via 27 Aprile 14
T +39 055 489 291
www.hotelcellai.it
info@hotelcellai.it

Preise
EZ 102–189 €
DZ 110–235 €
Dreibettzimmer 139–258 €
Vierbettzimmer 149–278 €
inkl. Frühstück

Ambiente ★★★★★
Mit seinen diversen kleinen Salons voller hochwertiger Antiquitäten und Radierungen, den liebevollen Details in den Zimmern, dem Frühstück bei Kerzenlicht und klassischer Musik im Wintergarten und dem überaus herzlichen Empfang verströmt das «Cellai» eine elegante Privathausatmosphäre. Ein weiterer Pluspunkt, der zum entspannten Flair beiträgt: Die Dachgarten-Lounge mit Blick über die Stadt und auf die Hügel der Toscana. Das Gefühl von «mein privates Reich in Florenz» ist beinahe mit Händen zu greifen.

Lage ★★★○○
Am Rand des historischen Zentrums, beim Markt San Lorenzo nahe der Piazza della Indipendenza. Zehn Gehminuten bis zum Dom und zu den Einkaufsstrassen.

Zimmer ★★★★○
55 komfortable, kunstsinnige, in warmen Farben gestaltete Zimmer mit kostenlosem WiFi.

Essen & Trinken ★○○○○
Weinbar. Kein Restaurant im Haus, doch zahlreiche Restaurants in naher Umgebung.

Service ★★★★★
Tadellos. Das Erfolgsrezept von Gastgeberin Fiammetta Cellai: Sie hört auf die Wünsche ihrer Gäste. Der Luxus im «Cellai» besteht vor allem darin, dass die Hotelcrew stark darauf sensibilisiert ist, sich in den Gast hineindenken zu können, statt nur von sich selbst auszugehen.

ÖV: Hauptbahnhof Firenze Santa Maria Novella (Firenze SMN) zehn Gehminuten entfernt: Via Nazionale folgen bis zur Piazza della Indipendenza und bei der Ampel rechts in die Via 27 Aprile.

plus-minus

＋ Das «Afternoon Tea-Coffee Buffet» täglich von 15–19 Uhr und die Leihfahrräder sind ein schöner kostenloser Bonus für die Gäste.
－ Die Zimmer zur vielbefahrenen Hauptstrasse sind laut, die Fenster alt. Und die Zimmer und Bäder der günstigsten Kategorie sind sehr klein.

FLORENZ

Besonders ruhig

Loggiato dei Serviti

Piazza Santissima Annunziata 3
T +39 055 289 592
www.loggiatodeiservitihotel.it
info@loggiatodeiservitihotel.it

Preise
EZ 110–205 €
DZ 180—240 €
Suiten 220–380 €
inkl. Frühstück

Ambiente ★★★★★
Nur ein paar Gehminuten vom Dom entfernt wurde dieses ehemalige Servitenkloster aus dem Jahr 1527 umgebaut zu einem charaktervollen Hotel mit Kreuzgewölben, hohen Decken und authentisch toscanisch eingerichteten Zimmern und Salons. Das Renaissancegebäude ist der architektonische Zwilling des von Brunelleschi entworfenen Spedale degli Innocenti – die beiden schön proportionierten Gebäude stehen sich auf der Piazza della Santissima Annunziata gegenüber. Seit der Autoverkehr von dem prächtigen Platz verbannt wurde, schläft es sich unter den Kassettendecken in himmlischer Ruhe.

Lage ★★★★★
Mitten im historischen Zentrum an der autofreien Piazza Santissima Annunziata, die einen in die Renaissance zurückversetzt.

Zimmer ★★★○○
34 sehr unterschiedliche, elegante Zimmer und 4 Suiten mit antiquarischem Mobiliar und Parkett- oder Terrakottaböden. Manche Zimmer mit eigener Terrasse. Kostenpflichtiges WiFi in den öffentlichen Räumen.

Essen & Trinken ★○○○○
Bar. Kein Restaurant im Haus, doch zahlreiche Restaurants in naher Umgebung.

Service ★★★★○
Man wird von freundlichen Menschen umsorgt und fühlt sich als Gast individuell angesprochen.

ÖV: 20 Gehminuten vom Hauptbahnhof. Vom Bahnhof mit den Buslinien 17, 10, 1A, 1B oder 57 bis Station Piazza San Marco. Von dort der Via Cesare Battisti bis zur Piazza Santissima Annunziata folgen.

plus-minus

✚ Während viele Hotels in Italien einen Stern zu viel tragen, stapelt das «Loggiato dei Serviti» mit drei Sternen tief. Die Lage (der Dom ist drei Gehminuten nah und sämtliche Sehenswürdigkeiten der Stadt sind bequem zu Fuss zu erreichen) verdient sechs Sterne.
− Das Heizsystem scheint noch aus früheren Zeiten zu stammen – an kalten Wintertagen wird es in den Zimmern nicht warm.

FLORENZ

Monna Lisa

Via Borgo Pinti 27
T +39 055 247 97 51
www.monnalisa.it
hotel@monnalisa.it

Preise
EZ 109–219 €
DZ 139–290 €
Dreibettzimmer 160–340 €
inkl. Frühstück

Ambiente ★★★★☆
Luxuriöse Pension in einem stilvollen Renaissance-Wohnhaus aus der Zeit der Medici mit kleinem Innenhof und Garten mit altem Baumbestand. Die Vergangenheit liegt in der Luft, als könne man in sie hineinschlüpfen. «Orte wie diesen», sagt der Hausherr Agostino Cona, «kann man durch zu starkes Eingreifen nur zerstören.» Daher versuchte er, Struktur und Charakter seines Anwesens möglichst wenig zu verändern. Die Räume wirken mit ihren Säulen, Fresken, Ölgemälden, Holzbalkendecken, Steinböden und Perserteppichen etwas altertümlich, doch der freundliche Empfang und das umgebende Grün bringen eine entspannte Heiterkeit ins Haus. Die Familie des Besitzers stammt von dem Florentiner Bildhauer Giovanni Dupré ab, von dem einige Werke im Hotel zu sehen sind.

Lage ★★★★☆
Im historischen Stadtzentrum, fünf Gehminuten zum Dom und zu den Einkaufsstrassen. Eigene Parkplätze (20 € pro Tag).

Zimmer ★★☆☆☆
45 sehr unterschiedliche Zimmer mit antiquarischem Charme und teilweise muffigen Bädern, verteilt auf Stammhaus und Anbau. Die ruhigsten und schönsten Zimmer befinden sich im Stammhaus und blicken auf den Garten.

Essen & Trinken ☆☆☆☆☆
Kein Restaurant im Haus, doch zahlreiche Restaurants in naher Umgebung.

Service ★★★★☆
Sehr persönlich und jederzeit hilfsbereit.

ÖV: Hauptbahnhof Firenze Santa Maria Novella (Firenze SMN) zwanzig Gehminuten entfernt. Vom Bahnhof mit Bus Linie 14 bis Station Via Ghibellina. Von dort über Via Verdi und Piazza Salvemini zum Borgo Pinti gehen.

plus-minus

+ Der Garten zum Frühstücken und Entspannen.
– Sowohl der Gäste-Computer als auch das WiFi in den öffentlichen Räumen sind kostenpflichtig.

FLORENZ

Besonders preiswert

Relais Uffizi

Chiasso de' Baroncelli/Chiasso del Buco 16
T +39 055 267 62 39
www.relaisuffizi.it
info@relaisuffizi.it

Preise
EZ 72–120 €
DZ 99–200 €
inkl. Frühstück

Ambiente ★★★★☆
Nur zwei Minuten dauert es, die Beute aus den umliegenden Einkaufsstrassen heimzutragen: in einen von aussen unscheinbaren Palazzo neben den Uffizien. Ist man erst mal drin, staunt man über den Ausblick vom Wohnsalon (der auch als Frühstücksraum dient) auf die berühmte Piazza della Signoria mit Palazzo Vecchio. Die zwölf Zimmer sind ausgesprochen wohnlich und tadellos gepflegt, und die freundliche Florentiner Besitzerin Elisabetta Matucci zeigt exemplarisch, was individuelle und intuitive italienische Gastfreundschaft sein kann.

Lage ★★★★★
In einer Gasse bei der Piazza della Signoria und direkt neben den Uffizien. Zentraler geht es nicht, mit allen Vor- und Nachteilen.

Zimmer ★★★☆☆
12 sehr unterschiedliche, durchwegs komfortable und saubere, teilweise aber etwas düstere Zimmer. Keines der Zimmer blickt auf die Piazza della Signoria. 5 weitere, einfachere und günstigere Zimmer im benachbarten «Uffizi House Annex».

Essen & Trinken ☆☆☆☆☆
Kein Restaurant im Haus, doch zahlreiche Restaurants in unmittelbarer Umgebung.

Service ★★★★☆
Sehr persönlich und engagiert.

ÖV: Hauptbahnhof Firenze Santa Maria Novella (Firenze SMN) zwanzig Gehminuten entfernt. Vom Bahnhof via Dom zur Piazza della Signoria, dann bei der Loggia de' Lanzi in den Chiasso de' Baroncelli einbiegen.

plus-minus

+ Ein geführter Besuch der Uffizien ausserhalb der offiziellen Öffnungszeiten? Kein Problem, das Hotelteam organisiert dies umgehend.
− Das «Relais Uffizi» kann nichts dafür, aber das schmale Gässchen, an dem der Hoteleingang liegt, wird nachts öfters mal als Toilette von Billigtouristen benutzt.

FLORENZ

Besonders ruhig
Besonders preiswert

Rosso 23

Piazza Santa Maria Novella 23
T +39 055 277 300
www.hotelrosso23.com
info@hotelrosso23.com

Preise
EZ und DZ 89–140 €
Dreibettzimmer 126–140 €
Vierbettzimmer 158–175 €
inkl. Frühstück

Ambiente ★★★○○
Die Piazza Santa Maria Novella ist für viele Stadtkenner der schönste Platz von Florenz. Direkt daran liegt dieses reizende kleine «italienische Riad», ein schmaler Adelspalast aus dem 18. Jahrhundert mit Innenhof. Farblich dominiert die Farbe rot («rosso»). Sie findet sich auf Teppichen und Skulpturen, an den Wänden des atriumartigen Treppenhauses und in Blumensträussen sowie auf den Kissen, Stühlen und Zahnputzbechern in den Zimmern. Das «Rosso» hat nur ein Problem: Man bekommt kaum jemals ein Zimmer. Aber das ist ein Problem, das wohl jedes Hotel gerne hätte.

Lage ★★★★★
Relativ ruhig an der prachtvollen, autofreien Piazza Santa Maria Novella.

Zimmer ★★★○○
42 vorwiegend kleine, aber smart eingerichtete Zimmer mit bequemem Betten, roter Kuckucksuhr und kostenpflichtigem WiFi.

Essen & Trinken ○○○○○
Kein Restaurant im Haus, doch zahlreiche Restaurants und Bars in unmittelbarer Umgebung.

Service ★★★★○
Freundlich, unkompliziert und hilfsbereit.

ÖV: Hauptbahnhof Firenze Santa Maria Novella (Firenze SMN) fünf Gehminuten entfernt. Businien 6 und 11 bis Station Santa Maria Novella. Oder die Buslinien 6, 11, 22 und C 2 bis Station Unità Italiana.

plus-minus

✚ Sensationelles Preis-Leistungs-Verhältnis an allerbester Lage.
━ Die Bäder sind winzig und rasch von der extrem engen Dusche überflutet.

Eastwest

Rue des Pâquis 6
T +41 22 708 17 17
www.eastwesthotel.ch
info@eastwesthotel.ch

Preise
EZ und DZ 257–485 CHF
Suite 417–1480 CHF
Frühstück 35 CHF

Ambiente ★★★★○
Hinter der Fassade eines alten Gebäudes im Genfer Pâquis-Viertel verbirgt sich diese Perle von einem Designhotel. Es ist in einem gelungenen East-meets-West-Stil gestaltet und strahlt bei aller Schlichtheit eine grosse Behaglichkeit und Wärme aus. Das Personal ist präsent, liest Wünsche von den Augen ab, drängt sich aber nicht auf. Angebote wie ein Fitnessraum, eine Sauna, eine Bibliothek, eine Openair-Lounge oder das exzellente Restaurant «Sens» sind da, doch ebenfalls nur im Hintergrund. Diskret, aber abrufbar.

Lage ★★★○○
Im zentralen Stadtviertel Les Pâquis, wenige Schritte zur Seepromenade.

Zimmer ★★★★○
37 komfortable, konzeptionell durchdachte Zimmer und 4 Suiten mit dezent asiatischem Touch, guten Betten, Nespressomaschine und kostenlosem WiFi. Die Zimmer blicken entweder auf eine Strasse des Genfer Rotlichtviertels oder auf einen Innenhof mit Brunnen.

Essen & Trinken ★★★★○
Im kleinen Restaurant wird eine mediterrane Gourmetküche mit dem gewissen frechen Etwas serviert. Eine Spezialität sind die Tapas-Menüs.

Service ★★★★★
Mit viel Gespür für individuelle Vorlieben achtet das Hotelteam darauf, dass jeder Gast der wichtigste ist.

ÖV: Sechs Gehminuten vom Hauptbahnhof: Vom Bahnhofplatz (Place de Cornavin) die Rue des Alpes in Richtung See hinuntergehen und bei der sechsten Querstrasse (Rue des Pâquis) nach links abbiegen.

plus-minus

+ In einer Stadt, die auf den ersten Blick nur aus Luxushotels, Privatbanken und Edelshops entlang dem Seeufer besteht, ist dieses Hotel ein verhältnismässig bezahlbares Bijou in der sprichwörtlichen zweiten Reihe – das «East» liegt einen Strassenblock vom See entfernt, wenige Schritte hinter den Hotellegenden «Beau-Rivage» und «Le Richemond».
− Wer nicht lange im Voraus an eine Reservation im kleinen In-Restaurant «Sens» denkt, wird kurzfristig nur mit viel Glück einen Tisch ergattern können.

GENF

Jade

55 Rue Rothschild
T +41 22 544 38 38
www.manotel.com/de/jade
jade@manotel.com

Preise
EZ und DZ 160–380 CHF
Juniorsuite 280–520 CHF
Frühstück 18 CHF

Ambiente ★★★★○
Die kleine Genfer Hotelkette Manotel hat in den vergangenen Jahren ihre sechs Drei- und Vier-Sterne-Hotels auf sehr innovative Art renoviert. Jedes Haus erhielt ein klar definiertes Profil. Das Hotel «Edelweiss» zum Beispiel steht für «Chalet-Ambiente in der Stadt», das Hotel «Kipling» für «koloniale Nostalgie» und das Hotel «Jade» für «Harmonie nach den Prinzipien des Feng Shui». Das Ergebnis überrascht insbesondere im «Jade»: Die Zimmer und die öffentlichen Räume sind eine innenarchitektonische Wohltat. Der Empfang ist ausgesprochen freundlich, es gibt eine hübsche Gartenterrasse, und zur Seepromenade und ins Stadtzentrum sind es nur wenige Gehminuten.

Lage ★★○○○
Im zentralen, optisch relativ gesichtslosen Stadtviertel Les Pâquis.

Zimmer ★★★★○
43 kunstvoll puristisch eingerichtete, teilweise etwas ringhörige Zimmer und 4 Juniorsuiten mit Balkon, Nespressomaschine und Kitchenette. Kostenloses WiFi in allen Zimmern.

Essen & Trinken ○○○○○
Kein Restaurant im Haus, doch befinden sich diverse Restaurants und Bars in unmittelbarer Umgebung.

Service ★★★★○
Effizient, motiviert, individuell.

ÖV: Das Hotel liegt sieben Gehminuten vom Hauptbahnhof: Vom Bahnhofplatz (Place de Cornavin) der Rue de Lausanne folgen bis zur Abzweigung Rue Rothschild auf der rechten Strassenseite.

plus-minus

✚ Rund um die Uhr zugängliches Bügelzimmer mit Bügeleisen und -brett.
▬ Der Design-Duschkopf sieht cool aus, spritzt aber das ganze Badezimmer mit Wasser voll.

GENF

La Cour des Augustins

15 Rue Jean-Violette
T +41 22 322 21 00
www.lacourdesaugustins.com
info@lacourdesaugustins.com

Preise
EZ 189–550 CHF
DZ 248–650 CHF
Suite 297–1360 CHF
Frühstück 24 CHF

Ambiente ★★★★○
Wer ein gutes Preis-Leistungs-Verhältnis im überteuerten Genf sucht, wird in diesem stilvollen Boutique-Designhotel im Plainpalais-Viertel glücklich – zumindest wenn nicht gerade Messe ist, dann schnellen nämlich sämtliche Hotelpreise der Stadt in absurde Höhen. Die vierzig Zimmer und Suiten sind in zwei hundertfünfzigjährigen Gebäuden untergebracht, die durch einen Innenhof miteinander verbunden sind. Ebenfalls zum «Cour des Augustins» gehören eine Boutique mit Wohn-Accessoires sowie eine permanente Kunstgalerie, die sich über das ganze Hotel verteilt.

Lage ★★★○○
Im Plainpalais-Viertel, dem Genfer «Quartier Latin». Fünfzehn Gehminuten zur Altstadt.

Zimmer ★★★★○
16 komfortable, geräumige, minimalistisch eingerichtete Zimmer und 24 Suiten. Die Suiten verfügen jeweils über eine eigene Kitchenette. Kostenloses ADSL, kostenpflichtiges WiFi.

Essen & Trinken ○○○○○
Kein Restaurant im Haus, doch befinden sich diverse Restaurants und Bars in unmittelbarer Umgebung. An warmen Sommertagen wird das Frühstück auf der schönen Innenhofterrasse serviert.

Service ★★★★★
Individuell, persönlich, in jeder Hinsicht überdurchschnittlich. Das professionelle Rezeptionsteam bleibt auch dann souverän, wenn gerade drei Gäste gleichzeitig ein- oder auschecken.

ÖV: Vom Hauptbahnhof Tram 13 (Richtung Palette) oder 14 (Richtung Bachet) bis Station Pont-d'Arve. Von dort 100 Meter der Strasse folgen und links in die Rue Jean-Violette abbiegen.

plus-minus

+ Fitnessraum und kleiner Wellnessbereich mit Sauna, Dampfbad und (auf Voranmeldung) Massagen. Ausserdem – bemerkenswert für Genf – kostenlose Parkplätze.
− Die Nachbarschaft ist etwas schäbig und laut, dafür ist man mitten im urbanen Plainpalais-Geschehen.

HAMBURG

East

Simon-von-Utrecht-Strasse 31
T +49 40 30 99 30
www.east-hamburg.de
info@east-hamburg.de

Preise
EZ und DZ 155–220 €
Suite 180–850 €
Frühstück 4–19 €

Ambiente ★★★★★
Eines der ältesten Gebäude im Sankt-Pauli-Viertel, die ehemalige Eisengiesserei, hat seine neue Blüte als Hotel-, Restaurant- und Lounge-Betrieb der Wiederentdeckung des Kiez zu verdanken. Und den Einfällen des Chicagoer Architekten Jordan Mozer: Biomorphe Gebilde winden sich schwungvoll aus dem Boden zur Decke und bilden den Hintergrund für eine asiatisch anmutende, kunstvolle Einrichtung nach den Prinzipien des Feng Shui. Im gesamten Gebäude wurde Wert auf offene Raumgestaltung und fliessende Formen gelegt – Ecken und Kanten gibt es kaum. Das historische Ziegelmauerwerk wurde gekonnt integriert und erinnert an die ursprüngliche Nutzung des Gemäuers. Statt in einer Lobby steht der Gast beim Betreten des Hotels inmitten einer futuristisch anmutenden Bar, blickt hinab auf das 250-plätzige Restaurant und hinüber zum weitläufigen Loungebereich. Acht Meter hohe Glastüren führen in den begrünten Innenhof, im obersten Stockwerk locken Dedon-Island-Dachterrasse und Spa.

Lage ★★★★☆
Im Herzen des Hamburger Amüsierviertels Sankt Pauli.

Zimmer ★★★★★
Die 129 komfortablen, eigenwillig schicken Zimmer und Suiten mit Namen wie Mandarine, Ginger, Jasmin oder Cinnamon (die sogar entsprechend duften) haben einen Touch von Fernost. Die kleinsten Zimmer sind 24 Quadratmeter gross.

Essen & Trinken ★★★★☆
Spektakuläres Restaurant mit euro-asiatischer Küche. Vieles schmeckt lecker, manches ist pampig oder versalzen – für das einmalige Ambiente jedoch ein unerheblicher Preis. Diverse trendige Bar-Lounges.

Service ★★★★☆
Die Crew ist mit heiterer Liebenswürdigkeit stets nahe beim Gast.

ÖV: U-Bahn-Station Sankt Pauli.

plus-minus

✚ «Wenn es Nacht wird in Hamburg, geht im East die Sonne auf!» Der Slogan trifft zu: Insbesondere an Wochenenden ist das Hotel einer der zuverlässigen Hotspots der Stadt.
− Der Eintritt ins Fitnessstudio kostet 10 Euro.

HAMBURG

Gastwerk

Beim Alten Gaswerk 3
T +49 40 89 06 20
www.gastwerk-hotel.de
info@gastwerk-hotel.de

Preise
EZ und DZ 130–300 €
Suite 180–400 €
Frühstück 18 €

Ambiente ★★★★★

Aus einem riesigen alten Gaswerk wurde Hamburgs ungewöhnlichstes Hotel. Betritt man das Gebäude, vergisst man kurz das Atmen: Die sieben Stockwerke hohe und achthundert Quadratmeter grosse Halle feiert den Raum, die Weite. Originale Eisenverstrebungen, Metallröhren und Maschinenteile wurden als Relikte beibehalten. Allgemein zugängliche Bereiche wie die Rezeption, die Bar oder der Lift nehmen sich in der Mitte des gigantischen Bauwerks ein bisschen wie das Mobiliar eines Puppenhauses aus. Es sieht gut aus, aber auch vorläufig – so, als ob nötigenfalls alle Spuren der eingedrungenen Modernität augenblicklich wieder entfernt werden könnten. Sehr wahrscheinlich ist das allerdings nicht, denn das Hotel erfreut sich grosser Beliebtheit. Es repräsentiert zeitgemässes Wohnen und strahlt eine wohlige Wärme und Harmonie aus. Auch die Mitarbeiter tragen ihren Teil dazu bei: Sie nehmen den Gast mit unübertriebener und deshalb umso wirkungsvollerer Freundlichkeit gefangen.

Lage ★○○○○

Im Stadtteil Bahrenfeld westlich des Bahnhofs Altona, vier Kilometer von der Hamburger City.

Zimmer ★★★★○

Raue Backsteinwände bilden in den 141 Zimmern, Lofts und Suiten den Hintergrund für eine schlicht-moderne Einrichtung mit grossen Betten und Bädern; die Farben sind ganz auf dunkles Rot, Naturweiss und Dunkelbraun-Schwarz beschränkt.

Essen & Trinken ★★★○○

Restaurant «Mangold» mit internationalen Gerichten zu gastfreundlichen Preisen. Bar.

Service ★★★★○

Weltgewandt und aufmerksam.

ÖV: S-Bahn 1 ab Hauptbahnhof Nord (Richtung Wedel) bis Station Bahrenfeld.

plus-minus

+ Das Day Spa ist ein Refugium, um der Lebensbeschleunigung Einhalt zu gebieten und sich mit energetischen Massagen und Beautybehandlungen in Balance zu halten.

− Das einzige grosse Manko ist die Lage im Hamburger Niemandsland. Taxis stehen jedoch immer am Eingang parat, es gibt Leihfahrräder (7 € pro Tag) sowie freitags und samstags einen Shuttle-Service zu den Musicals.

HAMBURG

Besonders preiswert

Hotel Hafen Hamburg

Seewartenstrasse 9
T +49 40 31 11 30
www.hotel-hafen-hamburg.de
info@hotel-hamburg.de

Preise
EZ und DZ 90–230 €
Frühstück 18 €

Ambiente ★★★○○
Das frühere Seemannsheim ist heute eines der grössten Hotels Norddeutschlands, dennoch wird in den beiden Gebäuden, dem Stammhaus «Classic» von 1864 und der neueren, komfortableren «Residenz», echtes Hamburg-Feeling vermittelt, denn das Hotel liegt direkt oberhalb des Hafens. Die Kulisse der schönen rauen Hafenwelt, diese Mischung aus endlos vorbeigleitenden Schiffen, aus Kränen, Containerstapeln, Nostalgie und Fernweh, ist absolut faszinierend. Während sich die Lichter der gewaltigen Lastschiffe in der Abenddämmerung abzuzeichnen beginnen und Hunderte von Kränen und Gabelstaplern emsig die Konsumgüter für ganz Mitteleuropa an Land hieven, während unsichtbare Lageristen und Fahrer bis ins Morgengrauen ihre Arbeit tun, lässt sich der Anblick über den Wassergraben hinweg bei einem Seebarsch im Restaurant «Port» oder einem Drink in der beliebten «Tower-Bar» auf 62 Meter Höhe geniessen. So verwandelt man in Hamburg das Arbeiten und Geldverdienen in eine Zuschauerattraktion.

Lage ★★★★★
Direkt oberhalb der Sankt-Pauli-Landungsbrücken, mit schönem Blick über den Hamburger Hafen. Fünf Gehminuten zur Reeperbahn und zum Musicaltheater.

Zimmer ★★★○○
353 Zimmer im maritimen Stil – im «Classic»-Hauptgebäude etwas klassischer, in der Residenz etwas moderner. Kostenloser ADSL-Empfang.

Essen & Trinken ★★★★○
Internationale und regionale Speisen im Restaurant «Port» mit schöner Sommerterrasse. Tower Bar mit fantastischem Rundumblick. «Willi's Bierstube & Lounge».

Service ★★○○○
Mal besser, mal schlechter.

ÖV: U-Bahn-Station Sankt Pauli-Landungsbrücken.

plus-minus

+ Zahlreiche Zimmer mit einzigartigem Blick über den Hafen. Kostenlose Parkplätze.
– Manche Zimmer leiden unter den direkt am Hotel vorbeiratternden S-Bahnen.

HAMBURG

The George

Barcastrasse 3
T +49 40 280 03 00
www.thegeorge-hotel.de
reservation@thegeorge-hotel.de

Preise
EZ und DZ 145–195 €
Suite 214–355 €
Frühstück 5–18 €

Ambiente ★★★★★
Aussen graue Maus, innen ein stilvolles Designhotel, das sich zwischen plüschiger britischer Tradition, kolonialen Elementen und kreativer Moderne bewegt. Der Spa-Bereich erinnert an Marrakesch, das Restaurant «Da Caio» ist mediterran. Der Hamburger Besitzer Kai Hollmann, der auch die Hotels «Gastwerk», «25hours Hotel» und «Superbude Hostel» konzipierte, hat sich auf seinen Reisen stark inspirieren lassen. Als Bettüberwürfe dienen indische Saris, in der Lobby hängen extra angefertigte Lampen in Quallenform, die Vasen haben skurrile Farben und Formen. Daneben finden sich klassische Clubledersessel und zeitgenössische Fotokunst.

Lage ★★★○○
Zwischen Aussenalster und dem Szeneviertel Sankt Georg, zehn Gehminuten zum Hauptbahnhof.

Zimmer ★★★★○
125 elegante, moderne Zimmer und Suiten in dunklen Erdfarben mit guten Betten, iPod-Dock und kostenlosem WiFi.

Essen & Trinken ★★★★○
Stimmungsvolles Restaurant mit italienischer Sonnenküche und einem grossen Barbereich. Zum Frühstück hat man die Wahl zwischen dem kleinen Croissant-Frühstück und dem grossen Buffet.

Service ★★★★★
Sympathische, hervorragend geschulte Angestellte, die nie um einen guten Tipp verlegen sind.

ÖV: U-Bahn-Station Lohmühlenstrasse.

plus-minus

+ Dachterrasse mit Traumblick auf die Alster und hübscher Stadtgarten hinterm Haus.
− Das Frühstück ist zur Stosszeit sehr hektisch, und es hat immer wieder mal zu wenig Platz für alle Gäste.

HAMBURG

Besonders preiswert

25hours Hotel Hamburg No.1

Paul-Dessau-Strasse 2
T +49 40 85 50 70
www.25hours-hotel.com
hamburg@
25hours-hotels.com

Preise
EZ und DZ 95–195 €
Familienzimmer 135–235 €
Frühstück 14 €

Ambiente ★★★★○
So schön, dass der Tag 25 Stunden haben sollte. Die kostbaren sechzig Minuten, die uns chronisch und manchmal auch sehr akut fehlen, will das «25hours Hotel» mit einem bis in den letzten Winkel durchgezogenen Styling im Retro-Design der Sechziger- und Siebzigerjahre kompensieren. Es richtet sich an junge Kosmopoliten. Die Lounge dient als Treffpunkt und grosszügiger Gegenpol zu den mehrheitlich kleinen Zimmern. «Erwarten Sie nicht das Gewohnte, denn bei uns beherrschen Dynamik, Überraschung und Lebendigkeit das Tages- und Nachtgeschehen», verspricht die Website und ergänzt: «Wir befreien Sie vom üblichen Hotelstress.» Tatsächlich ist hier vieles anders als anderswo. Hotelier Kai Hollmann, der hundert Meter entfernt einen schönen alten Industriebau in das Hotel «Gastwerk» verwandelte, ging bei der Konzeption des «25hours» davon aus, dass seine mehrheitlich jungen Gäste neben einem ordentlichen Zimmer vor allem eines wollen: gute Leute treffen, Fun haben. Seit 2010 gibt es auch den Ableger «25hours Hamburg-Hafencity».

Lage ★○○○○
Im Stadtteil Bahrenfeld westlich des Bahnhofs Altona, vier Kilometer von der Hamburger City.

Zimmer ★★○○○
128 spartanische Zimmer in vier Zimmergrössen: M, L, XL, XL Family. Fast alle Möbel sind von Jungdesignern entworfen worden und gesellen sich zu einzelnen Designklassikern.

Essen & Trinken ★★○○○
Restaurant mit langen Gemeinschaftstischen, kommunikativer Atmosphäre und deutsch-italienischer Küche. Wohnzimmer-Lounge mit offenem Kamin.

Service ★★○○○
Okay.

ÖV: S-Bahn 1 ab Hauptbahnhof Nord (Richtung Wedel) bis Station Bahrenfeld.

plus-minus

+ Dachterrasse. Mietvelos (7 € pro Tag). Regelmässig Clubabende, veranstaltet von Hamburgs hipsten Party-Machern. Gäste unter 25 Jahren profitieren von 15 Prozent Zimmerrabatt.

− Gäste über vierzig können sich hier wie ihre Grossmutter respektive ihr Grossvater fühlen.

HAMBURG

Besonders ruhig
Besonders preiswert

Wedina

Gurlittstrasse 23
T +49 40 280 89 00
www.wedina.de
info@wedina.de

Preise
EZ 70–175 €
DZ 118–195 €
inkl. Frühstück

Ambiente ★★★○○
Weg vom klassischen Hotel-Einerlei war das Ziel der «Wedina»-Betreiber. Das ist ihnen gelungen: Die Lieblingsabsteige vieler kulturell tätigen und interessierten Hamburg-Besucher mit schmalem Budget bewegt sich jenseits gängiger Klischees und bietet eine zeitgemässe Bohème-Atmosphäre. Das Design ist frisch und schlicht, das Lebensgefühl urban und fröhlich, am Empfang wird man ohne die Standardfloskeln begrüsst, die einem in vielen Hotels entgegengeflötet werden. In den Zimmern, die sich auf vier kleine Häuser mit Fassaden in Rot, Gelb, Blau und Grün verteilen, wohnt es sich sehr nett. Das «Wedina» arbeitet mit dem Literaturhaus der Hansestadt zusammen: Regelmässig finden Lesungen statt, und die umfangreiche Hausbibliothek macht das Schafezählen beim Einschlafen überflüssig.

Lage ★★★○○
In einer relativ ruhigen Wohnstrasse im lebendigen Sankt-Georg-Viertel. Wenige Schritte zur Aussenalster und zur Szene-Strasse Lange Reihe, wenige Gehminuten zur Altstadt.

Zimmer ★★★○○
59 angenehme, sehr unterschiedliche Zimmer, verteilt auf vier Häuser. Für länger absteigende Gäste und all jene, die wie der berühmte rasende Reporter Egon Erwin Kisch das «ständige Wohnen im Hotel» schätzen, gibt es 13 Apartments.

Essen & Trinken ○○○○○
Kein Restaurant im Haus. Um die Ecke befindet sich das Restaurant «Cox», das Lieblingsrestaurant der «Wedina»-Leute. Das nahe «Café Gnosa» lockt mit leckeren hausgemachten Kuchen.

Service ★★★★○
Unaufdringlich freundlich und hilfsbereit.

ÖV: Zehn Gehminuten vom Hauptbahnhof: Ausgang Kirchenallee, dann links vom Deutschen Schauspielhaus durch die Lange Reihe, danach immer geradeaus. Die Gurlittstrasse geht links ab. Oder mit Bus 6 (rechts vom Schauspielhaus) eine Haltestelle bis Gurlittstrasse.

plus-minus

+ Der idyllische Garten lädt zum Frühstücken und Relaxen ein. Fahrradverleih.
− Die Zimmer und Bäder der untersten Kategorie sind winzig.

84

HELSINKI

Besonders preiswert

Katajanokka

Merikasarminkatu 1a
T +358 9 686 450
www.bwkatajanokka.fi
reception@bwkatajanokka.fi

Preise
EZ und DZ 102–224 €
Juniorsuite 198–340 €
inkl. Frühstück

Ambiente ★★★★○
Die Vorgaben an das Architekturbüro wurden vollauf erfüllt: Die Spuren der Vergangenheit und die Atmosphäre des ehemaligen Gefängnisses aus dem 19. Jahrhundert zu erhalten, ein Hotel mit zeitgemässem Lebensgefühl zu schaffen, ohne jedoch zu sehr an ein normales Hotel zu erinnern. Der zentrale Gefängniskorridor, die rote Backsteinfassade und die hohen Mauern um die Anlage sind denkmalgeschützt und in unverändertem Zustand. Der Komfort ist glücklicherweise nicht mehr original: Aus jeweils zwei bis drei Zellen entstand ein modernes Hotelzimmer – nur die Eingangstüren sind so schmal wie einst. Das Personal trägt gestreifte Sträflingskleidung mit Nummern. Ein einzigartiges Hotelerlebnis – aber besser nicht daran denken, in welcher Stimmung die früheren Bewohner wohl gewesen sein mussten.

Lage ★★★○○
Im aufstrebenden Kallio-Viertel. Die Innenstadt ist zehn Gehminuten entfernt.

Zimmer ★★★○○
103 komfortable Zimmer und 3 Juniorsuiten mit Holzböden, Bügelbrett und -eisen sowie kostenlosem ADSL-Anschluss. Die Juniorsuiten verfügen jeweils über eine eigene kleine Sauna. In insgesamt vier Zimmern ist das Rauchen erlaubt, ausserdem sind in vier Zimmern auch Haustiere willkommen.

Essen & Trinken ★★★○○
Restaurant «Jailbird» mit skandinavischer Küche und Burger-Variationen. Sommerterrasse im ehemaligen Gefängnishof unter alten Bäumen. Pub. Lobby-Bar.

Service ★★★○○
Freundlich und hilfsbereit.

ÖV: Tram 4 (ab Hauptbahnhof) hält vor der Katajanokka-Anlage.

plus-minus

+ Rund um die Uhr geöffnetes Fitnesscenter. Das Hotel vermietet Velos mit Helm (10 € pro Tag).
− Die kleinen Zimmerfenster lassen sich nicht öffnen, sodass man der Klimaanlage ausgeliefert ist. Und: Die finnische Sauna ist nur an Wochenenden kostenfrei zugänglich (wochentags kostenpflichtig auf vorherige Reservation).

HELSINKI

Klaus K

Bulevardi 2-4
T +358 20 770 47 00
www.klauskhotel.com
rooms@klauskhotel.com

Preise
EZ 125–248 €
DZ 144–276 €
Suite 244–398 €
inkl. Frühstück

Ambiente ★★★★★
Wer finnisches Design und eine künstlerische Atmosphäre mag, wird das «Klaus K» lieben: bunte Muster, Bettkopfenden aus Rentierfell und Lounge-Sessel im Retrolook. Die Zimmer heissen «Passion», «Desire» oder «Envy», wobei Neid und Verlangen grösser ausfallen. In den öffentlichen Räumen mit zwei Restaurants und Lounge-Bar (die wochenends nach 22 Uhr zum angesagten Tanzclub mutiert) ist immer viel los, hier trifft sich tout Helsinki, es besteht keinerlei Schwellenangst. Es gibt ein rund um die Uhr geöffnetes Fitnesscenter, Leihfahrräder, eine frei zugängliche Sauna und ein direkt benachbartes, mit dem Hotel verbundenes Day Spa, in dem man überraschend schnell von seinem Stresslevel herunterkommen und gezielt seine Gesundheit stärken kann.

Lage ★★★★○
Im Stadtzentrum am Boulevard Klaus Kurki. Sämtliche Sehenswürdigkeiten sind bequem zu Fuss erreichbar.

Zimmer ★★★★○
137 komfortable, sehr unterschiedlich gestylte Zimmer und Suiten mit kostenlosem WiFi.

Essen & Trinken ★★★★★
Restaurant «Ilmatar» mit unkomplizierter finnischer Küche, Restaurant «Toscanini» mit italienischen Spezialitäten. Lounge-Bar-Club «Ahjo».

Service ★★★★○
Freundlich, aufmerksam, hilfsbereit. Die Inhaber Marc und Mia Skvorc überblicken das Geschehen im Hotel mit Sperberaugen.

ÖV: Die Tramhaltestelle ist gleich um die Ecke, Bahnhof und Fährhafen sind wenige Gehminuten entfernt.

plus-minus

+ Mit dem «Best of Finland® Breakfast Buffet» serviert das Hotel das wohl beste Frühstück der Stadt.
− Wenn Reisegruppen das Hotel belegen, was hin und wieder vorkommt, wird es ungemütlich.

HELSINKI

Besonders preiswert

Rivoli Jardin

Kasarmikatu 40
T +358 9 681 500
www.rivoli.fi
rivoli.jardin@rivoli.fi

Preise
EZ und DZ 125–219 €
Suite 239–339 €
inkl. Frühstück

Ambiente ★★○○○
Simpel und bodenständig, aber mit allem, was man für eine gute Nacht braucht. Netter Empfang, supersaubere Zimmer, gutes Frühstück, jederzeit frei zugängliche Sauna und vor allem: Man ist nur wenige Schritte von der schicken Flaniermeile Esplanade entfernt. Von aussen nicht ansprechend und auf einen banalen Innenhof blickend, ist das «Rivoli Jardin» im Innern der überzeugende Beweis dafür, dass Gemütlichkeit nicht viel Krimskrams braucht.

Lage ★★★★○
Im Stadtzentrum nahe dem Hafen. Sämtliche Sehenswürdigkeiten sind bequem zu Fuss erreichbar.

Zimmer ★★○○○
54 kleine, klug konzipierte Zimmer und 1 Suite mit Sauna, Whirlpool und Balkon. Kostenpflichtiges WiFi.

Essen & Trinken ★○○○○
Lobby-Bar. Kein Restaurant im Haus, doch finden sich zahlreiche Lokale in unmittelbarer Umgebung.

Service ★★★★○
Man fühlt sich als Gast ernstgenommen, geschätzt und geborgen.

ÖV: Tramhaltestelle, Fährhafen und Ausflugsboote sind fünf Gehminuten nah.

plus-minus

+ Das «Rivoli Jardin» ist das Hotel im teuren Helsinki mit dem wohl besten Preis-Leistungs-Verhältnis.
− Unmittelbar benachbart ist der an Wochenenden bis frühmorgens hochfrequentierte Nightclub «Kaarle XII». Ausserdem: Der Frühstücksraum (eigentlich der hintere Teil der Lobby) ist etwas klein, sodass man manchmal auf einen freien Tisch warten muss.

ISTANBUL

Besonders ruhig

Ajia Hotel

Ahmet Rasim Pasa Yalisi
Cubuklu Caddesi 27 Kanlica
T +90 216 413 93 00
www.ajiahotel.com
info@ajiahotel.com

Preise
EZ und DZ 240–300 €
Suite 380–600 €
inkl. Frühstück

Ambiente ★★★★★
«Ajia» ist das japanische Wort für Asien. Nach japanischem Vorbild wurde das romantische weisse Palästchen direkt am Bosporus ausgeräumt und mit einem puristisch schlichten Interieur versehen. Das Ergebnis überzeugt, die Lage ohnehin: Der Ausblick von der asiatischen Stadtseite ist weitaus spektakulärer als derjenige vom europäischen Ufer – so wie der Blick von Brooklyn auf Manhattan berauschender ist als umgekehrt. Istanbul zeigt sich von seiner schönsten Seite, Schiffe ziehen vorbei, Vögel zwitschern, und das motivierte Hotelteam scheint jeden Wunsch erfüllen zu können. Hinter dem Hotel steckt die hiesige Doors-Restaurantgruppe, die zahlreiche erfolgreiche Lokale in Istanbul betreibt, wie «Anjelique», «Da Mario», «Wan-na», «Vogue», «Zuma» und «Kitchenette».

Lage ★★★★★
Direkt am Bosporus, im beschaulichen Ortsteil Kanlica auf der asiatischen Seite der Stadt.

Zimmer ★★★★★
10 komfortable, elegante Zimmer und 6 Suiten, teilweise mit Balkon. Alle Zimmer ausser eines mit Blick auf den Bosporus. Kostenloses WiFi im ganzen Haus.

Essen & Trinken
★★★★★
Restaurant mit fein zubereiteter mediterraner Küche und herrlicher Sommerterrasse – allein hierfür lohnt sich der Aufenthalt. Der Sonntagsbrunch (jeden Sonntag von 11–15.30 Uhr) ist auch bei auswärtigen Gästen sehr beliebt.

Service ★★★★☆
Das aufmerksame Personal scheint in jedem Moment zu wissen, was die Gäste drei Minuten später wünschen.

ÖV: Taxi (rund 40 Minuten vom Flughafen Atatürk).

plus-minus

+ Für die Gäste steht kostenlos ein hauseigenes Shuttle-Boot zur Verfügung, das zwischen dem Hotel und dem europäischen Stadtteil hin und her pendelt (je nach Wetter ist mit einer wellenreichen Überfahrt zu rechnen).

− So gut das Hotel zum Entspannen ist: Es liegt mindestens 30 Minuten vom Stadtzentrum entfernt, sodass man viel Zeit im Taxi (und im Stau) verbringt.

ISTANBUL

Besonders preiswert

Empress Zoe

Akbiyik Caddesi No. 4/1, Sultanahmet
T +90 212 518 25 04
www.emzoe.com
info@emzoe.com

Preise
EZ 80 €, DZ 120–140 €
Dreibettzimmer 130 €
Suite 130–230 €
inkl. Frühstück

Ambiente ★★★★○
Man getraut sich fast nicht, das «Empress Zoe» zu empfehlen, aus lauter Angst, Publizität könnte diesem Kleinod im historischen Sultanahmet-Viertel etwas anhaben. Der verwunschene Innenhofgarten des verwinkelten Gebäude-Ensembles scheint einem Traum entsprungen. Die 25 kleinen, aber angenehmen Zimmer präsentieren sich verhältnismässig schlicht, ohne ein Übermass an Mustern und Mosaiken, zu dem viele andere türkische Hotels neigen. Auf der Panoramaterrasse des Hotels hat man die ganze ottomanische Pracht inklusive Hagia Sofia und Marmarameer zu seinen Füssen. Ein wirklicher Geheimtipp zu einem ausgesprochen guten Preis-Leistungs-Verhältnis.

Lage ★★★★○
Zentral im Stadtteil Sultanahmet, neben der Ruine eines Hamam aus dem 15. Jahrhundert. Fünf Gehminuten zum Topkapi-Palast, zur Hagia Sofia und zur Blauen Moschee.

Zimmer ★★○○○
25 einfache, geschmackvoll eingerichtete Zimmer und Suiten. Von der Terrasse der Penthouse-Suite blickt man auf die Blaue Moschee. Kostenloses WiFi in den öffentlichen Bereichen.

Essen & Trinken ★○○○○
Bar (im Sommer im Garten, im Winter vor einem flackernden Kamin im Innern). Kein Restaurant im Haus, doch finden sich zahlreiche Lokale in der Nähe.

Service ★★★○○
Die freundliche Crew unter der Amerikanerin Ann Nevans sorgt dafür, dass man mit sich und der Welt zufrieden ist.

ÖV: Tram-Station Sultanahmet.

plus-minus
➕ Der Innenhofgarten und die Dachterrasse sind wunderbare Rückzugsinseln in der Hektik der Zehn-Millionen-Stadt.
➖ Das «Empress Zoe» weist bereits auf seiner Website darauf hin: Wenn enge Treppen ein Problem für den Gast sind, ist dieses Hotel keine gute Wahl.

ISTANBUL

Ibrahim Pasha

Terzihane Sokak 5, Adliye Yant, Sultanahmet
T +90 212 518 03 94
www.ibrahimpasha.com
contact@ibrahimpasha.com

Preise
EZ und DZ 89–295 €
inkl. Frühstück

Ambiente ★★★★○
Zwei ottomanische Gebäude der vorletzten Jahrhundertwende wurden mit Fingerspitzengefühl für zeitgemässes Wohnen und unaufdringliche Perfektion in das heutige Boutiquehotel verwandelt. Das Interieur ist raffiniert schlicht gestylt, die zwanzig charmanten Zimmer und der gemütliche Kaminsalon stimmen auch an Regentagen heiter. Wer es schafft, sich von hier loszueisen, ist innert wenigen Gehminuten im Topkapi-Palast, in der Hagia Sofia oder am grossen Basar. Die Blaue Moschee liegt gleich um die Ecke. Auf dem Rückweg wird man mit der Vorfreude belohnt, die das Wohnen im «Ibrahim Pasha» auslöst. Übrigens: Der Namensgeber des Hotels war ein kultivierter Grosswesir und Diplomat unter Sultan Süleyman I. 1536 fiel Pasha einer Intrige der Sultansgattin zum Opfer und wurde im Topkapi-Palast erdrosselt.

Lage ★★★★○
Zentral im historischen und touristischen Stadtteil Sultanahmet bei der Blauen Moschee.

Zimmer ★★★○○
20 komfortable, modern eingerichtete, teilweise ziemlich kleine Zimmer mit guten Betten, Holzböden und kostenlosem WiFi.

Essen & Trinken ★○○○○
Bar. Kein Restaurant im Haus, doch finden sich zahlreiche Lokale in der Nähe.

Service ★★★★○
Sympathisch. Ohne Fehl und Tadel.

ÖV: Tram-Station Sultanahmet.

plus-minus

✚ Wunderbare Dachterrasse mit Blick auf die Blaue Moschee und aufs Marmarameer.
− Grosse Zimmerpreisdiskrepanzen zwischen Hochsaisonzeiten und normalen Tagen. Für Rappenspalter ist das «Ibrahim Pasha» die falsche Adresse.

ISTANBUL

Besonders preiswert

Kybele Hotel

Yerebatan Caddesi
35. Sultanahmet
T +90 212 511 77 66
www.kybelehotel.com
info@kybelehotel.com

Preise
EZ 70–80 €
DZ 90–110 €
Suite 115–140 €
inkl. Frühstück

Ambiente ★★★★○
Hausherr Alpaslan Akbayrak sammelt Antiquitäten, Kelims, Kalligrafien, turkmenische Fransenbordüren, Porzellanuhren und kostbare Textilien. Das spiegelt sich in der Einrichtung seines sympathischen kleinen Hotels wider, das sich über mehrere Häuser aus der ottomanischen Periode erstreckt. Höhepunkt von Akbayraks Sammelleidenschaft sind zweitausend Aladin-Lampan, die von den Decken sämtlicher Räume hängen. Das Ganze wirkt für den mitteleuropäischen Geschmack etwas überladen, aber dennoch sehr gemütlich und entspannt. Die Lampen und Teppiche, die keinen Platz mehr im Hotelbereich fanden, kann man im kleinen Antiquitätenladen kaufen. Der kleine Hofgarten ist ein angenehm kühler Platz für heisse Sommerabende.

Lage ★★★★○
Zentral im historischen Stadtteil Sultanahmet, fünf Gehminuten zum Topkapi-Palast, zur Hagia Sofia und zur Blauen Moschee.

Zimmer ★★○○○
15 einfache Zimmer und 1 Suite. So kitschig und überladen, dass es schon wieder gut ist.

Essen & Trinken ★○○○○
Bar. Kein Restaurant im Haus, doch finden sich zahlreiche Lokale in der Nähe.

Service ★★★★○
Sehr persönlich und hilfsbereit. Alpaslan Akbayrak wacht mit Sperberaugen über die Abläufe in seinem Familienunternehmen.

ÖV: Tram-Station Sultanahmet.

plus-minus

+ Wenn der Chef gut drauf ist, nimmt er seine Gäste abends auf ein Glas Wein und eine Wasserpfeife mit in sein Allerheiligstes: einen sagenhaften Wohnsalon wie eine alte Schatzkammer aus 1001 Nacht.

− Das Haus ist sehr ringhörig. Und wie überall in der Stadt wird man durch die scheppernden Rufe des Muezzins noch vor Sonnenaufgang daran erinnert, dass Gott wirklich gross ist.

ISTANBUL

Besonders preiswert

Manzara

Galatakulesi Sokok No 3/2
T +90 212 252 46 60
www.manzara-istanbul.com
info@manzara-istanbul.com

Preise
Einzimmer-Ap. 60–120 €
Zweizimmer-Ap. 60–170 €
Dreizimmer-Ap. 80–210 €
Vierzimmer-Ap. 165–2205€
Fünfzimmer-Ap. 180–240 €
Frühstück 5–8 €

Ambiente ★★★★○
Obschon die Generalüberholung von Beyoğlu in den letzten Jahren mancherorts einen zu intensiven Geschmack von Starbucks & Co. hinterliess, eignet sich das Trendviertel als Ausgangspunkt sowohl für Istanbul-Neulinge als auch für Stadtkenner bestens. Einen guten Überblick gewinnt man in einem der «Manzara»-Apartments, die mehrheitlich fantastische Panoramen auf Bosporus und Altstadt gewähren. «Manzara» ist das türkische Wort für Aussicht, Weitsicht und Einsicht. Alle 36 Wohnungen rund um den Galataturm sind modern und ohne jeden Orient-Klimbim gestylt. Hausherr ist der deutsch-türkische Architekt Erdogan Altindis (sprich: Erdohan Altindisch). Er bemüht sich mit Erfolg, seinen Gästen ein «Zuhause in der Ferne» anzubieten und sie mit seiner Liebe zu Istanbul anzustecken. So organisiert er Stadt- und Nachtführungen, Hamam- und Galerien-Besuche sowie Workshops, etwa über türkische Küche, die Produktion von Filz oder Keramik. So lernt man Istanbul aus immer neuen Perspektiven kennen.

Lage ★★★○○
Im aufpolierten, einst als Pera bekannten historischen Stadtteil Beyoğlu. Von der «Manzara»-Rezeption beim Galataturm werden die Gäste persönlich zu ihrer Wohnung geführt.

Zimmer ★★★○○
36 durchwegs geschmackvoll eingerichtete Apartments mit 1 bis 5 Zimmern, viele mit Balkon oder Terrasse.

Essen & Trinken ★○○○○
Kein Restaurant im Haus, doch finden sich zahlreiche Lokale in der nahen Umgebung. Wer will, kann sich zu jeder gewünschten Zeit (auf Voranmeldung einen Tag im Voraus) ein Mezze-Menü im Zimmer servieren lassen. Zum Frühstück gibt es das «Manzara Evde Café» direkt neben dem Galataturm.

Service ★★★○○
Familiär freundlich und bei Restaurantreservationen und Spezialwünschen stets behilflich.

ÖV: Tram-Station Karaköy.

plus-minus

+ Die Leistungen dieses Apartment-Hotels übersteigen den Preis bei weitem.
− An die Treppenhäuser der Altstadthäuser dürfen keine grossen Ansprüche gestellt werden – umso grösser ist der Wow-Effekt beim Betreten der sanierten Wohnungen.

KOPENHAGEN

Besonders preiswert

Carlton Hotel Guldsmeden

Vesterbrogade 66
T +45 33 22 15 00
www.hotelguldsmeden.dk/carlton
carlton@hotelguldsmeden.com

Preise
EZ 755–895 DKK
DZ 895–1095 DKK
Vierbettzimmer 1145–1395 DKK
Frühstück 130 DKK

Ambiente ★★★○○
Die Guldsmeden-Hotelgruppe ist inzwischen auf sechs Hotels angewachsen, von denen drei in Kopenhagen zu finden sind (siehe auch folgender Tipp «Bertrams Hotel Guldsmeden»). Das «Carlton» ist das preisweteste unter ihnen, mit mediterranem Grundgefühl, smartem schwedischem Understatement und Zimmer in französischem Kolonialstil. Es fehlt an nichts, um in heiterer Gelassenheit zu wohnen.

Lage ★★★★○
Im hippen Vesterbro-Viertel, nahe den Tivoli-Gärten und zehn Gehminuten zum Hauptbahnhof.

Zimmer ★★○○○
64 angenehme, kleine Zimmer, teilweise mit Balkon. Die Zimmer zum Hinterhof sind sehr viel ruhiger als diejenigen zur stark befahrenen Hauptstrasse. Kostenloses WiFi im ganzen Haus.

Essen & Trinken ★○○○○
Café. Kein Restaurant im Haus, doch finden sich zahlreiche Lokale in unmittelbarer Umgebung.

Service ★★★★○
Unaufdringlich effizient und sehr zuvorkommend.

ÖV: U-Bahn-Station Forum. Bus 6A hält nahe beim Hotel.

plus-minus

+ Besonders leckeres Bio-Frühstück. Auch die Pflegeprodukte im Bad sind biologisch hergestellt.

− Der erste Eindruck ist etwas seltsam: Eingang im Hinterhof, dann über ein ältliches Treppenhaus zur Rezeption im ersten Stock.

KOPENHAGEN

Bertrams Hotel Guldsmeden

Vesterbrogade 107
T +45 33 25 04 05
www.hotelguldsmeden.dk/bertrams
bertrams@hotelguldsmeden.dk

Preise
EZ 1080–1695 DKK
DZ 1297–2195 DKK
Frühstück 130 DKK

Ambiente ★★★★★
Dieses charmante Wohlfühlhotel liegt mitten im Vesterbro-Quartier. Dieses erinnert mit seinen alten Häusern, kleinen Boutiquen und pittoresken Cafés ein bisschen an Paris. Bereits beim Betreten des hundertjährigen Stadthauses verflüchtigt sich der City-Stress, und man verfällt dieser Atmosphäre kultivierter Gelassenheit. «Bertrams» ist in einem feinsinnigen Mix aus skandinavischer Schlichtheit und Asia-Hippie-Chic eingerichtet. Alle Zimmer haben ein balinesisches Himmelbett und ausgesuchte Ethno-Objekte, viele verfügen über einen Balkon, und statt in den Bademantel schlüpft man hier in einen Kimono. Bei gutem Wetter kann man im ruhigen Innenhofgarten sein Bio-Müsli frühstücken. Auch das Schwesterhotel «Axel Hotel Guldsmeden» ist sehr zu empfehlen – es verfügt über ein hübsches Spa und (neben angenehmen normalen Zimmern) luxuriöse Penthouse-Suiten mit privaten Dachterrassen.

Lage ★★★★☆
Im hippen Vesterbro-Viertel, fünfzehn Gehminuten zur Innenstadt. Leihfahrräder im Hotel.

Zimmer ★★★☆☆
47 komfortable, saubere, geschmackvoll dekorierte Zimmer mit Holzböden, kuscheligen Duvets, DVD-Player und kostenlosem WiFi.

Essen & Trinken ☆☆☆☆☆
Kein Restaurant im Haus, doch finden sich zahlreiche Lokale in unmittelbarer Umgebung.

Service ★★★★☆
Ausgesprochen liebenswert und hilfsbereit.

ÖV: U-Bahn-Station Forum. Bus 6A hält direkt vor der Tür.

plus-minus

+ Das Hotel erfüllt hohe Anforderungen an Umweltverträglichkeit, nachhaltige Einrichtungsmaterialien, biologische Nahrungsmittel und soziales Bewusstsein.
− Die Zimmer zur Hauptstrasse sind ziemlich laut, deshalb nach Möglichkeit ein Zimmer zum Innenhofgarten buchen.

KOPENHAGEN

Besonders preiswert

Fox

Jarmers Plads 3
T +45 33 13 30 00
www.hotelfox.dk
hotel@hotelfox.dk

Preise
EZ und DZ 1050–2195 DKK
Frühstück 145 DKK

Ambiente ★★★★○
Im diesem herrlich überkandidelten Hotel ist jedes Zimmer ein Kunststück. 21 Künstler aus der ganzen Welt haben mit Graphic Design, Illustration, Street Art und surrealen Fantasien dem «Fox» eine einzigartige Atmosphäre verpasst. Nicht jeder Raum ist über alle Zweifel erhaben, doch kann man vor der Reservation «sein» Lieblingszimmer im Internet auswählen. Auch beim Einchecken an der Rezeption hat man nochmals die Möglichkeit, auf einem Bildschirm Fotos aller freien Zimmer anzusehen und eines auszusuchen. 2005 vom damaligen Besitzer Volkswagen zwecks vielbeachteter Einführungskampagne des Automodells «Fox» eröffnet, hat das Haus inzwischen zu seiner eigentlichen Funktion als Lifestyle-Hotel gefunden. Abgesehen von unkonventionellen Gestaltungsideen setzt das «Fox» auf solide Qualität und professionelle Mitarbeiter.

Lage ★★★○○
Im Latinerviertel am Rand der Altstadt. Veloverleih im Hotel.

Zimmer ★★★★○
61 total unterschiedlich inszenierte Zimmer von grandios bis grauenhaft. Zu den beliebtesten zählt das feuerrote Zimmer 117 des norwegischen Designers Kim Hiorthøy. Andere mögen das japanische Zimmer 212 von Tokidoki, das mystisch verspielte Zimmer 217 von Birgit Amadori oder das mit Naturmotiven versehene Zimmer 114 der Künstlergruppe AkimZasdBus. Die durchwegs winzigen Bäder wurden nicht ins Designkonzept integriert. Kostenloses WiFi im ganzen Haus.

Essen & Trinken ★★★○○
Trendiges Sushi-Restaurant mit Bar. Lounge-Café.

Service ★★★★○
Freundlich, kompetent, hilfsbereit.

ÖV: U-Bahn-Station Nørreport.

plus-minus

+ Designfreaks können bei einem mehrtägigen Aufenthalt die «Tour de Fox» durch mehrere Zimmer buchen.
− Leider merkt man den Zimmern an, dass sie zum Brauchen und Bewohnen da sind und vom einen und andern Gast unsorgsam behandelt werden.

KOPENHAGEN

Besonders preiswert

Ibsens Hotel

Vendersgade 23
T +45 33 13 19 16
www.ibsenshotel.dk
hotel@ibsenshotel.dk

Preise
EZ 980–1604 DKK
DZ 1103–1854 DKK
Frühstück 145 DKK

Ambiente

Der hohe Lebensstandard von Kopenhagen hat viel mit der innerlichen Gelassenheit seiner Einwohner zu tun, für die es sogar ein dänisches Wort gibt: «hyggelig». Es steht für bodenständigen Charme, soziale Grundwerte und eine weltoffene Haltung. Wer einmal im «Ibsens» war, versteht das. Das Konzept dieses unkomplizierten Hotels ist «nice and cosy», passend zur pittoreken Nansensgade-Strasse mit ihren vielen kleinen Cafés und Restaurants, Galerien und Boutiquen, Veloläden und Secondhand-Buchhandlungen. Das weisse alte Eckhaus, das früher als «Three Ladies Run a Hotel» bekannt war und 1997 von der hiesigen Hotelierfamilie Brøchner übernommen wurde (denen auch die Hotels «Danmark», «Fox» und «Kong Arthur» gehören), mag kleine Schwächen haben – die spartanischen Bäder neigen zu Überschwemmungen und beim Öffnen der Fenster hat man ein bisschen Angst, dass diese gleich rausfallen – doch kann man hier für relativ wenig Geld gut gelaunt und sehr zentral übernachten.

Lage ★★★★○

Im Stadtzentrum an der Ecke Nansensgade/Vendersgade, in Fussgängerdistanz zu allen wichtigen Sehenswürdigkeiten der Stadt. Fahrradverleih im Hotel.

Zimmer ★★○○○

118 mehrheitlich kleine Zimmer im geschmackvollen Retro-Look. Kostenloses WiFi im ganzen Haus. Bügelzimmer auf jedem Stockwerk.

Essen & Trinken

Restaurant «La Rocca» mit italienischer Küche und Hofgarten. Restaurant «Pinxtos» mit spanischen Tapas und Seafood-Gerichten. Café-Lounge.

Service ★★★○○

Entspannt und freundlich, gelegentlich etwas unprofessionell und nachlässig.

ÖV: U-Bahn-Station Nørreport. Von dort sind es 250 Meter zum Hotel.

plus-minus

+ Die Dachzimmer im sechsten Stock sind sehr gemütlich.
− Die Einzelzimmer haben mit ihren zehn bis zwölf Quadratmetern den Charakter von Abstellkammern.

KOPENHAGEN

71 Nyhavn Hotel

Nyhavn 71
T +45 33 43 62 00
www.71nyhavnhotel.com
71nyhavnhotel@
arp-hansen.dk

Preise
EZ 1400–1690 DKK
DZ 1600–2180 DKK
Suite 1890–4420 DKK
Frühstück 150 DKK

Ambiente ★★★★★
Am Nyhavn, ursprünglich angelegt, um den Warentransport so weit wie möglich ins Stadtzentrum hinein zu ermöglichen, und heute während der Sommermonate Europas längste Freilichttheke, liegt dieses stimmungsvolle, unkomplizierte Grosshotel. Es ist in zwei ehemaligen Gewürz-Lagerhäusern aus dem frühen 19. Jahrhundert untergebracht. Die Verbindung von modernem Lebensgefühl und dem Original-Ambiente mit Ziegelsteinen, alten Holzbalken und Industrieromantik ist bestens gelungen. Blickt man aus dem Fenster, fahren Segelschiffe direkt am Hotel vorbei. In den Zimmern hört man zwar keinen Verkehrslärm, dafür wird man vom Horn der Malmö-Fähren geweckt. Den Start in den Tag erleichtert ein ausgiebiges dänisches Frühstück.

Lage ★★★★○
Am betriebsamen Nyhavn, wo sich Touristen tummeln, Boote anlegen und immer etwas los ist auf den Kanälen. Wenige Gehminuten in die Innenstadt.

Zimmer ★★○○○
134 solide Zimmer und 16 Suiten mit kostenlosem WiFi. Die Zimmer der tiefsten Kategorie sind sehr klein, haben winzige Bäder und keinerlei nennenswerte Aussicht.

Essen & Trinken ★★★○○
Restaurant «Pakhuskælderen» mit dänischen Spezialitäten und internationalen Klassikern. Atmosphärisch etwas bahnhofhallenmässig. Bar.

Service ★★★★○
Freundlich, effizient, sehr professionell.

ÖV: U-Bahn-Station Kongens Nytorv. Von dort fünf Gehminuten zum Hotel.

plus-minus

+ Verleih von Fahrrädern im Hotel – in Kopenhagen das praktischste Verkehrsmittel.
– Manche Zimmer sind renovationsbedürftig, viele Teppiche schmuddelig, und beim Duschen überschwemmt man immer gleich das ganze Bad.

97

LISSABON

Altis Belém Hotel & Spa

Doca de Bom Sucesso
T +351 210 400 200
www.altisbelemhotel.com
reservations@altisbelemhotel.com

Preise
EZ und DZ 210–590 €
Suite 800–1400 €
inkl. Frühstück

Ambiente ★★★★★
Es gibt Momente, die keine Kompromisse dulden. Da muss es ein ganz besonderes Hotel sein, das den Aufenthalt zum unvergesslichen Erlebnis macht. So ein Hotel ist das «Altis Belém» im Bom-Sucesso-Hafen, zwischen dem Padrão-dos-Descobrimentos-Seefahrerdenkmal und dem Unesco-Weltkulturerbe Torré de Belém. Die Innenarchitektur besticht durch klare Linien und präzise Feinabstimmung, mit viel Glas und riesigen Zimmern. Alles sehr edel und doch nicht bemüht chic. Erholungsbedürftige finden ein Dach-Sonnendeck sowie ein attraktives Spa mit kleinem Hallenbad, Sauna, Dampfbad, Fitnesscenter und einer Vielzahl professionell durchgeführter Körper- und Schönheitsbehandlungen.

Lage ★★★★☆
Im Bom-Sucesso-Hafen bei der Tejo-Mündung in den Atlantik. Hinter dem Haus liegen eine stark befahrene Strasse und eine Bahnlinie.

Zimmer ★★★★★
45 luxuriöse, lichtdurchflutete, geräumige Zimmer und 5 Suiten, alle mit Blick auf den Tejo, Nespressomaschine, guten Matratzen und kostenlosem WiFi. Jeweils eine Wand im Zimmer ist thematisch einer Region gewidmet, die einst von den Portugiesen erobert wurde – von der Westküste Afrikas über den Persischen Golf, Siam und Burma bis nach Schanghai und Südamerika.

Essen & Trinken
★★★★★
Gourmetrestaurant «Feitoria», Brasserie-Café «Messagem» mit Austern- und Sushi-Bar sowie grosser, direkt am Wasser gelegener Terrasse, trendige Bar-Lounge «38°41'», ebenfalls mit wunderbarer Terrasse.

Service ★★★★★
Ohne Fehl und Tadel. Der superaufmerkame Service lässt manche der klassischen Lissabonner Nobelabsteigen blass aussehen.

ÖV: Tram 15 bis Station Belém.

plus-minus

+ Selbst die Zimmer der untersten Kategorie sind sehr grosszügig konzipiert und verfügen über herrliche Bäder mit Regendusche.
− Wer kein diplomierter Elektroingenieur ist, stösst bei der ambitionierten Technik in den Zimmern rasch an seine Grenzen.

LISSABON

As Janelas Verdes

Rua das Janelas Verdes 47
T +351 21 396 81 43
www.heritage.pt
jverdes@heritage.pt

Preise
EZ und DZ 165–280 €
Frühstück 14 €

Ambiente ★★★★○
Schon beim Eintreten verbreitet der liebevoll umgebaute Palazzo aus dem 18. Jahrhundert das Flair relaxter Gastlichkeit. Die 29 Zimmer sind einfach und luxuriös, raffiniert und rustikal zugleich. Im romantischen Innenhofgarten kann man frühstücken und sich von Entdeckungstouren erholen. Von der Terrasse der Bibliothek blickt man über Lager- und Hafengebäude auf den Tejo. Ein Hotel für Individualisten, die mehr suchen als die reine Funktionalität eines Hotelbetts.

Lage ★★★○○
Am Rand der Innenstadt, zwischen den Stadtteilen Lapa und Santos und neben dem Nationalen Kunstmuseum «Museu Nacional de Arte Antigua». Ins Barrio Alto läuft man rund fünfzehn Minuten.

Zimmer ★★★○○
29 komfortable, eher kleine Zimmer mit portugiesischem Flair, DVD-/CD-Player, hochwertigen Pflegeprodukten und kostenlosem WiFi.

Essen & Trinken ○○○○○
Kein Restaurant im Haus, doch wer zum Abendessen nicht mehr ins Zentrum fahren will, findet wenige Schritte entfernt im Hotel «York House» ein stimmiges Lokal.

Service ★★★★○
Entspannt und freundlich. Selbst wenn das Haus voll besetzt ist, kommt keine Hektik auf.

ÖV: Tram 15 oder 25 bis Station Santos. Dort fünf Gehminuten entlang der Calçada Ribeiro Santos bis zur Rua Janelas Verdes.

plus-minus

+ Das Frühstück ist für südländische Verhältnisse exzellent.
− Die Zimmer zur kopfsteingepflasterten Strasse sind bei geöffneten Fenstern sehr laut – Frischluftfreunde buchen deshalb ein Zimmer zum Tejo.

LISSABON

Besonders preiswert

Jeronimos 8

Rua dos Jeronimos 8
T +351 213 600 900
www.almeidahotels.com
jeronimos8@almeida
hotels.com

Preise
EZ und DZ 120–185 €
Suite 180–255 €
inkl. Frühstück

Ambiente ★★★○○
Wer in Lissabon ein modern gestyltes Refugium zu erschwinglichen Preisen sucht, liegt im »Jeronimus 8« richtig. Das im Jahr 2007 eröffnete, aus einem ehemaligen Wohnhaus aus den Vierzigerjahren entstandene Hotel war das erste Designhotel Lissabons, mit konsequent reduzierter Innenarchitektur und urbanem Lebensgefühl. Es gibt einen schönen Innenhof und eine gemütliche Weinbar, die ganz in Rot-Weiss gestaltet ist.

Lage ★★○○○
Im Stadtteil Belém, neben dem Hieronymuskloster (Unesco-Weltkulturerbe) und nahe dem Belém-Kulturzentrum, rund zehn Kilometer von der Innenstadt entfernt.

Zimmer ★★★○○
61 geradlinig gestylte, makellos saubere, eher kleine Zimmer und 4 Suiten, teilweise mit eigenen Holzdeck-Terrassen. Die Zimmer blicken entweder in den Innenhof oder auf die Wände des gegenüberliegenden Klosters. Kostenloses WiFi im ganzen Haus.

Essen & Trinken ★○○○○
Weinbar mit attraktiver Auswahl an portugiesischen Weinen. Kein Restaurant im Haus, doch finden sich zahlreiche Lokale in der Nähe.

Service ★★★○○
Korrekt.

ÖV: Tram 15 bis Station Belém.

plus-minus

✚ Ausgezeichnetes Preis-Leistungs-Verhältnis.
━ Das Hotel ist etwas ab vom Schuss hinsichtlich der Innenstadt.

LISSABON

Besonders ruhig

Palácio Belmonte

Páteo Dom Fradique 14
T +351 218 816 600
www.palaciobelmonte.com
office@palaciobelmonte.com

Preise
EZ und DZ 245–1850 €
inkl. Frühstück

Ambiente ★★★★★
«Der Palácio Belmonte drückt das Lebensgefühl Lissabons so stark aus, dass man es kaum noch für notwendig erachtet, die Stadt zu erkunden.» So wie dem Reisejournalisten Andrew Harper geht es vielen Gästen: Sind sie einmal durch das massive Eingangsportal des denkmalgeschützten Palasts aus dem 15. Jahrhundert getreten, möchten sie die Anlage nicht mehr verlassen. Die unlängst erfolgte Renovation der Innenräume wurde bewusst auf das absolut Notwendige beschränkt, um die Aura in den grandiosen Räumen zu bewahren. Die elf unvergleichlich romantischen Suiten variieren zwischen 29 und 162 Quadratmetern Grösse und blicken alle auf Altstadt und Tejo – wie auch der pittoreske Garten mit Orangenbäumen und kleinem Pool.

Lage ★★★★★
Eine Art Logenplatz im historischen Alfama-Viertel, wenige Schritte vom Castelo de São Jorge und wenige Gehminuten von der Innenstadt entfernt.

Zimmer ★★★★★
11 einzigartige, berauschende Juniorsuiten und Suiten fern jeglicher Konventionen. Wer an «Zimmer mit Aussicht» und «Übernachten wie im Museum» denkt, ist auf der richtigen Spur. Halbwegs erschwinglich sind jedoch nur die zwei kleinsten Juniorsuiten.

Essen & Trinken ○○○○○
Kein Restaurant im Haus, doch finden sich zahlreiche Lokale in der Nähe.

Service ★★★★○
Dezent und sehr persönlich. Bei den wenigen Zimmern ist man nicht einfach «ein weiterer Gast».

ÖV: Tram 12 oder 28 bis Station Portas do Sol.

plus-minus

+ Im «Pick me up and Pamper me»-Arrangement gibt es für einen Aufpreis von 250 € einen Flughafentransfer zum Hotel, eine 90-minütige Massage für zwei, eine 60-minütige Manicure/Pedicure, kostenlose Getränke an der Bar, Frühstück und ein Late-Check-out (gültig für jedes Zimmer ab zwei Übernachtungen).
− Wer typische Hotelstandards wie Haartrockner, Safe oder Fernseher sucht, liegt hier falsch. Auch sind die Bäder teilweise sehr klein.

Besonders ruhig

Solar Do Castelo

Rua das Cozinhas 2
T +351 218 870 909
www.heritage.pt
solar.castelo@heritage.pt

Preise
EZ und DZ 149–360 €
Frühstück 14 €

Ambiente ★★★★★
Majestätisch beherrscht das Castelo de Sao Jorge den Hügel über dem seit arabischen Zeiten verwinkelten Alfama-Viertel. Hier steht man wie auf einem Balkon über der Stadt – kann abends zuschauen, wie sich die Farben des von den Lissabonnern heiss geliebten Tejo verändern, und spürt die belebende Brise, die vom Meer herüberweht. In einem historischen Gebäude innerhalb der Festungsmauern kann man elegant übernachten. Das «Solar Do Castelo» muss sich um Stammgäste aus aller Welt keine Sorgen machen.

Lage ★★★★★
Das bestgesicherte Hotel der Stadt: Innerhalb der Burgmauern des Castelo de São Jorge, das tagsüber von Touristen überlaufen, nachts aber sehr ruhig ist. Zehn Gehminuten ins Stadtzentrum (sehr steil).

Zimmer ★★★○○
14 reizvolle, sehr unterschiedlich gestaltete, eher kleine Zimmer mit CD/DVD-Player und kostenlosem WiFi. In jedem Zimmer steht eine Karaffe mit Portwein (kostenlos und täglich nachgefüllt).

Essen & Trinken ○○○○○
«Honesty Bar». Kein Restaurant im Haus. In der Burganlage befindet sich aber das rustikale Restaurant «Casa do Leao» mit Gewölbesaal und Terrasse.

Service ★★★★○
Herzlich und ausgesprochen hilfsbereit, zudem kennt sich das Rezeptionsteam mit Geheimtipps bestens aus.

ÖV: Ab Hauptbahnhof Bus 46 oder 9 bis Station Rossio. Dort in Bus 37 umsteigen, der direkt in die Schlossanlage fährt.

plus-minus

+ Von der kopfsteingepflasterten Gartenterrasse geniesst man denselben Traumblick auf die Stadt wie Horden von Touristen wenige Meter entfernt. Auch der kühle Innenhof lädt zum Verweilen und Frühstücken ein.
− Noch vor Sonnenaufgang wird man durch das krächzende Geschrei von den frei herumstolzierenden Pfauen geweckt.

LISSABON

Besonders ruhig
Besonders preiswert

Solar dos Mouros
Rua do Milagre de
Santo António 6
Tel. +351 (0)21 885 49 40
www.solardosmouros.com
reservation@solardos
mouros.com

Preise
EZ und DZ 125–229 €
Suite 229–338 €
Frühstück 13 €

Ambiente ★★★★★
«Lissabon ist, industriell gesprochen, ein moderner Grossbetrieb zur Erzeugung von Lärm.» So erlebte der deutsche Schriftsteller Alfred Döblin in den Vierzigerjahren die Stadt. Auch heute bietet sich dem Besucher ein ständiges Getöse dar, die älteren Hotels im Stadtzentrum bescheren dem Gast erheblichen Bau- und Verkehrslärm. Wer sich dagegen wappnen will, sucht sich ein Hotel in einem der ruhigeren Vororte oder auf einem der sieben Hügel. Das «Solar dos Mouros» etwa, das wenige Schritte vom Castelo de São Jorge entfernt liegt. Es ist individuell wie ein Privathaus eingerichtet und mit Bildern des Malers und Hoteleigentümers Luís Lemos sowie afrikanischen Kunstobjekten dekoriert. Von den Zimmern des dreihundertjährigen Gebäudes blickt man über die Dächer der Altstadt, aufs Schloss und den Rio Tejo. Sonnenuntergänge werden hier zu Theateraufführungen.

Lage ★★★★★
Im Alfama-Viertel an erhabener Aussichtslage nahe dem Castelo de São Jorge. Fünf bis zehn Gehminuten zu den Einkaufsstrassen im Stadtzentrum (zweihundert Treppenstufen).

Zimmer ★★★○○
12 helle, geräumige Zimmer und 1 Duplex-Suite (70 Quadratmeter), verteilt auf das historische Haupthaus und ein neuzeitliches Nebengebäude. Kostenpflichtiger ISDN-Empfang in den Zimmern, kostenloses WiFi im Eingangsbereich.

Essen & Trinken ★○○○○
Bar mit schöner Auswahl portugiesischer Weine und kleinen Häppchen. Kein Restaurant im Hotel, doch liegt das nette «Resto do Chapito» ein paar Häuser weiter.

Service ★★★○○
Persönlich und hilfsbereit, aber nicht immer zur Stelle wie in einem normalen Hotel.

ÖV: Tram 28 bis Station Castelo.

plus-minus
+ Die Zimmer haben alle drei bis sechs Fenster und fantastische Ausblicke auf Tejo, Alfama und/oder Castelo de São Jorge.
− Die Dekoration mancher Zimmer erinnert etwas stark an Villa Kunterbunt. Des Weiteren eignet sich das Hotel nicht für Reisende mit eingeschränkter Mobilität.

LISSABON

Besonders preiswert

York House

Rua das Janelas Verdes 32
T +351 21 396 24 35
www.yorkhouselisboa.com
reservations@yorkhouse
lisboa.com

Preise
EZ und DZ 80–300 €
Frühstück 15 €

Ambiente ★★★★★
Durch ein kleines Tor in einer unscheinbaren rosa Mauer tritt man in einen lauschigen Garten mit plätscherndem Brunnen und üppigem Grün. Das ehemalige Nonnenkloster aus dem 17. Jahrhundert, das seit 1880 Hotel ist und unlängst sanft renoviert wurde, verfügt über Zimmer, die traditionelles portugiesisches Ambiente und ein erfrischendes Quantum Modernität kunstvoll verbinden. Beim ersten Nach-Hause-Kommen braucht man wahrscheinlich die Hilfe der freundlichen Mitarbeiter, um in den verwinkelten Gängen sein Zimmer zu finden. Das Gästebuch liest sich wie ein «Who is who» der europäischen Schriftstellerelite: Marguerite Duras, John Le Carré und Graham Greene sind nur ein paar bekannte Namen, die hier zu Gast waren. Ein Geheimtipp, der schon lange keiner mehr ist, aber immer einer bleiben wird.

Lage ★★★○○
Am Rand der Innenstadt zwischen den Stadtteilen Lapa und Santos und nahe dem Kunstmuseum Museu Nacional de Arte Antigua. Ins Barrio Alto läuft man fünfzehn Minuten.

Zimmer ★★★○○
32 komfortable, sehr unterschiedliche Zimmer, teilweise mit modernen Himmelbetten unter antikem Gebälk. Kostenloses WiFi im ganzen Haus.

Essen & Trinken ★★★○○
Die Küche des beliebten Restaurants «A Confraria» belebt die besten regionalen Traditionen: Suppen, Stockfisch, Lamm, Mandelkuchen. Bar mit Terrasse.

Service ★★★○○
Angesichts der Herzlichkeit und Lebensfreude des Personals verzeiht man kleine Organisationsfehler gern. Man ist eben in Lissabon.

ÖV: Tram 15 oder 25 bis Station Santos. Dort fünf Gehminuten entlang der Calçada Ribeiro Santos bis zur Rua Janelas Verdes.

plus-minus

+ Der palmenbewachsene, vogelbezwitscherte Innenhof mit Mosaikboden und Hängematte ist ein wunderbarer Ort zum Frühstücken und Ausspannen und bietet authentisches Lissabon-Feeling.
− Wer keines der fünfzehn Zimmer zum Innenhof ergattern kann (unbedingt versuchen!), leidet unter Strassenlärm. Ausserdem ist es wegen der knarrenden alten Holzböden in keinem Zimmer völlig ruhig.

LONDON

Besonders preiswert

base2stay Kensington Hotel

25 Courtfield Gardens
T +44 20 7244 2255
www.base2stay.com
info@base2stay.com

Preise
EZ 85–145 £, DZ 98–185 £
Dreibettzimmer 153–219 £
Vierbettzimmer 189–247 £

Ambiente ★★○○○
Die Kensington-Adresse, das elegante weisse Gebäude, die Rezeption mit frischen Blumen – das alles erinnert an ein schmuckes Boutiquehotel. Doch es gibt keine Bar, kein Frühstück, kein Fitnesscenter und lediglich ein Minimum an Dienstleistungen – und das Doppelzimmer kostet nicht viel mehr als hundert englische Pfund. Hauptzielgruppe ist die iPod-Laptop-Blackberry-Gemeinde, die tief in Londons Vergnügungsangebot eintauchen und dabei möglichst wenig für ein sauberes, modernes Zimmer bezahlen will. Das 2006 eröffnete, umweltbewusst konzipierte «base2stay Kensington Hotel» setzt auf beige und schokoladenbraune Zimmer-Interieurs mit Schwarzweiss-Fotografien von Peter Lavery, dazu grosse Flachbildschirm-TVs, Mini-Küchen mit Kühlschrank und Mikrowelle, geräumige Regenduschen im Bad und viele Steckdosen, in denen man all seine elektronischen Geräte aufladen kann.

Lage ★★★○○
Zentral in Kensington. Wenige Gehminuten zum Victoria & Albert Museum, zum National History Museum und zu den Kensington Palace Gardens.

Zimmer ★★○○○
67 zweckmässig eingerichtete, grösstenteils sehr kleine Zimmer mit Kitchenette und kostenlosem WiFi. Einzelne Zimmer haben kleine Innenhofterrassen.

Essen & Trinken ○○○○○
Kein Restaurant im Haus, doch finden sich zahlreiche Lokale in der Umgebung.

Service ★★○○○
Unkompliziert freundlich. Die Rezeption ist rund um die Uhr besetzt.

ÖV: U-Bahn-Station Earl's Court. Von dort drei Gehminuten zum Hotel.

plus-minus

+ In diesem Hotel gibt es keine versteckten Extrakosten. Der Preis, den man beim Check-out bezahlt, ist genau derselbe, von dem man beim Check-in ausgegangen ist. Zudem profitieren Hotelgäste von Ermässigungen in manchen Restaurants in Kensington.

− Die ohnehin qualitativ schlechten Matratzen sind durchgelegen und müssten dringend ersetzt werden. Des Weiteren liegen die günstigsten Zimmer im Sous-Parterre mit Blick hinauf zum Strassen-Trottoir.

LONDON

Besonders ruhig

Bermondsey Square Hotel

Tower Bridge Road
T +44 20 7378 2450
www.bermondseysquare
hotel.co.uk
reservations@bermondsey
squarehotel.co.uk

Preise
EZ und DZ 149–259 £
Familienzimmer 249–289 £
Frühstück 10 £

Ambiente ★★★○○
Das weitgehend schnickschnackfreie Innendesign des neuen, von aussen etwas nüchternen Hotelgebäudes am autofreien Bermondsey Square nahe der Tower Bridge orientiert sich an den Sechzigerjahren. Kleine Zimmer überwiegen, doch alle sind ausnahmslos gefällig geradlinig und verfügen über angenehme Bäder. Die Funktion des Fernsehers übernimmt ein Apple-iMac, der mit der dazugehörigen Tastatur auch als Computer dienen kann. Einziger Nachteil: Die Fenster lassen sich nicht öffnen, sodass man stets der Klimaanlage ausgesetzt ist.

Lage ★★○○○
In Southwark London südlich der Themse und direkt am unlängst totalsanierten Bermondsey Square, am Ende der für ihre Restaurants und Boutiquen bekannten Bermondsey Street.

Zimmer ★★★★○
80 komfortable Zimmer, Suiten und Familienzimmer – alle mit superbequemen Betten und kostenlosem WiFi.

Essen & Trinken ★★★○○
Moderne englische Küche aus lokalen Produkten in «Alfie's Bar + Kitchen» mit grosser Sommerterrasse.

Service ★★★★○
Überaus freundlich und hilfsbereit.

ÖV: U-Bahn-Station London Bridge. Hinter dem Hotel gibt es eine Station für Mietvelos (Barclays Cycle Hire).

plus-minus

+ Die fünf Suiten verfügen alle über eigene Terrassen, die Suite «Lucy» zudem über einen grossen Outdoor-Whirlpool.
− Die Anbindung an den öffentlichen Verkehr ist nicht optimal, doch die fünfzehn Gehminuten zur nächsten U-Bahn-Station London Bridge führen entlang von netten Strassen.

LONDON

Boundary

2–4 Boundary Street
T +44 20 7729 1051
www.theboundary.co.uk
info@theboundary.co.uk

Preise
DZ 220–265 £
Suite 375–450 £
Frühstück 18 £

Ambiente ★★★★○
Das östlich von Clerkenwell gelegene, etwas rohere Shoreditch-Viertel untermauert den Eindruck, dass London ständig im Werden begriffen ist und nie im Sein verharrt. Eine gute Anlaufstelle ist hier das «Boundary». Der Designer und Gastronom Terence Conran hat ein viktorianisches Lagerhaus zum Hotel mit zwei Restaurants, einem extravagantem Dachgarten und viel Kunst umgebaut. Die Gästezimmer sind alle unterschiedlich gestaltet und jeweils einer Stilrichtung oder Designikone gewidmet – etwa Bauhaus, Le Corbusier oder Eileen Gray. Das urbane Erlebnis ist nicht billig, aber seinen Preis wert.

Lage ★★★○○
Im Londoner East End, in einer Parallelstrasse zur Shoreditch High Street, umgeben von Modeläden, Asia-Shops, Ateliers, Galerien, Sozialwohnungen und Clubs. Hoxton Square, Spitalfields, Brick Lane und Columbia Road sind jeweils drei Gehminuten vom Hotel entfernt. Der Dachgarten des Hotels bietet ein imposantes Rundumpanorama.

Zimmer ★★★★○
12 komfortable, kunstsinnige, lichtdurchflutete Zimmer und 5 Suiten. Alle mit guten Betten, schönen Bädern und kostenlosem WiFi.

Essen & Trinken
★★★★★
Restaurant «Boundary» mit traditioneller französischer Küche. Bar. Café-Bäckerei. Im Sommerhalbjahr «Boundary Rooftop» mit Grill-Restaurant und Dachgartenbar.

Service ★★★★★
Dem Hotelteam gelingt der Spagat zwischen Professionalität und Herzlichkeit geradezu perfekt.

ÖV: U-Bahn-Station Old Street. Von dort fünf Gehminuten zum Hotel.

plus-minus

+ Auf der attraktiven Weinkarte stehen jeweils mindestens 35 Weine unter 35 £ – dazu gibt es eine gute Auswahl offen ausgeschenkter Weine.
− Für Gäste, die in erster Linie das klassische London erkunden wollen, liegt das Hotel etwas ab vom Schuss. Allen, die nachts aufblühen, kommt Shoreditch mit ungezählten Bars und Clubs entgegen.

LONDON

Dean Street Townhouse

69-71 Dean Street
T +44 20 7434 1775
www.deanstreet
townhouse.com
hotel@deanstreet
townhouse.com

Preise
EZ und DZ 95–240 £
Frühstück 17 £

Ambiente ★★★★○
Erschwinglicher Chic im Herzen von Soho – so lässt sich die Neuinterpretation dieser drei georgianischen Stadthäuser beschreiben. Die Zimmer und das betriebsame Restaurant präsentieren sich in einem geschmackvollen und eklektischen neotraditionellen englischen Stil. Laura-Ashley-Blümchentapeten, samtbezogene Sesselchen und gedämpfte Farben treffen auf geschickt versteckte Hightech-Wohltaten, geräumige Regenduschen und moderne Accessoires. Auf Details wird grosser Wert gelegt: Kommt der Gast abends in sein Zimmer zurück, erfüllt leise klassische Musik den Raum, im Bad stehen hochwertige Pflegeprodukte und auf dem Schreibtisch hausgemachte Kekse. Eine smarte Bleibe für anspruchsvolle Gäste, die gerne mitten im Geschehen wohnen.

Lage ★★★★★
An der pittoresken Dean Street in Soho. Wenige Gehminuten zum Piccadilly Circus und zum Covent Garden.

Zimmer ★★★○○
39 charmante Zimmer sehr unterschiedlicher Grösse (wer die Kategorie «Tiny» bestellt, sollte wissen, dass er in London keine Suite erwarten kann). Alle Zimmer mit guten Betten, unzähligen Kissen, DVD-Player, iPod-Dock und kostenlosem WiFi.

Essen & Trinken ★★★★○
Stimmungsvolles Brasserie-Restaurant mit moderner britischer Küche und kleiner Terrasse. In der Bar hat Sehen und Gesehenwerden Vorrang sowie der Genuss, das Pulsieren der Stadt zu spüren.

Service ★★○○
Freundlich und flink.

ÖV: U-Bahn-Station Tottenham Court Road.

plus-minus

+ Zentraler kann man in London kaum absteigen.
− Wer hier wohnt, darf nicht lärmempfindlich sein. Das Hotel liegt mitten im Ausgehdistrikt Soho, und da ist nicht nur am Wochenende 24 Stunden die Hölle los. Die Zimmer zur Rückseite sind jedoch relativ ruhig.

LONDON

Besonders ruhig

Kensington House Hotel

15–16 Prince of Wales Terrace
T +44 207 937 23 45
www.kenhouse.com
reservations@kenhouse.com

Preise
EZ 120–204 £
DZ 165–245 £
Juniorsuite 238–295 £
inkl. Frühstück

Ambiente ★★★★○
Central London ist eines der teuersten Pflaster des Planeten, die Restaurantrechnungen sind ein Witz und die Wohnungsmieten die höchsten der Welt. Normalverdiener ziehen immer weiter aus der Stadt hinaus, das Einzugsgebiet reicht mittlerweile von Cambridge bis Southampton: die grösste und komplexeste städtische Region Europas. Auch die meisten London-Besucher überkommt der Angstschweiss beim Erwachen in den notorisch teuren Hotelbetten. Zudem verstehen sich die Zimmerraten meist exklusive Frühstück und 17,5 Prozent Mehrwertsteuer (VAT). Gute, zentral gelegene Hotels der mittleren Preisklasse sind rar, und bei den wenigen geht ohne frühzeitiges Buchen nichts. Zu diesen Preis-Leistungs-Perlen zählt das «Kensington House Hotel», ein stilvoll renoviertes weisses Stadthaus aus dem 19. Jahrhundert in fast beunruhigend friedvoller Lage südlich des Kensington Palace.

Lage ★★★★★
Zentral und ruhig in einer vornehmen kleinen Parallelstrasse der High Street Kensington, wenige Schritte zu den Kensington Gardens.

Zimmer ★★★○○
41 komfortable, zeitlos moderne, makellos saubere Zimmer mit guten Betten und kostenlosem WiFi.

Essen & Trinken ★○○○○
Bar. Kein Restaurant im Haus, doch finden sich zahlreiche Lokale in naher Umgebung.

Service ★★★★★
Das Personal ist so zuvorkommend und taktvoll um die Gäste bemüht, dass man sich unweigerlich fragt, wie man jemals mit weniger zufrieden sein konnte.

ÖV: U-Bahn-Station High Street Kensington. Von dort sieben Gehminuten zum Hotel.

plus-minus

+ In diesem Hotel lächelt man auch noch beim Bezahlen der Rechnung.
− Die Einzelzimmer und die Doppelzimmer der untersten Kategorie sind zwar geschmackvoll eingerichtet, aber sehr, sehr klein.

Besonders ruhig

Montagu Place

2 Montagu Place
T +44 20 7467 2777
www.montagu-place.co.uk
stay@montagu-place.co.uk

Preise
EZ und DZ 180–260 £
Frühstück 14 £

Ambiente ★★★★○
Dass dieses kleine Hotel dem Holiday-Inn-Konzern gehört, mag kaum vielversprechend sein. Doch merkt man rasch, dass sich die Gruppe mit diesem eleganten georgianischen Stadthaus klar von ihren charakterlosen Massenherbergen differenzieren will. Natürliche Materialien in Beige-, Zimt- und Brauntönen und von sicherer Hand ausgesuchte Wohnaccessoires geben den Ton an. Empfang und Service tragen zur entspannten Wohlfühlatmosphäre und zum zwanglos stilvollen Lebensgefühl bei. Der Hoteldirektor ist sehr darum bemüht, keine Routine aufkommen zu lassen, und bleibt angenehm gelassen, wenn ein Gast Extrawünsche äussert. Man ahnt, warum das «Montagu Place» so erfolgreich ist.

Lage ★★★★○
Relativ ruhig im nördlichen Teil des West End, fünf Gehminuten von der trendigen Marylebone High Street entfernt.

Zimmer ★★★★○
16 ausgesprochen wohnliche Zimmer in den Kategorien «comfy», «fancy» und «swanky» – alle mit hochstehenden Pflegeprodukten, iPod-Dock und kostenlosem WiFi.

Essen & Trinken ★★○○○
Lobby-Bar. Zwischen 13 und 22.30 Uhr wird in Catering-Partnerschaft mit einem Thai-Restaurant ein Room-Service-Auswahlmenü angeboten, das wahlweise im Zimmer, in der Lounge oder im Sitzungszimmer serviert wird.

Service ★★★★○
Verlässlich und sehr aufmerksam.

ÖV: U-Bahn-Stationen Marylebone, Marble Arch und Baker Street jeweils fünf Gehminuten entfernt.

plus-minus

+ Selbst bei den kleinsten Zimmern der Kategorie «comfy» gibt es nichts zu bemängeln.
− Enges, steiles Treppenhaus, kein Lift.

LONDON

Besonders ruhig

Number Sixteen

16 Sumner Place
T +44 20 7589 5232
www.firmdale.com
sixteen@firmdale.com

Preise
EZ 148–255 £
DZ 205–348 £
Frühstück 15 £

Ambiente ★★★★★
Hotel-Schmuckstück in vier frühviktorianischen Stadthäusern in South Kensington und ein intimes Refugium für Individualisten, die Ruhe und ein persönliches Umfeld schätzen. Die Zimmer, die man über verwinkelte Treppenhäuser erreicht, sind frisch und farbenfroh eingerichtet – und «modern English style» bedeutet hier nicht, dass man den Rezeptionisten anrufen muss, um die Handhabung der Dusche erklärt zu bekommen. In den zwei grosszügigen «Drawing Rooms» und im Wintergarten herrscht eine gemütliche Atmosphäre, dazu lockt ein pittoresker Garten, wo im Sommer das Frühstück und der Nachmittagstee serviert werden. Das «Number Sixteen» gehört zur kleinen Firmdale-Gruppe, die auch die teureren Londoner Häuser «Charlotte Street Hotel», «Haymarket Hotel» und «Covent Garden Hotel» betreibt.

Lage ★★★★★
Relativ ruhig im Herzen von South Kensington, nahe Harrods, Victoria & Albert Museum und Natural History Museum.

Zimmer ★★★★○
41 komfortable, wohnliche, eher kleine Zimmer mit iPod-Dock, DVD-Player und kostenlosem WiFi.

Essen & Trinken ★★○○○
Library-Bar. Das Hotel hat kein Restaurant, doch werden rund um die Uhr Room-Service-Gerichte in den Zimmern, in den öffentlichen Räumen oder im Garten serviert. Zudem finden sich zahlreiche angesagte Restaurants, Cafés und Bars in naher Umgebung.

Service ★★★★○
Mit erfahrenem Blick für das Wohl anspruchsvoller Gäste geführt.

ÖV: U-Bahn-Station South Kensington. Von dort drei Gehminuten ins Hotel.

plus-minus

+ Dicht bewachsener Garten mit alten Bäumen.
– Wie in so vielen englischen Altbauten ist die Schallisolierung im Haus dürftig: Trotz ruhiger Lage kann man sich hier über laute Zimmernachbarn und/oder morgenaktives Reinigungspersonal ärgern.

LONDON

Besonders preiswert

The Hoxton

81 Great Eastern Street
T +44 20 7550 1000
www.hoxtonhotels.com
info@hoxtonhotels.com

Preise
EZ und DZ 59–199 £
inkl. Frühstück

Ambiente ★★★○○

Das East End ist Londons Meatpacking District, vibrierend wie Manhattans Lower West Side sowie mit düsteren Ecken, wo sich Jack the Ripper heimisch gefühlt hätte. Mittendrin liegt das hippe Budget-Hotel «The Hoxton» und erfreut seine vorwiegend jungen, trendbewussten Gäste mit Loftarchitektur und smart konzipierten Zimmern mit Backsteinwänden. In der grosszügigen Lobby mit gemütlichen Sesseln und Sofas um ein Gasfeuer ist meist etwas los. Das kostenlose Mini-Frühstück (Orangensaft, Joghurt und Banane) wird in einer Packpapiertüte an die Zimmertür gehängt – Kaffee und Tee kann man im Zimmer selbst zubereiten. Wer richtig frühstücken will, kann dies im Restaurant für 9 £ tun. Bemerkenswert: Pro Tag kann man von seinem Zimmertelefon aus kostenlos eine Stunde telefonieren (ausgenommen Mobiltelefonnummern). Die insbesondere an Wochenenden supergünstigen Zimmer sind oft «fully booked».

Lage ★★★★○

Im szenigen East London, dem einstigen Kleine-und-arme-Leute-Viertel, das heute die besten Bars und das lauteste Nachtleben aufweist.

Zimmer ★★○○○

205 funktionelle, kleine Zimmer mit hochwertigem Bad, Regenduschen und kostenlosem WiFi.

Essen & Trinken ★★★○○

Rund um die Uhr geöffnetes Restaurant mit Salaten, Sandwiches und einfachen Grill-Gerichten. Innenhofterrasse. Bar.

Service ★★★○○

Durchaus in Ordnung und deutlich besser, als man für den Preis erwartet.

ÖV: U-Bahn-Station Old Street. Dort «Exit 3» nehmen und die Old Street entlanggehen bis zur Abzweigung Great Eastern Street.

plus-minus

+ Für 1 £ im Designhotel übernachten? Mit etwas Glück klappt das. Wenn Sie schnell sind und im richtigen Moment auf die Homepage des Hotels klicken. Alle drei Monate vergibt das «Hoxton» 500 Zimmer zum Schnäppchenpreis – den exakten Termin finden Sie auf der Website. Aber auch sonst träumt man dort schon ab 59 £, WiFi und Frühstück inklusive.

– Schmale Doppelbetten, dünne Zimmerwände.

LONDON

Besonders preiswert

The Main House

6 Colville Road
T +44 20 72 21 96 91
www.themainhouse.co.uk
caroline@themainhouse.co.uk

Preise
EZ 60–110 £
DZ 80–130 £
Frühstück 10–15 £

Ambiente ★★★★○

Caroline Main hat in Afrika Pferde dressiert, in London mit Immobilien gehandelt und einen Nachtclub geführt. Als sie vierzig und Mutter wurde, wollte sie ein wenig zur Ruhe kommen. In Notting Hill kaufte sie ein viktorianisches Stadthaus und richtete es mit Liebe und Geschmack ein. Die drei luftigen Suiten sind in edler Schlichtheit eingerichtet: gebohnerte Holzböden, schöne Antiquitäten, grosse Spiegel, weisse Wände, weisse Bettüberwürfe. Morgens wird Kaffee oder Tee auf einem Silbertablett aufs Zimmer gebracht. Caroline könnte für die Übernachtungen locker das Doppelte verlangen – sie aber sagt: «Ich will in erster Linie nette, freundliche Gäste in meinem Haus empfangen.» Gegen eklige Menschen hat sie einen hochsensiblen Radar entwickelt: Welcher Gast «nett» ist, spürt sie normalerweise schon bei der Reservation am Telefon.

Lage ★★★★★

In einer Parallelstrasse zur Portobello Road, inmitten von Notting Hill. Boutiquen, Galerien, Restaurants, Bars und Clubs finden sich gleich um die Ecke.

Zimmer ★★★★○

3 komfortable Suiten mit DVD-Player und kostenlosem WiFi. Jede Etage bildet eine Suite mit Salon und Badezimmer. Die erste und zweite Etage sind, der viktorianischen Architektur entsprechend, am opulentesten geschnitten. Die zwei kleineren Zimmer im Dachgeschoss teilen sich ein Duschbad und werden meist an Familien oder Paare vermietet.

Essen & Trinken ○○○○○

Kein Restaurant im Haus, doch finden sich zahlreiche Lokale in unmittelbarer Umgebung.

Service ★★★★○

Caroline Main und ihrer Mitarbeiterin ist kein Aufwand zu gross, um ihre Gäste glücklich zu machen. Wäsche-Service, Schuh-Reparaturdienst, Velomiete.

ÖV: Die U-Bahn-Stationen Notting Hill Gate und Ladbroke Grove sind jeweils knapp zehn Gehminuten entfernt.

plus-minus

+ Hotelgäste profitieren von vergünstigten Eintrittspreisen im nahen «Lambton Place Health Club» mit Schwimmbad und Fitnesscenter. Auch bei «Tom's Deli» um die Ecke gibt es einen «Main House»-Rabatt.

− Es werden nur Reservationen für mehrtägige Aufenthalte angenommen.

LONDON

The Zetter

86–88 Clerkenwell Road
T +44 20 7324 4444
www.thezetter.com
reservations@thezetter.com

Preise
EZ und DZ 175–322 £
Suite 282–423 £
Frühstück 17 £

Ambiente ★★★★★
Das heutige Epizentrum des coolen London liegt im Stadtteil Clerkenwell, am deutlichsten spürbar in den Strassen um Smithfield Market, wo sich in jüngster Zeit ungezählte Architekten, Entertainment-Leute und kommerzielle Kreative niedergelassen haben – und die entsprechenden Geschäfte, Restaurants, Bars und Clubs spriessen. Die optimale Einstimmung auf Clerkenwell ist ein Zimmer im umtriebigen «The Zetter», ein zum Lifestyle-Hotel umfunktioniertes hundertjähriges Lagerhaus. Die alten Strukturen des Backsteingebäudes wurden beibehalten, die Zimmer gruppieren sich um ein fünfstöckiges Atrium mit konzentrisch aufsteigendem Treppenhaus. Für die Räume wurden Vintage-Möbel mit Young British Design gekonnt kombiniert. Anstelle von Minibars in den Zimmern finden sich auf den Korridoren Verkaufsautomaten mit Champagner, Zahnpasta, Einwegkameras, Batterien und allem, was der Mensch von heute so braucht.

Lage ★★★★☆
Am St John's Square inmitten von Clerkenwell, zwischen West End und City.

Zimmer ★★★☆☆
52 unkonventionelle, teilweise sehr kleine Zimmer und 7 Dachstudios mit Terrasse. Alle Zimmer mit kostenlosem WiFi, Stapeln von gebrauchten Penguin-Classics-Büchern auf dem Nachttisch, Regendusche im Bad und individuell wählbarer Beleuchtung von Gelb bis Violett. Warme Getränke gibt es im Korridor kostenfrei.

Essen & Trinken ★★★★☆
Schickes Bistro-Restaurant mit gut gemachter Crossover-Küche. Atrium-Bar-Lounge.

Service ★★★☆☆
Unangestrengt effizient, im Restaurant teilweise etwas hochnäsig.

ÖV: U-Bahn-Station Farringdon.

plus-minus

+ Die sieben Dachstudios mit eigenen Terrassen sind ohne Einschränkungen zu empfehlen.

− Das Hotel ist Opfer des eigenen Erfolgs und oft ausgebucht.

LUZERN

Besonders ruhig

Hermitage

Seeburgstrasse 72
T +41 41 375 81 81
www.hermitage-luzern.ch
welcome@
hermitage-luzern.ch

Preise
EZ 185–290 CHF
DZ 220–380 CHF
Suite 270–750 CHF
Frühstück 25 CHF

Ambiente ★★★○○
Die Wellen hören und in die Weite blinzeln, den Alltag abstreifen und in den Genuss eintauchen. Hat man erst einmal das nüchterne Foyer des wochentags auf Seminargäste fokussierten «Hermitage» hinter sich gelassen, dominiert das Feriengefühl in diesem fast schon kitschig schön gelegenen Vier-Sterne-Hotel mit Blick auf das Luzerner Seebecken, den Pilatus und die Zentralschweizer Alpen. Die lichtdurchfluteten Zimmer im Erweiterungsbau präsentieren sich in schlichtem Design, diejenigen im Stammhaus im traditionellen Allerweltsstil. Es gibt einen Tennisplatz und Ruderboote, eine Sauna und ein Dampfbad, zwei Restaurants und im Sommer den «Seegarten», dessen südliche Atmosphäre die Leute dazu verführt, ewig sitzen zu bleiben.

Lage ★★★★○
Ruhig in einer Gartenanlage direkt am Vierwaldstättersee und an der Stadtgrenze von Luzern. Die Strasse in Richtung Meggen verläuft hinter dem Hotel. Im Sommer besteht ein Boot-Shuttle zum KKL (Kultur- und Kongresszentrum Luzern).

Zimmer ★★★★○
48 komfortable, geräumige Zimmer, 20 Juniorsuiten und eine Suite. Kostenloses WiFi im ganzen Haus.

Essen & Trinken ★★★★○
Zwei Restaurants, das eine rustikal, das andere unkompliziert elegant. Während der Sommermonate bei schönem Wetter abends «Seegarten» mit Barbecue-Spezialitäten und grossem Salatbuffet. Lobby-Bar.

Service ★★★★○
Angenehm locker, fachlich souverän und zuvorkommend.

ÖV: Bus 24 ab Bahnhof Luzern bis Station Hermitage.

plus-minus

+ Alle Zimmer verfügen über Seeblick, keines ist kleiner als 34 Quadratmeter.

− Zur Innenstadt von Luzern sind es vier Kilometer, doch es gibt Leihvelos im Hotel und der Bus hält direkt beim «Hermitage».

LUZERN

Besonders ruhig

Montana Art Deco Hotel

Adligenswilerstrasse 2
T +41 41 419 00 00
www.hotel-montana.ch
info@hotel-montana.ch

Preise
EZ 200–375 CHF, DZ 250–560 CHF
Juniorsuite 440–785 CHF
Penthouse-Suite 520–1365 CHF
Frühstück 25 CHF

Ambiente ★★★★★
Fast ein bisschen Ferien und doch mitten in der Stadt: Vom «Montana» überblickt man das ganze Seebecken von Luzern mit dem Pilatus zur Rechten und den schneebedeckten Dreitausendern zur Linken. Der Ausblick präsentiert sich wie eine der Postkarten, die es unten in der Stadt an jedem Kiosk zu kaufen gibt. Und man kann sogar hinter die Kulissen schauen: Bei den verschiedenen Renovationen und Erweiterungen der letzten Jahre ist mächtig Staub weggepustet worden. Das 1910 erbaute Hotel präsentiert sich heute in einer leicht theatralischen Mischung von Art-déco und modernem Design. Das stimmige «Scala Restaurant» mit grosser Panoramaterrasse und die populäre «Louis Bar» sind eine Schnittstelle zwischen Luzerner Szenegängern und Hotelgästen aus aller Welt. Unlängst kamen ein kleines Spa mit Beauty- und Bodybehandlungen sowie sechs neue Penthouse-Suiten hinzu, die alle über eine eigene Dachterrasse mit Whirlpool verfügen.

Lage ★★★★★
An prächtiger Aussichtslage über Luzern. Die kostenlose Standseilbahn verbindet die Hotel-Lobby in einer Minute mit der Seepromenade.

Zimmer ★★★★★
52 heiter stimmende Zimmer, 6 Juniorsuiten, 6 Penthouse-Suiten. Kostenloses WiFi.

Essen & Trinken
★★★★★
Mediterran inspirierte Sonnenküche aus saisonalen Produkten. Rund 30 Qualitätsweine im Offenausschank. Pianobar.

Service ★★★★★
Empfang und Service sind ein reines Vergnügen – so viel charmante Zuwendung erfährt man in kaum einem anderen Hotel in Luzern.

ÖV: Vom Hauptbahnhof Bus 6 oder 8 bis Haltestelle Casino/Palace. Dort die Strasse überqueren und mit der Standseilbahn direkt ins «Montana».

plus-minus

+ Die «Louis Bar» gehört zu Luzern wie die Kapellbrücke. Der Flügel und die wechselnden Live-Bands stehen mitten im Raum, die Gäste rundherum. Hinter der Theke reihen sich 80 schottische Classic Malts.
− Nicht immer kommt man als privater Einzelgast reibungslos an den vielen Veranstaltungen im Hotel vorbei.

MADRID

De Las Letras Hotel

Gran Via 11
T +34 91 523 79 80
www.hoteldelasletras.com
info@hoteldelasletras.com

Preise
EZ und DZ 176–389 €
inkl. Frühstück

Ambiente ★★★★★
Das denkmalgeschützte Gebäude von 1917 zählt zu den schönsten an der mehrspurigen Prachtstrasse Gran Via, es wurde mit grosser Sorgfalt renoviert und 2005 zum heutigen Hotel umfunktioniert. Das diskret elegante «De Las Letras» ist eine Hommage an die Literatur, mit Zitaten legendärer Schriftsteller und Dichter an den Wänden, einer ausgezeichneten Hausbibliothek und zahlreichen aktuellen Zeitungen, deren Seiten an einer schwarze Magnetwand hängen. Auf der Hotel-Website gibt es eine Rubrik «Write your poem» – dieses Gedicht wird dann auch auf der Website publiziert.

Lage ★★★○○
Zentral an der Gran Via, eine der Hauptverkehrsadern der Stadt (Lärm gehört in Madrid einfach dazu). Die wichtigsten Museen Prado, Reina Sofia und Thyssen sind bequem zu Fuss erreichbar.

Zimmer ★★★★★
108 komfortable, geschmackvoll modern eingerichtete, gut lärmisolierte Zimmer, einige mit privater Terrasse, alle mit kostenlosem WiFi. Der Gast kann unter verschiedenen Kopfkissen wählen.

Essen & Trinken ★★★★○
Schickes Restaurant mit zeitgemässer spanischer Küche. Gut besuchte Lounge-Bar. Die öffentlichen Räume des «De Las Letras Hotel» sind ein Schaufenster zur Stadt und eine Schnittstelle zur grossen, weiten Welt.

Service ★★★★○
Unverkrampft, fachlich souverän und zuvorkommend.

ÖV: U-Bahn-Station Gran Via oder Sevilla.

plus-minus

+ Traumhafte Dachterrasse im siebten Stock mit Barbetrieb. Kleines Spa mit Sauna, Dampfbad, Whirlpool und professionell durchgeführten Massagen.
− Der Preis ist heiss, aber dafür wird auch viel Stil und Service geboten.

MADRID

Me Madrid

Plaza de Santa Ana 14
T +34 91 701 60 00
www.memadrid.com
memadrid@solmelia.com

Preise
EZ und DZ 215–450 €
Suite 480–2700 €
Frühstück 25 €

Ambiente ★★★★★
Das «Me Madrid» ist einer jener kleinen Paläste, die ihre klassischen Fassaden Lügen strafen und mit ultramodernen und schicken Interieurs herausgeputzt wurden. Es ist das erste Lifestyle-Hotel der spanischen Melia-Kette, entstanden aus dem einst legendären und dann heruntergekommenen Hotel «Reina Victoria», wo früher die besten Stierkämpfer und Stammgäste wie Ernest Hemingway und Ava Gardner verkehrten. Etwas für Hotel-Fans, die gern mal etwas mehr für eine Nacht bezahlen.

Lage ★★★★★
An der belebten, authentisch schönen Plaza Santa Ana, die durch ungezählte Strassencafés und Tapas-Bars auffällt. Alle wichtigen Sehenswürdigkeiten der Stadt sind zu Fuss erreichbar.

Zimmer ★★★★○
192 komfortable, blitzsaubere Zimmer und spektakuläre Suiten mit iPod-Dock-Station, DVD-Player und kostenlosem WiFi.

Essen & Trinken ★★★○○
Überteuertes, aufgesetzt trendiges Restaurant mit spanisch-internationaler Küche. Zwei Bars. Die Penthouse-Bar wird von Rande Gerber geführt, der als «Mr. Cindy Crawford» bekannt ist.

Service ★★★○○
Routiniert freundlich, gelegentlich etwas nachlässig.

ÖV: U-Bahn-Station Sevilla.

plus-minus

+ Die Dachterrasse überrascht mit grandiosem Rundumpanorama und Penthouse-Lounge-Bar, wo am Wochenende DJs auflegen. Das Fitnessstudio ist rund um die Uhr geöffnet.
− Die Zimmer der kleinsten Kategorie blicken in einen engen Lichtschacht, der im schlimmsten Fall noch fünf, sechs Stockwerke nach oben geht.

MADRID

Besonders preiswert

Posada del Leon de Oro

Calle Cava Baja 12
T +34 91 119 14 94
www.posadadelleondeoro.com
info@posadadelleondeoro.com

Preise
EZ und DZ 99–343 €
Frühstück 12 €

Ambiente ★★★★○
Die Madrider Hotellerie setzt auf das historische Erbe. Selbst wo die Bausubstanz fehlt, trimmen die Besitzer ihre Herbergen mit schweren Möbeln, Stuck und Holztäfelung auf antik. Das im Jahr 2010 aus einem alten Gasthaus entstandene Boutiquehotel «Posada del Leon de Oro» bietet zu diesem Historizismus eine aufregende Alternative: modernes Design, bunt, schrill, exzentrisch, und trotz etwas übertriebenen innenarchitektonischen Ambitionen doch sympathisch und komfortabel. Madrid mal ganz anders! Wenige Schritte entfernt hat im Sommer 2011 das Schwesterhotel «Posada del Dragon» eröffnet.

Lage ★★★★○
Im Herzen des La-Latina-Quartiers, umgeben von Tapas-Bars und Restaurants. Wenige Gehminuten von Plaza Mayor, Puerta del Sol und Prado entfernt.

Zimmer ★★★★○
17 geräumige, sehr unterschiedlich gestylte Zimmer – teilweise mit Blick in den überdachten Innenhof, teilweise zur lauten Calle Cava Baja. Am schönsten sind die Mansardenzimmer im dritten Stock. Kostenloses WiFi im ganzen Haus.

Essen & Trinken ★★★★○
Einladendes Restaurant «Enotaberna» mit modernen Tapas-Variationen und über 300 verschiedenen spanischen Weinen. Lustvolle Menüs auch für Vegetarier und Diabetiker.

Service ★★★★○
Ungezwungen, aufmerksam, überdurchschnittlich.

ÖV: U-Bahn-Station Tirso de Molina. Von dort Richtung Puerta Cerrada bis zur Calle Cava Baja auf der linken Seite (fünf Gehminuten).

plus-minus

+ Im Keller kriegen Weinliebhaber das Augenwasser: Das Beste aus Spaniens Rebhängen ist hier kistenweise in den allerbesten Jahrgängen gestapelt.

− Die Atriumzimmer ohne Fenster nach aussen sind etwas gewöhnungsbedürftig, doch da man in Madrid ohnehin oft auf die Klimaanlage angewiesen ist, geht dies rasch vergessen.

MADRID

Puerta América

Avenida da América 41
T +34 91 744 54 00
www.hotelpuertamerica.com
hotel.puertamerica@
hoteles-silken.com

Preise
EZ und DZ 132–360 €
Suite 240–3200 €
Frühstück 20 €

Ambiente ★★★★★
Unbeschreibliche, futuristische Hotel-Jukebox. Berühmte Architekten haben kleine Kunsttempel geschaffen, jeder auf einer Etage. Ein Designknaller, der bei seiner Eröffnung 2005 höchste Aufmerksamkeit in den internationalen Medien fand. Beim Check-in kann man sich über einen Monitor vorab die Zimmer ansehen und auf virtuelle Entdeckungsreise gehen. Was vielleicht etwas frustrierend ist, wie die deutsche Wochenzeitung «Die Zeit» schreibt: «Der Gast kann sich nie ganz entspannen, denn er weiss ja immer, dass er im gleichen Augenblick elf Zwölftel des Hauses verpasst.» Gäste, die mehrere Nächte bleiben, wechseln oft jede Nacht die Etage.

Lage ★○○○○
Im Niemandsland an einer hässlichen Ausfallstrasse in Richtung Flughafen.

Zimmer ★★★★○
315 sehr unterschiedliche Zimmer und Suiten verschiedener Architekten. Jedes Stockwerk entführt in eine andere Welt. 1. Etage: Zaha Hadid. 2. Etage: Norman Foster. 3. Etage: David Chipperfield. 4. Etage: Plasma Studio. 5. Etage: Victorio & Lucchino. 6. Etage: Marc Newson. 7. Etage: Ron Arad. 8. Etage: Kathryn Findlay. 9. Etage: Richard Gluckman. 10. Etage: Arata Isozaki. 11. Etage: Javier Mariscal und Fernando Salas. 12. und 13. Etage: Jean Nouvel.

Essen & Trinken
★★★★★
Zwei vom Designer Christian Liaigre gestaltete Restaurants mit spanisch-internationaler Küche. «Marmo Bar» (Design: Marc Newson) unten, «Skynight Bar» (Jean Nouvel) auf dem Dach.

Service ★★★○○
Routiniert freundlich.

ÖV: U-Bahn-Station Cartagena.

plus-minus

+ Die strahlend weissen Zimmer von Zaha Hadid, die an nie gebaute Raumschiffmodelle aus den Siebzigerjahren erinnern, lassen die Gäste umgehend in den siebten Himmel abheben.

− Leider kann man nicht damit rechnen, dass in den Zimmern alles funktioniert. Ausserdem ist der Pool viel zu klein, zu dunkel und im Vergleich zum Rest des Hotels uninspiriert gestaltet.

MADRID

Besonders preiswert

Room Mate Alicia

Prado 2
T +34 91 389 60 95
www.room-matehotels.com
alicia@room-matehotels.com

Preise
EZ und DZ 128–160 €
Suite 163–350 €
inkl. Frühstück

Ambiente ★★★★☆

Die im Jahr 2006 von Enrique Sarasola gegründete Hotelgruppe Madrid Room Mate setzt auf Design und kosmopolitisches Lebensgefühl zum überschaubaren Preis. Vier sehr zentral gelegene Hotels gibt es bereits in Madrid, dazu Ableger in Valencia, Málaga, Barcelona und weiteren Städten. Jedes Haus trägt den Namen einer imaginären einheimischen Person, die das Hotel symbolisiert. In der spanischen Kapitale sind dies Mario, Oscar, Laura und Alicia. Die fiktive Gastgeberin Alicia (die gerade auf Reisen ist, aber die Schlüssel für den Gast an der Rezeption hinterlegt hat) ist eine weltoffene Künstlerin mit Sinn für gute Küche; zu ihren Freunden zählen die Galeristin Soledad Lorenzo, die Schauspielerin Leonor Watling und Küchenchef Sergi Arola. Alicias Domizil, das früher ein kleines Kaufhaus war, ist ein Kleinod zeitgemässen Wohlfühlens.

Lage ★★★★★

An der Plaza Santa Ana im Künstlerviertel Barrio de las Letras, wenige Schritte vom Teatro Español und wenige Gehminuten von den grossen Museen und dem Jardín Botánico.

Zimmer ★★★★☆

29 komfortable, lichtdurchflutete Zimmer und 5 Suiten mit kostenlosem WiFi. Die beiden Duplex-Zimmer 401 und 501 verfügen über jeweils eine eigene Terrasse mit Whirlpool.

Essen & Trinken ☆☆☆☆☆

Kein Restaurant im Haus, doch finden sich viele Restaurants und Bars in unmittelbarer Nähe. Frühstück gibts bis mittags.

Service ★★★★☆

Das nette Team an der rund um die Uhr besetzten Rezeption ist sehr hilfbereit bei der Organisation von Theatertickets und Restaurantreservierungen sowie bei der Empfehlung individueller Entdeckungstouren durch den Asphaltdschungel.

ÖV: U-Bahn-Station Sevilla.

plus-minus

+ Sehr gutes Preis-Leistungs-Verhältnis, superzentrale Lage.
− Dusche und Waschbereich sind offen ins Zimmer integriert. Wer gerne eine Badezimmertür hinter sich zumacht, wird sich in einem anderen Hotel wohler fühlen. Weiterer Nachteil: Die Zimmer lassen sich nachts nur wenig abdunkeln, und die Strassenbeleuchtung vor dem Haus ist taghell.

MAILAND

Besonders ruhig

Antica Locanda dei Mercanti

Via San Tomaso 6
T +39 02 805 40 80
www.locanda.it
locanda@locanda.it

Preise
EZ und DZ 205–235 €
Zimmer mit Terrasse 275 €
Suite 305 €
Frühstück 15 €

Ambiente ★★★★○
Von aussen ist die «Antica Locanda dei Mercanti» nicht als Hotel zu erkennen: Es gibt kein Aushängeschild, lediglich der Name an der Klingel weist darauf hin, dass in zwei Etagen des eleganten historischen Gebäudes Gäste beherbergt werden. In den durchwegs behaglichen Zimmern – einige davon mit sonnigen und blumigen Terrassen – fühlt man sich wie bei einem Freund zu Besuch. Man könnte fast sagen, die «Antica Locanda dei Mercanti» sei so wenig Hotel wie möglich: «It is more clubby than hotelly», schrieb ein englischer Journalist. Auch das direkt nebenan liegende «Alle Meraviglie» im selben Besitz ist sehr zu empfehlen (www.allemeraviglie.it).

Lage ★★★★★
Relativ ruhig in der Fussgängerzone im Centro Storico, fünf Gehminuten vom Duomo und der Scala entfernt.

Zimmer ★★★★○
16 sehr unterschiedliche, ausgesprochen geschmackvoll eingerichtete und makellos saubere Zimmer und Suiten, teilweise mit eigener Terrasse. Kostenloses WiFi im ganzen Haus.

Essen & Trinken ○○○○○
Kein Restaurant im Haus, es finden sich aber zahlreiche Lokale in unmittelbarer Umgebung.

Service ★★○○○
Freundlich-familiär, aber nicht immer zur Stelle wie in einem normalen Hotel.

ÖV: Ab Hauptbahnhof U-Bahn gelbe Linie bis Station Duomo, dort umsteigen in die rote Linie bis Station Cordusio.

plus-minus

+ Verhältnismässig gutes Preis-Leistungs-Verhältnis im extrem überteuerten Mailand. Überraschend gutes Frühstück – alles ist frisch und schmeckt gut.
– Die «Antica Locanda dei Mercanti» ist fast immer ausgebucht.

MAILAND

Besonders ruhig

Antica Locanda Leonardo

Corso Magenta 78
T +39 02 48 01 41 97
www.anticalocanda
leonardo.com
info@anticalocanda
leonardo.com

Preise
EZ 95–120 €; DZ 165–245 €
Dreibettzimmer 285 €
inkl. Frühstück

Ambiente ★★★○○
Weder im Trend noch von gestern: Die «Antica Locanda Leonardo», die in einem Wohnhaus des 19. Jahrhunderts untergebracht ist, steht für Charme, Stil und Beständigkeit. Die Gastgeberfamilie Frefel hat am liebsten glückliche Menschen zu Gast, und als Glücksbringer hat sich ein Aufenthalt in ihrem authentisch italienischen und unlängst renovierten Haus definitiv bewährt. Die meisten Zimmer blicken auf den ruhigen, begrünten Innenhof, wo an warmen Sommertagen auch das Frühstück und der Aperitif serviert werden.

Lage ★★★○○
Relativ ruhig am Rand des Stadtzentrums bei der Dominikanerkirche Santa Maria delle Grazie.

Zimmer ★★★○○
16 komfortable und saubere, klassisch eingerichtete Zimmer mit kostenlosem WiFi.

Essen & Trinken ○○○○○
Kein Restaurant im Haus, es finden sich aber zahlreiche Lokale in der Nähe, etwa das nette «Ristorante Grigliera» am Corso Magenta 96.

Service ★★★★○
Das Hotelteam passt sich individuell dem Pulsschlag der Gäste an.

ÖV: Vom Hauptbahnhof mit der grünen U-Bahn-Linie (Richtung Abbiategrasso) bis Station Cadorna. Von dort der Via Boccaccio bis zur Piazza Virgilio entlanggehen und rechts in die Via Caradosso abbiegen. Am Ende dieser Strasse nochmals rechts in den Corso Magenta. Das Hotel befindet sich gleich nach der Piazza Santa Maria delle Grazie.

plus-minus

+ Das Hotel organisiert jederzeit (kurzfristig kaum erhältliche) Eintrittskarten zur Besichtigung von Leonardo da Vincis «Letztem Abendmahl» im benachbarten Weltkulturerbe Santa Maria delle Grazie.
− Der Frühstücksraum erinnert an einen osteuropäischen Speisesaal der Fünfzigerjahre.

MAILAND

Antica Locanda Solferino

Via Castelfidardo 2
T +39 026 57 01 29
www.anticalocanda
solferino.it
info@anticalocanda
solferino.it

Preise
EZ 140–380 €, DZ 180–480 €
inkl. Frühstück

Ambiente ★★★○○
Die legendäre Edelpension (seit 1926) liegt im Herzen des Brera-Viertels, wo sich das traditionelle Mailand mit seinen verwinkelten Gassen, kleinen Handwerksbetrieben, Tante-Emma-Läden, Kunstgalerien, Antiquariate, Modeboutiquen und blumengeschmückten Balkonen im Romeo-und-Julia-Stil am schönsten zeigt. Der Hoteleingang ist leicht zu übersehen: Man muss klingeln wie in einem Privathaus. Die reizvoll altmodischen, je nach Sichtweise auch etwas schäbigen und abgewohnten Zimmer sind überaus begehrt und insbesondere zu Messezeiten oft lange im Voraus ausgebucht. Das Frühstück wird mangels öffentlicher Räumlichkeiten im Zimmer serviert – zusammen mit der Lieblingszeitung des Gastes.

Lage ★★★★★
Inmitten des szenigen Brera-Viertels. Dom, Modedistrikt und La Scala sind zu Fuss erreichbar.

Zimmer ★★○○○
11 solide Zimmer mit Uraltmobiliar und kostenlosem WiFi.

Essen & Trinken ○○○○○
Kein Restaurant im Haus, es finden sich aber zahlreiche Lokale in unmittelbarer Umgebung.

Service ★★○○○
Ein echtes Lächeln und gute Tipps für Stadterkundungen sind hier leicht zu bekommen. Die Rezeption ist jedoch nicht immer besetzt.

ÖV: U-Bahn-Station Moscova.

plus-minus

+ Wer auf «Vintage Chic» und private italienische Gastlichkeit steht, ist hier im Paradies, für Designfreaks und Liebhaber urbaner Anonymität ist dieses historische City-Refugium jedoch die schiere Hölle.

− Manche Bäder sind so winzig, dass man sich kaum darin umdrehen kann.

MAILAND

Enterprise Hotel

Corso Sempione 91
T +39 02 31 81 81
www.enterprisehotel.com
info@enterprisehotel.com

Preise
EZ und DZ 115–808 €
Suite 159–1310 €
Frühstück 25 €

Ambiente ★★★★○
Das modern gestylte, 2003 eröffnete Businesshotel erfreut sich bei den Businessleuten zwischen 25 und 50 anhaltend grosser Beliebtheit. Die geschäftsmässige Eleganz der weitläufigen Räumlichkeiten im ehemaligen Industriegebäude wurde mit orientalisch-exotischen Design-Akzenten versehen, an den Wänden leuchten helle, warme Farben. Wochentags herrscht ein grosses Kommen und Gehen, das sich in der Lobby-Lounge genüsslich beobachten lässt. Insbesondere zur populären «Enterprise Happy Hour» jeden Donnerstagabend herrscht hier eine heimelige Internationalität.

Lage ★★○○○
Nahe dem neuen Messezentrum Pero-Rho, rund drei Kilometer ausserhalb des historischen Stadtzentrums (zwanzig Minuten mit dem Tram, das direkt beim Hotel hält).

Zimmer ★★★★○
123 komfortable, geräumige, helle Zimmer und Suiten mit Holzböden, gutem Lärmschutz und kostenlosem WiFi.

Essen & Trinken ★★★★○
Zeitgemässe mediterrane Küche im Restaurant «Sophia's» mit grossem Kamin und Sommerterrasse. Bar.

Service ★★★★○
Freundlich, aufmerksam, effizient.

ÖV: Vom Hauptbahnhof mit der grünen U-Bahn-Linie (Richtung Abbiategrasso) bis Station Cadorna, dann Tram 1 oder 19 bis Station Piazza Firenze.

plus-minus

+ Mit dem für italienische Verhältnisse sensationellen Frühstücksbuffet startet man gut in den Tag.
− Irrsinnige Preisdifferenzen zwischen normalen Tagen und Messezeiten.

MAILAND

Besonders ruhig

Palazzo delle Stelline

Corso Magenta 61
T +39 02 481 84 31
www.hotelpalazzostelline.it
info@hotelpalazzostelline.it

Preise
EZ 115–172 €
DZ 152–212 €
Suite 195–234 €
inkl. Frühstück

Ambiente ★★○○○

In Mailand gibt es nicht viele Parks und Gärten. Schon gar nicht Hotels mit Parks und Gärten. Wer nach Mailand kommt, sucht ein Hotel, von dem aus man bequem Geschäfte machen oder Geschäfte leer kaufen kann. Für die fehlenden Gärten entschädigen die Scala und ein Gebirge von Kathedrale, das Nachtleben und diverse erste Adressen für Mode, Möbeldesign und Juwelen. Umso mehr erstaunt das Drei-Sterne-Konferenzhotel «Palazzo delle Stelline», das bietet, was mitten in Mailand am meisten fehlt, nämlich reichlich Grün. Die ehemalige Klosteranlage aus dem 17. Jahrhundert gruppiert sich um einen Innenhofgarten mit Kreuzgang. Die Zimmer sind zweckmässig und hell, aber ziemlich steril, viele blicken in den Garten. Schon Leonardo da Vinci, dessen «Letztes Abendmahl» gleich gegenüber in der Dominikanerkirche Santa Maria delle Grazie zu besichtigen ist, logierte hier. Heute würde er sich jedoch wie so viele Gäste über den muffigen Service ärgern, der von allen guten Geistern der Aufmerksamkeit verlassen ist.

Lage ★★★○○

Relativ ruhig am Rand des Stadtzentrums neben der Dominikanerkirche Santa Maria delle Grazie. Rund zwanzig Gehminuten zum Brera-Viertel.

Zimmer ★★○○○

105 nüchtern gestaltete, etwas abgewohnte Zimmer und Suiten mit sehr kleinen Bädern.

Essen & Trinken ★★○○○

Restaurant «Gli Orti di Leonardo» mit italienischer Küche in historischen Gewölben. Bar.

Service ★○○○○

Unaufmerksam, unfreundlich, unflexibel. Es fühlt sich an, als sei das Hotel vom Staat geführt, mit Mitarbeitern, denen die Gäste völlig egal sind.

ÖV: Vom Hauptbahnhof mit der grünen U-Bahn-Linie (Richtung Abbiategrasso) bis Station Cadorna. Von dort der Via Boccaccio bis zur Piazza Virgilio entlanggehen und rechts in die Via Caradosso abbiegen. Am Ende dieser Strasse nochmals rechts in den Corso Magenta.

plus-minus

+ Die Zimmer zum friedlichen Innenhofgarten.
− Das 20 € teure WiFi. Man verkneift sich dann zu schauen – ob das pro Tag oder pro Stunde ist. Auch der «reduzierte Tarif» für den Parkplatz scheint mit 33 € pro Tag stolz kalkuliert.

MAILAND

Straf

Via San Raffaele 3
T +39 02 80 50 81
www.straf.it
reservations@straf.it

Preise
EZ und DZ 200–330 €
Suite 460–730 €
inkl. Frühstück

Ambiente ★★★★○
Die einen lieben es, den anderen ist es zu exzentrisch, minimalistisch und seelenlos. Das 2004 eröffnete «Straf» ist aber sicher die richtige Adresse für Designliebhaber, die auf den opulenten Stil der klassischen Mailänder Hotels, etwa des «Grand Hotel e de Milan» im gleichen Besitz, verzichten möchten. Stil des Hauses sind gebürstetes Eisen und zerkratzte Spiegel, Schiefer und rauer Beton. Dunkle Farben und knallige Avantgarde-Kunst kontrastieren mit interessanten Lichtspielen, und ein Besuch in der superschicken, abends stets sehr gut besuchten Bar ersetzt eine Woche Trendforschung.

Lage ★★★★★
Mittendrin: In einer Seitenstrasse zwischen Duomo und Galleria Vittorio Emanuele. Ein Spaziergang um Mitternacht rund ums Hotel ist Romantik pur.

Zimmer ★★★○○
61 sehr unterschiedliche, radikal schnörkellose und überraschend komfortable Zimmer und 3 Suiten mit kostenlosem WiFi. Wer Hotels gewohnt ist, in dem ein Zimmer dem anderen gleicht und man beim Betreten des Zimmers vom Fernseher begrüsst wird, wird die poetische Modernität des «Straf» vielleicht nicht mögen.

Essen & Trinken ★○○○○
Bar mit kleinen Häppchen.

Service ★★★★○
Zuvorkommend und äusserst gastorientiert.

ÖV: U-Bahn-Station Duomo. Von dort sind es wenige Schritte zum Hotel.

plus-minus

✚ Die coole Bar ist ein Hotspot der Kunst- und Modeszene.
− Man lässt sich besser nicht verführen, auf die Allmacht des Concierge hinsichtlich Eintrittskarten zur Scala zu vertrauen, sondern bucht lieber rechtzeitig von zu Hause aus.

MAILAND

Besonders ruhig
Besonders preiswert

Tara Verde

Via Delleani 22
T +39 02 365 349 59
www.taraverde.it
info@taraverde.it

Preise
EZ 100–150 €
DZ 120–160 €
inkl. Frühstück

Ambiente ★★★○○
Charmantes, geschmackvoll farbenfroh dekoriertes und mit viel Liebe und guter Laune geführtes Bed & Breakfast in einem zweihundertjährigen Haus mit hübschem Hofgarten. Jeder Gast erhält einen Hausschlüssel, sodass man sich für die Dauer seines Aufenthalts wie ein Einheimischer fühlt. Beim Zimmerpreis – 120 Euro für zwei Personen inklusive ein lukullisches Frühstück (zu Messezeiten 160 Euro) – fragen viele zweimal. Ein Geheimtipp für alle, die auf ihren Geldbeutel achten müssen und dennoch stilvoll wohnen möchten.

Lage ★★★○○
In einer ruhigen, vornehmen Wohnstrasse am westlichen Rand des Stadtzentrums. Rund zwanzig Gehminuten zum Duomo.

Zimmer ★★★○○
3 schmucke, asiatisch und indisch inspirierte, tadellos saubere Zimmer («Verde», «Lillà», «Bordeaux») mit kostenlosem WiFi.

Essen & Trinken ○○○○○
Kein Restaurant im Haus, doch finden sich diverse Restaurants und Weinbars in der Nähe (zu sehr viel günstigeren Preisen als in den Innenstadt-Lokalen).

Service ★★★★○
Sehr persönlich. Roberta, die Gastgeberin, kümmert sich nicht nur um Opernkarten, um ein verlässliches Taxi oder um das Kleid, das vor dem Theater noch gebügelt werden muss, sie liefert auch gute Tipps für Museen, Märkte, Cafés und Restaurants. Die Rezeption ist täglich von frühmorgens bis abends um 21.30 Uhr besetzt.

ÖV: U-Bahn-Station De Angeli. Tram-Station Faruffini Correggio.

plus-minus

+ Ruhiger kann man im Stadtzentrum von Milano kaum wohnen.

– Die Zimmer sind etwas ringhörig. Je nach B&B-Mitbewohnern und deren Lebenswandel kann das nerven.

MOSKAU

Mamaison All-Suites Spa Hotel Pokrovka

40/2 Pokrovka
T +7 495 229 57 57
www.mamaison.com
reservation.pokrovka@mamaison.com

Preise
Juniorsuite 6300–13 000 RUB
Suite 8200–72 000 RUB
Frühstück: 1380 RUB

Ambiente ★★★○○
Die Hotelgruppe Mamaison, die auch Häuser in Prag, Budapest, Warschau und weiteren Ostmetropolen betreibt, hat mit dem «Pokrovka» das erste All-Suite-Hotel Moskaus eröffnet, mit riesigen Zimmern, die eher Apartments gleichen, weitläufigen öffentlichen Räumen und gut geführtem Spa, das sich auch bei auswärtigen Gästen grosser Beliebtheit erfreut. Mit den britischen Designern Jestico + Whiles setzt das Haus auf importierten Glamour aus dem Westen, hier und da kippt der Stilmix jedoch gar. Und die glitzernd-pompösen Suiten (teilweise mit Badewanne direkt neben dem Bett) würden auch einem Edelbordell gut anstehen. Die für Moskauer Verhältnisse moderaten Preise – zumindest in der Kategorie der Juniorsuiten – machen das Hotel zu einer beliebten Adresse auch bei länger absteigenden Businessnomaden, die hier ein temporäres Zuhause fern der Heimat finden.

Lage ★★★○○
Im östlichen Teil des Stadtzentrums bei den Sauberen Teichen, zwischen dem Sadowoje-Ring und dem Bulwarnoje-Ring. In Fussgängerdistanz zu den meisten Moskauer Sehenswürdigkeiten, zwanzig Gehminuten zum Roten Platz.

Zimmer ★★★★★
84 luxuriöse, etwas ringhörige Juniorsuiten zwischen 35 und 213 Quadratmetern Grösse. Alle mit Holzböden, DVD-Player, Kitchenette und Kaffeemaschine. Kostenloses WiFi im ganzen Haus.

Essen & Trinken ★★★○○
Rund um die Uhr geöffnetes Restaurant «Numbers» mit ordentlicher Allerweltsküche. Bar.

Service ★★★○○
Routiniert freundlich. Wie so oft in Russland, kann man sich hier nicht auf Basis-Dienstleistungen wie einen zuverlässigen Weckdienst oder einen pünktlich erscheinenden Chauffeur verlassen. Mal klappts, mal nicht.

ÖV: U-Bahn-Station Kurskaya. Von dort zehn Gehminuten zum Hotel.

plus-minus

+ Spa mit Fitnesscenter, kleinem Hallenbad, Sauna, russischer Banja, Dampfbad sowie europäischen und fernöstlichen Körper- und Beautybehandlungen.
− Von aussen lädt das Gebäude im Siebzigerjahrestil nicht zum Bleiben ein.

MOSKAU

National

15/1 Mokhovaya
T +7 495 258 70 00
www.national.ru
hotel@national.ru

Preise
EZ 7225–12 075 RUB
DZ 10 820–19 720 RUB
Suite 19 900–81 900 RUB
inkl. Frühstück

Ambiente ★★★★★
Die architektonisch und historisch bedeutsamen Hotels aus der Sowjetzeit wurden fast alle geschlossen oder umfunktioniert – zu den Ausnahmen zählen das «National» und das gegenüberliegende «Metropol». Die Zimmerpreise im «National» mögen den Rahmen dieses Führers sprengen, doch wochenends und für Frühbucher gelten oft tiefere Tarife – und unter den Moskauer Luxusabsteigen ist dies mit Sicherheit diejenige mit dem besten Gegenwert. 1903 vom russischen Architekten Alexander Ivanov im Art-Nouveau-Stil erbaut und 1995 komplett renoviert, bietet das Haus imposante Treppenhäuser, angenehme Zimmer im traditionellen russischen Stil und ein kleines Spa mit Hallenbad, Whirlpool, Sauna und Fitnessraum. Wer einmal in einem Zimmer übernachten möchte, in dem auch schon Lenin logierte, bucht Zimmer Nummer 101 oder 115 – Letzteres mit bemalten Decken und Klavier.

Lage ★★★★★
An der Kreuzung der Strassen Mokhovaya und Tverskaya gegenüber dem Kreml und in unmittelbarer Nähe zur Basilius-Kathedrale mit ihren Zwiebeltürmen.

Zimmer ★★★★☆
205 komfortable, üppig dekorierte Zimmer und 56 Suiten mit kostenlosem WiFi.

Essen & Trinken
★★★★☆
Restaurant mit authentischer russischer Küche und internationalen Klassikern, Ausblick auf den Kreml und Live-Klaviermusik. Wintergarten-Bar.

Service ★★★☆☆
Korrekt.

ÖV: U-Bahn-Stationen Okhotny Ryad. Von dort wenige Schritte zum Hotel.

plus-minus

✚ Rund fünfzig Zimmer blicken auf den Roten Platz, was insbesondere abends sehr beeindruckend ist. Zentraler kann man in Moskau kaum absteigen.
− Die Einzelzimmer der untersten Kategorie sind für ein Luxushaus sehr klein.

MÜNCHEN

Anna Hotel

Schützenstrasse 1
T +49 89 599 940
www.annahotel.de
info@annahotel.de

Preise
EZ 160–255 €
DZ 195–380 €
inkl. Frühstück

Ambiente ★★★★○
«Design ist Kunst, die sich nützlich macht», zitiert die Homepage des Hotels ein Plakat der Neuen Sammlung München. Im «Anna» kann man darin wohnen, essen und schlafen. Es besticht mit unaufgeregt klarer Formensprache und klug eingesetztem Licht und wendet sich an ein junges internationales Publikum. Die Zimmer sind überaus komfortabel und angenehm, besonders empfehlenswert sind die vier Turmzimmer, die den etwas veralteten Grandhotels der Stadt alle Ehre machen würden und mit schönen Stadtpanoramen überraschen.

Lage ★★★★○
Direkt am Stachus und damit nahe zu fast allem und jedem in München. 500 Meter zum Hauptbahnhof.

Zimmer ★★★★★
73 komfortable, lärmisolierte und durchwegs geräumige Zimmer mit kostenlosem WiFi. Alle Badezimmer mit Regendusche und Tageslicht.

Essen & Trinken ★★○○
Restaurant mit gut gemachter internationaler Küche (Spezialität: Sushi) und grosser Terrasse. Bar.

Service ★★★★○
Freundlich und professionell.

ÖV: U-Bahn und S-Bahn-Station Karlsplatz (Stachus). Dort Ausgang Bayerstrasse/Schützenstrasse/Hauptbahnhof – das Hotel liegt direkt beim Ausgang.

plus-minus

✚ Freie Benützung des Wellness- und Fitnessbereichs im benachbarten Schwesterhotel «Königshof».
− Je nach Saison wird das Hotel zunehmend mit Reisegruppen aufgefüllt.

MÜNCHEN

Cortiina

Ledererstrasse 8
T +49 89 242 24 90
www.cortiina.com
info@cortiina.com

Preise
EZ 165–270 €
DZ 225–390 €
Suite 275–465 €
Frühstück 19 €

Ambiente ★★★★★
«Casual Chic» beschreibt wohl am besten den Stil dieses Hauses. In der Lobby-Lounge versorgen italienische Models ihren Nachwuchs mit Ketchup-Pommes, einheimische Manager analysieren Münchens Immobilienmarkt, Touristen studieren Reiseführer, Freundinnen verschnaufen vom Einkaufsbummel und Medienmenschen diskutieren mit einer amerikanischen Schauspielerin beim Nachmittagstee den aktuellen Film. So bunt wie München ist auch die Gesellschaft, die sich da täglich im «Cortiina» trifft. Es ist eines dieser undogmatisch minimalistischen Boutique-Hotels, die einen nicht zu angestrengt mit ihrem Design anschreien und die einen nicht mit der Veröffentlichung ihrer Gästelisten behelligen, auch wenn sie damit angeben könnten.

Lage ★★★★○
Im historischen Stadtkern zwischen Viktualienmarkt, Marienplatz und Maximilianstrasse. Die Gegend zeigt viel rotes Licht und ist für Ruhesuchende weniger geeignet.

Zimmer ★★★○○
53 komfortable, geradlinig gestylte, eher kleine Zimmer und Suiten mit guten Betten, iPod-Dock, kostenlosem WiFi und DVD-Player (kostenlose DVDs an der Rezeption). Die 16 Zimmer zum Innenhof sind die beliebtesten.

Essen & Trinken ★★★○○
Lobby-Lounge. Immer wenn man es braucht, brennt ein Feuer im Kamin, die Drinks und kleinen Häppchen sind tadellos. Zahlreiche Restaurants in der Nähe. Hochfrequentierte, zum Hotel gehörende «Bar Centrale» auf der gegenüberliegenden Strassenseite.

Service ★★★★○
Das Personal ist zum Verlieben nett, aber bei vollem Haus hin und wieder überfordert.

ÖV: S-Bahn-Station Marienplatz oder Isartor. Von beiden Stationen ist das Hotel drei Gehminuten entfernt.

plus-minus

+ Die Lobby-Lounge ist der ideale Ort, um andere zu beobachten, ohne selbst auffallen zu müssen.
− Wenn es ums Übernachten geht, ist München ein ganz schön teures Pflaster. Das ist leider auch im «Cortiina» so, insbesondere zu Messe- und Oktoberfestzeiten.

MÜNCHEN

Besonders preiswert

H'Otello Advokat B'01

Baaderstrasse 1
T +49 89 216 310
www.hotello.de
reservierung@hotello.de

Preise
EZ und DZ 115–220 €
Apartment 144–234 €
inkl. Frühstück

Ambiente ★★★★○
«Die Inneneinrichtung sieht aus, als ob Philippe Starck in die Ikea shoppen gegangen wäre», befand das amerikanische Reisemagazin «Travel & Leisure». Damit meinte es, dass die ursprünglichen Betreiber Kevin Voigt und Thomas Masermann mit relativ bescheidenen Mitteln ein höchst amüsantes Hotel schufen. Die beiden funktionierten ein banales Bürohaus aus den Sechzigerjahren, das früher der Nahrungsmittelfirma Pfanni gehörte, in eine Drehscheibe der Mode-, Medien- und Filmwelt um – und trugen dazu bei, dass sich das Gärtnerplatzviertel zu einem Epizentrum des Münchner Szenelebens entwickeln konnte. Das «Advokat» unterscheidet sich von anderen hippen Hotels durch die Liebe zum Detail: Neben dem Bett liegen zwei Bücher, auf dem Kopfkissen lacht ein roter Apfel, im Edelstahlrahmen auf dem Schreibtisch steckt eine Schwarz-Weiss-Postkarte, die täglich ausgetauscht wird. Unlängst hat die H'Otello-Gruppe das Hotel übernommen – es bleibt zu hoffen, dass das gewisse freche Etwas erhalten bleibt und nicht der Buchhalter und der Controller die Oberhand gewinnen, wie das in vielen Hotelketten der Fall ist.

Lage ★★★★○
Im angesagten Gärtnerplatzviertel, Shopping und Nightlife also in unmittelbarer Nähe. Fünf Gehminuten zum Viktualienmarkt. Öffentliches Parkhaus schräg gegenüber.

Zimmer ★★○○○
49 kleine Zimmer in puristischem Retro-Design, teilweise mit Balkon. 1 Familien-Apartment mit drei Zimmern in der obersten Etage. Kostenloses WiFi in den öffentlichen Bereichen.

Essen & Trinken ○○○○○
Kein Restaurant im Haus, doch finden sich zahlreiche Restaurants und Bars in der Nähe.

Service ★★★○○
Korrekt.

ÖV: S-Bahn-Station Isartor. Von dort wenige Schritte bis zum Hotel.

plus-minus

+ Grossartiges Frühstücksbuffet mit einer schönen Auswahl an Gesundem und weniger Gesundem.

− Teilweise winzige Bäder. Dünne Zimmerwände. Die Zimmer nach vorne zur Strasse (Tram!) sind laut, nach hinten ist es ruhig.

MÜNCHEN

Besonders ruhig
Besonders preiswert

La Maison

Occamstrasse 24
T +49 89 33 03 55 50
www.hotel-la-maison.com
info@hotel-la-maison.com

Preise
EZ und DZ 109–259 €
DZ 119–299 €
Frühstück 14 €

Ambiente ★★★★○
Tapetenwechsel, Arbeitseifer, die grosse Liebe – welche Leidenschaft Sie auch nach München bringt: im «La Maison» können Sie verweilen. So lange, bis es Sie an einen anderen Ort zieht ... Das «La Maison» ist ein cooles, aber nie kühl wirkendes Wohlfühlhotel für Individualisten, in dem man staunend lernen kann, was ein gutes, glückliches Hotelteam ausmacht. Es gibt nicht vor, mehr zu sein, als es ist – und verblüfft trotzdem oder vielleicht gerade deshalb. Die Bar-Lounge ist auch bei einheimischen Szeneleuten sehr beliebt, die das Ganze mit Leben und Glanz erfüllen. «Business meets pleasure» heisst das hier.

Lage ★★★○○
Relativ ruhig im Stadtteil Schwabing, zwischen Leopoldstrasse und Englischem Garten.

Zimmer ★★★○○
31 komfortable, geschmackvoll gestaltete, eher kleine Zimmer mit kostenlosem WiFi.

Essen & Trinken ★○○○○
Bar-Lounge mit kleinen Häppchen. Zahlreiche Restaurants im wenige Schritte entfernten Alt-Schwabing mit seiner legendären Kneipenkultur.

Service ★★★★★
Sehr persönlich und in seiner Art kaum zu übertreffen. Gastgeber Philipp Kretschmer und seine «Mädls» sorgen dafür, dass es an nichts für einen erfreulichen Aufenthalt fehlt.

ÖV: U-Bahn-Station Münchner Freiheit.

plus-minus

+ Beim Frühstück zeigt sich die Qualität des Personals: Wenn Gäste zeitlich auf den letzten Drücker (und eigentlich schon zu spät) kommen, wird gut gelaunt das Buffet nachgelegt und nicht der Staubsauger ausgepackt, wie das in vielen anderen Hotels der Fall ist.
– Manche Zimmer blicken auf den Sportplatz der gegenüberliegenden Schule – die Nachtruhe tangiert dies jedoch nicht.

MÜNCHEN

Louis Hotel

Viktualienmarkt 6
T +49 89 41 11 90 80
www.louis-hotel.com
contact@louis-hotel.com

Preise
EZ und DZ 195–395 €
Suite 450 €
Frühstück 20 €

Ambiente ★★★★★
Als Fremdling braucht man in der Stadt einen Platz, an dem man sich schnell wie ein Einheimischer bewegen kann. Als Münchner lechzt man nach einem Ort, an dem man sich etwas internationaler empfinden darf, als es die Stadt ansonsten zulässt – und wo interessante Leute aus aller Welt ganz von alleine vorbeikommen. Für beides ist das «Louis Hotel» gut. Rudi Kull und Albert Weinzierl, die auch das kultige Hotel «Cortiina» und fünf Restaurants in der Innenstadt betreiben, haben mit der Eröffnung dieses Lifestyle-Hotels im Herbst 2009 für einen neuen Paukenschlag in Münchens Hotelwelt gesorgt. Hier paart sich französischer Chic mit britischem Understatement, japanischer Küchenkunst und bayerischer Seele.

Lage ★★★★★
Direkt am Viktualienmarkt. Näher am Puls der Stadt zu wohnen, ist kaum möglich.

Zimmer ★★★★★
71 komfortable, hochwertig eingerichtete Zimmer, einige mit schönem Ausblick auf den Viktualienmarkt, andere mit Blick auf den ruhigen Innenhof. Alle Zimmer mit iPod-Dock, CD/DVD-Player und kostenlosem WiFi. 1 Suite («The Louis Room») mit offenem Wohnen auf 70 Quadratmetern.

Essen & Trinken
★★★★★
Restaurant «Emiko» mit exquisiter japanischer Küche. Bar.

Service ★★★★○
Von herzerfrischender Aufmerksamkeit.

ÖV: S-Bahn bis Marienplatz. Ausgang Viktualienmarkt.

plus-minus

+ Sauna- und Fitnesscenter mit Zugang zur Dachterrasse.
− Der Geräuschpegel im Restaurant ist enorm hoch. Beim Frühstück kann es ohne Weiteres mehr Hotelgäste als freie Plätze geben.

MÜNCHEN

Besonders ruhig
Besonders preiswert

Splendid-Dollmann

Thierschstrasse 49
T +49 89 23 80 80
www.hotel-splendid-dollmann.de
splendid-muc@t-online.de

Preise
EZ 130–280 €, DZ 160–330 €
Suite 190–400 €
Frühstück 15 €

Ambiente ★★★★★
Das unaufdringlich elegante Bürgerhaus aus dem 19. Jahrhundert wirkt mit seinen ausgesuchten Antiquitäten, Kunstobjekten, Ohrensesseln, alten Stichen und Gemälden wie ein dreidimensionales Stillleben, und man spürt in sämtlichen Ecken und Winkeln den Esprit der charmanten Gastgeberin Henrika Gholami. Zu den Vorzügen des «Splendid-Dollmann» gehören die romantische Hofterrasse und das für Münchner Verhältnisse gute Preis-Leistungs-Verhältnis. Ein Geheimtipp, der schon lange keiner mehr ist und dennoch immer einer bleiben wird.

Lage ★★★★★
Relativ ruhig im historisch erhaltenen Stadtteil Lehel, in einer Seitenstrasse der Maximilianstrasse. Wenige Gehminuten ins Stadtzentrum.

Zimmer ★★○○○
36 angenehme, antik möblierte, etwas grossmütterliche Zimmer und Suiten mit kostenpflichtigem WiFi.

Essen & Trinken ★○○○○
Kein Restaurant im Haus, aber es finden sich zahlreiche Restaurants in der Nähe. Hotel-Lounge mit «Honesty Bar».

Service ★★★★○
Authentisch gastfreundlich und warmherzig – niemals aufgesetzt oder gleichgültig.

ÖV: U-Bahn-Station Lehel.

plus-minus

+ Die stilvolle Privathausatmosphäre beginnt bei der als Bibliothek angelegten Halle und zieht sich durchs ganze Hotel.
− Das «Splendid-Dollmann» ist nichts für Hotelketten-Freaks. Auch Fans von todschicken Designhotels machen gleich wieder kehrt.

NEAPEL

Besonders preiswert

Belle Arti

Via Santa Maria di
Costantinopoli 27
T +39 081 557 10 62
www.belleartiresort.com
info@belleartiresort.com

Preise
EZ und DZ 80–120 €
Suite 103–135 €
inkl. Frühstück

Ambiente ★★★○○
Das Edel-Bed-&-Breakfast versteckt sich im Innenhof eines Palazzo aus dem 17. Jahrhundert und erfreut mit sieben tadellos gepflegten Zimmern und Suiten mit Terracottaböden und modernem Mobiliar, teilweise mit fünf Meter hohen Freskendecken. Der Empfang ist sehr persönlich, das Frühstück wird auf dem Tablett ins Zimmer gebracht, und bei Zimmerpreisen zwischen 80 und 135 Euro lächelt man auch noch beim Bezahlen der Rechnung.

Lage ★★★★○
Im historischen Stadtzentrum zwischen Piazza Dante und Museo Archeologico Nazionale. Die wichtigsten Sehenswürdigkeiten und Einkaufsstrassen von Neapel sind bequem zu Fuss zu erreichen.

Zimmer ★★★★○
7 komfortable Zimmer und Suiten zwischen 25 und 50 Quadratmetern. Kostenloser ADSL-Anschluss.

Essen & Trinken ○○○○○
Kein Restaurant im Haus, doch finden sich zahlreiche Lokale in der Nähe.

Service ★★★★○
Ausgesprochen zuvorkommend und hilfsbereit. Die Rezeption ist rund um die Uhr besetzt.

ÖV: Vom Hauptbahnhof an der Piazza Garibaldi: U-Bahn Linie 2 (Richtung Pozzuoli) bis Station Cavour. Von dort der Beschilderung zum Museo Archeologico folgen und links in die Via Santa Maria di Costantinopoli abbiegen. Nach hundert Metern steht man vor dem Hotel.

plus-minus

+ Zentraler kann man in Neapel kaum logieren.
− Das B&B-Kleinod nennt sich neuerdings «Belle Arti Resort», was so dämlich wie irreführend ist, da es neben den sieben Zimmern keinerlei weitere Infrastruktur gibt.

NEAPEL

Besonders preiswert

Costantinopoli 104

Via Santa Maria
di Costantinopoli 104
T +39 081 557 10 35
www.costantinopoli104.it
info@costantinopoli104.it

Preise
EZ und DZ 130–210 €
Juniorsuite 180–270 €
inkl. Frühstück

Ambiente ★★★★○
Zwischen Piazza Dante und der Via Duomo schlägt das wahre Herz Italiens: Kleinwagen brettern durch enge Gassen, Wäsche spannt sich über Strassen, darunter kochen Frauen Kutteln, und überall kreischen Kinder. Hier, in der Altstadt von Neapel, lässt man sich vom italienischen Alltag einfangen, isst «la vera pizza», besucht das Geheimkabinett des Nationalmuseums oder schaut auf den Vesuv. Es tut gut, einen ruhigen Ort zu haben, an den man sich beizeiten vom neapolitanischen Dauerchaos zurückziehen kann. Das Hotel «Costantinopoli 104» (nach der gleichnamigen Strasse benannt) ist so eine Oase mit einem wunderbaren Garten, kleinem Pool und einer Villa im neoklassizistischen Stil.

Lage ★★★★○
Im historischen Stadtzentrum bei der Piazza Plebescito.

Zimmer ★★★○○
13 komfortable, klassisch italienisch eingerichtete Zimmer und 6 Juniorsuiten mit kostenlosem ADSL-Internetempfang. Kostenloses WiFi in der Lobby. Die Erdgeschosszimmer zum Garten sind etwas düster. Am schönsten sind die Erststockzimmer in der Hauptvilla.

Essen & Trinken ★○○○○
Bar. Kein Restaurant im Haus, doch finden sich zahlreiche Lokale in der Umgebung.

Service ★★★○○
Freundlich und hilfsbereit.

ÖV: Vom Hauptbahnhof an der Piazza Garibaldi U-Bahn Linie 2 (Richtung Pozzuoli) bis Station Cavour. In Neapel empfiehlt sich jedoch ein Taxi. Das Hotel bietet mit Taxi-Partnerunternehmen fixe Tarife an: 10,50 € vom Hotel zum Bahnhof, 19 € zum Flughafen.

plus-minus

+ Wenn man im Liegestuhl am Pool sitzt, kann man kaum glauben, dass man sich inmitten des chaotischen Treibens von Neapel befindet.
− Auf der rückwärtigen Strassenseite ist ein Jazzclub, der bis spätnachts brummt.

NIZZA

Hi Hotel

Avenue des Fleurs 3
T +33 497 07 26 26
www.hi-hotel.net
hi@hi-hotel.net

Preise
EZ 249–469 €
DZ 269–489 €
inkl. Frühstück

Ambiente ★★★★★
Das «Hi Hotel» gibt sich urban, chic und cool – und ist doch sehr mediterran. Die beiden Besitzer Philippe Chapelet und Patrick Elouarghi haben die Avantgarde-Designerin Matali Crasset engagiert, der ehemaligen Pension aus den Dreissigerjahren einen frischen Look zu verpassen. Alles wirkt so leicht, als sei das Hotel ein Experiment und könne innert weniger Stunden wieder leergeräumt werden. In den Zimmern können die eigenwilligen Möbel je nach Bedarf kombiniert und verschoben werden. In einigen Zimmern stehen die Badewannen frei und sind vom Bett durch eine grosse Leinwand getrennt. Darauf lässt sich mit Hilfe eines Beamers fernsehen oder Videos schauen. Andere Zimmer sind ganz in Weiss gehalten, zwei haben eine eigene Terrasse mit Whirlpool. Man spürt, dass es Crasset einen Heidenspass gemacht hat, ihre Idee eines zeitgenössischen Hotels in die Realität umzusetzen. Vom Kaffeelöffel bis zur Nachttischlampe wurde fast alles von ihr gestaltet.

Lage ★★★○○
Im Stadtzentrum, 200 Meter von der Promenade des Anglais entfernt.

Zimmer ★★★★○
38 originelle, bereits etwas abgewohnte Zimmer mit 9 unterschiedlichen Einrichtungskonzepten. Kostenloses WiFi im ganzen Haus.

Essen & Trinken ★★○○○
Restaurant «Cantine bio» (Selbstbedienung) mit einfachen Gerichten aus Bio-Produkten und Sushi. Roter Thunfisch wird prinzipiell nicht angeboten. Zu den Lokalen rund um den pulsierenden Cours Saleya sind es wenige Schritte. Bar.

Service ★★★○○
Locker und freundlich.

ÖV: Kein Bus vom Bahnhof. 15 Minuten zu Fuss oder 5 Minuten mit dem Taxi. Die Avenue des Fleurs liegt nordwestlich der Fussgängerzone in der Verlängerung des Boulevard Victor Hugo.

plus-minus

✚ Wunderbare Dachterrasse mit kleinem Pool und Liegestühlen – abends mit Barbetrieb und DJ. Eigener Beach-Club mit bedientem Privatstrand (vier Gehminuten vom Hotel entfernt).
− In der Zimmerkategorie «Monospace» stehen Dusche und Toilette offen im Raum.

NIZZA

Besonders preiswert

Hôtel Suisse

Quai Raubà Capeù 15
T +33 492 17 39 00
www.hotel-nice-suisse.com
hotel.suisse@
hotels-ocre-azur.com

Preise
EZ 73–105 €, DZ 99–209 €
Suite 235–375 €
Frühstück 15 €

Ambiente ★★★○○
Wie in den Ferien und doch mitten in der Stadt: Vom schlichten Drei-Sterne-Hotel «Suisse» überblickt man die Promenade des Anglais und die ganze Baie des Anges, die Bucht von Nizza. Beim Ankommen atmet man erst einmal tief durch. Der Ausblick präsentiert sich wie eine der Postkarten, die es in den Souvenirshops in der Altstadt zu kaufen gibt. Im Inneren gilt die Devise «weniger ist mehr» – übrigens auch für die Preise: Das Preis-Leistungs-Verhältnis ist hervorragend.

Lage ★★★★○
An phänomenaler Aussichtslage an der (rund um die Uhr stark befahrenen) Küstenstrasse auf der Landzunge zwischen Altstadt und Hafen. Drei Gehminuten zum belebten Cours Saleya mit Blumenmarkt. Der kilometerlange Sandstrand beginnt gleich unterhalb des Hotels.

Zimmer ★★★○○
41 angenehme, helle, eher kleine Zimmer, viele mit eigenem Balkon, und 1 Suite. Kostenloses WiFi im Foyer.

Essen & Trinken ★○○○○
Kleine Bar. Kein Restaurant im Haus, doch finden sich zahlreiche Lokale in unmittelbarer Nähe.

Service ★★★○○
Freundlich und hilfsbereit.

ÖV: Die öffentlichen Verkehrsmittel in Nizza sind nicht zu empfehlen: Vom Hauptbahnhof sind es fünf Minuten mit dem Taxi.

plus-minus

+ Das «Suisse» ist ein im besten Sinne «normales» Stadthotel an zentraler Panoramalage. 35 der insgesamt 42 Zimmer haben Meerblick.

– Das Frühstück ist sehr mittelmässig. Es lohnt sich, ein paar Schritte zu einem der zahlreichen Cafés in der Altstadt zu gehen.

NIZZA

Besonders preiswert

Villa de la Tour

Rue de la Tour 4
T +33 493 80 08 15
www.villa-la-tour.com
reservations@villa-la-tour.com

Preise
EZ 45–129 €, DZ 48–139 €
Dreibettzimmer 118–150 €
Frühstück 9 €

Ambiente ★★★○○
Familiäre Edelpension in den Mauern eines Klosters aus dem 18. Jahrhundert. In den Zimmern, im Frühstücksraum und auf der putzigen Mini-Dachterrasse hat man keine andere Wahl, als sich von der heiteren Gelassenheit und dem sinnlichen Charme der «Villa de la Tour» einlullen zu lassen. Die deutsche Hausherrin Barbara Kimmig, die mit einem Franzosen verheiratet ist, sorgt dafür, dass ihre Gäste in besten Händen sind.

Lage ★★★★○
In der lebhaften Fussgängerzone am Rand der malerischen Altstadt, nahe der Place Garibaldi, wenige Gehminuten zum Marktplatz Cours Saleya und zum Strand.

Zimmer ★★○○○
14 einfache, makellos saubere, sehr unterschiedlich eingerichtete Zimmer mit südfranzösischem Flair und einem Touch Ikea, die meisten mit kleinem Balkon. Kostenloses WiFi.

Essen & Trinken ○○○○○
Kein Restaurant im Haus, doch finden sich zahlreiche Lokale in unmittelbarer Nähe.

Service ★★★★○
Sehr persönlich. Gastgeberin Barbara Kimmig sorgt für genau die richtige Mischung: Wenn man sie nicht braucht, dann drängt sie sich nicht im mindesten auf; wenn man Tipps und Unterstützung sucht, hilft sie gerne weiter.

ÖV: Der Busbahnhof Gare Routière (Linienbusse für Ausflüge nach Cannes, Grasse, Menton usw.) liegt wenige Schritte vom Hotel entfernt.

plus-minus

+ Die «Villa de la Tour» ist das einzige Hotel in der Altstadt von Nizza.
− Nicht zu viel Gepäck mitnehmen, sonst wird es rasch eng im Zimmer. Ausserdem muss man seinen Koffer selber die steile und schmale Treppe hochtragen (kein Lift).

Besonders preiswert

Windsor

Rue Dalpozzo 11
T +33 4 93 88 59 35
www.hotelwindsornice.com
contact@hotelwindsornice.com

Preise
EZ und DZ 98–185 €
Frühstück 12 €

Ambiente ★★★★★

Das «Windsor» gibt dem abgewetzten Sprachklischee der «Oase im Grossstadtlärm» seine Frische zurück. Das historische Stadthaus verfügt über einen bezaubernden Garten, in dem riesige Palmen Schatten spenden und tausend Vögel zwitschern. Auch im Innern ist das «Windsor» ein besonderer Farbtupfer in Nizzas Hotellandschaft. Das Interieur spiegelt den Geschmack der Besitzerfamilie Redolfi (seit 1942), die eine Liebe zu moderner Kunst und asiatischem Ethno-Kunsthandwerk hat. Anders als in anderen Hotels, die ein durchgängiges Design verpasst bekommen haben, gibt es hier keine zwei gleichen Zimmer, und man wird auch nirgends ein identisches Einrichtungskonzept finden. Es finden regelmässig Kunstausstellungen im Haus und Galerienführungen durch Nizza statt. Und einen kleinen Wellnessbereich mit Sauna, Dampfbad und Fitnessraum gibt es auch; auf Wunsch werden zwei- oder vierhändige Massagen angeboten. Eine sehr spezielle Adresse für Menschen mit einem Gefühl für das Besondere.

Lage ★★★○○

Im Stadtzentrum, wenige Gehminuten von der Fussgängerzone und der Promenade des Anglais entfernt.

Zimmer ★★○○○

57 sehr unterschiedliche, einfache Zimmer in drei Kategorien: «Chambres d'artistes» (von Künstlern gestaltet), «Chambres avec fresques» (mit Wandgemälde) und «Chambres posters» (mit markantem Plakat). Kostenloses WiFi im ganzen Haus.

Essen & Trinken ★★★○○

Restaurant mit klassischer südfranzösischer Sonnenküche und hübscher Gartenterrasse. Bar-Lounge.

Service ★★★○○

Die Gäste sollen sich wie zu Besuch bei Freunden fühlen. Dafür akzeptieren sie, dass nicht immer alles perfekt funktioniert.

ÖV: Knappe zehn Gehminuten vom Bahnhof: Geradeaus entlang der Rue Auber, dann den Boulevard Victor Hugo überqueren und in die Rue Dalpozzo. Das Hotel liegt an der Ecke Rue Dalpozzo und Rue Maréchal Joffre.

---

plus-minus

+ Paradiesischer Garten mit üppiger Vegetation und verträumtem kleinem Freibad.
− Die Zimmer sind sehr hellhörig.

PALMA DE MALLORCA

Besonders preiswert

Born

Calle Sant Jaume 3
T +34 971 71 29 42
www.hotelborn.com
infoborn@hotelborn.com

Preise
EZ 60–85 €
DZ 80–95 €
Juniorsuite 90–130 €
inkl. Frühstück

Ambiente ★★★★○
Alles wirkt so, als sei im «Palacio de los Marqueses de Ferrandell» die Zeit schon immer etwas langsamer vergangen. Die Atmosphäre ist so entspannt, dass man sich kaum wie in einem Hotel fühlt. Zwar ist die Möblierung in den Zimmern und in den öffentlichen Räumen grossmütterlich wie eh und je, und da und dort blättert der Verputz, dennoch ist dieser charaktervolle Stadtpalast aus dem 16. Jahrhundert eine Wohltat für alle, die sich an Designhotels sattgesehen haben. Am Morgen kann man sein Frühstück in aller Ruhe unter einer Palme im zauberhaften Innenhof geniessen, bevor man sich vielleicht einen Spaziergang durch die umliegende Altstadt genehmigt.

Lage ★★★★★
Kaum zu übertreffen, in einer verhältnismässig ruhigen Gasse inmitten in der Altstadt.

Zimmer ★○○○○
36 sehr einfache Zimmer. Die besten Zimmer liegen zum Innenhof. Wer die einfachste Kategorie bucht, sei vor einer Art Abstellraum gewarnt. Kostenloses WiFi in den öffentlichen Bereichen.

Essen & Trinken ○○○○○
Kein Restaurant im Haus, doch befinden sich zahlreiche Restaurants und Bars in unmittelbarer Nähe. Reichhaltiges Frühstück (an warmen Tagen im Innenhof).

Service ★★○○○
Familiär, tendenziell etwas gar behäbig. Es wird einem keinerlei Hilfe angeboten, wenn man etwa den Koffer in die dritte Etage schleppen muss.

ÖV: Bus-Station Plaça Joan Carles.

plus-minus

+ Architektonisch beeindruckende Eingangshalle mit herrschaftlicher Treppe, wunderbarer Innenhof mit ursprünglichem mallorquinischen Charme.
− Extrem ringhörige Zimmer. Man bekommt jedes Geräusch aus den angrenzenden Zimmern mit. Und die unbequemen Matratzen stammen definitiv aus einem früheren Jahrhundert.

PALMA DE MALLORCA

Besonders ruhig

Convent de la Missio

Carrer de la Missio 7A
T +34 971 227 347
www.conventdelamissio.com
hotel@conventdelamissio.com

Preise
EZ und DZ 180–230 €
Suite 245–285 €
inkl. Frühstück

Ambiente ★★★★☆
Harmonie und dezente Eleganz prägen das Ambiente in diesem ehemaligen Kloster aus dem 17. Jahrhundert. Dem einheimischen Architekten Toni Esteva, der auch mallorquinische Ferienhotels wie das «Can Simoneta» oder das «Son Gener» mit aussergewöhnlicher Stilsicherheit gestaltet hat, ist es gelungen, alles einst Schwere und Rustikale des robusten, schnörkellosen Gebäudes durch mediterrane Leichtigkeit und minimalistisches Dekor in Weiss- und Ockertönen zu ersetzen. Das Restaurant «Simply Fosh» zählt zu den gastronomischen Geheimtipps der Stadt. Die Kamin-Lounge und das kleine Spa mit Sauna, Whirlpool und professionell durchgeführten Massagen laden zum Entspannen ein.

Lage ★★★★☆
Ruhig inmitten der Altstadt, wenige Gehminuten zu den wichtigsten Einkaufsstrassen und Sehenswürdigkeiten. Das Hotel hat eine eigene Parkgarage (eine Rarität im Zentrum von Palma).

Zimmer ★★★★★
7 komfortable, puristisch eingerichtete und doch behagliche Zimmer, 4 Juniorsuiten und 3 Suiten. Die dominierende Farbe ist Weiss. Kostenloses WiFi im ganzen Haus.

Essen & Trinken
★★★★★
Der mehrfach ausgezeichnete englische Küchenchef Marc Fosh sorgt für eine begeisternde mediterrane Marktküche zu erschwinglichen Preisen. Hübsche Restaurantterrasse, Bar, gutes Frühstück.

Service ★★★★☆
Sehr persönlich und unaufdringlich zuvorkommend.

ÖV: Bus-Station Plaza Mayor.

plus-minus

+ Kunstgalerie mit wechselnden Ausstellungen zeitgenössischer Künstler im ehemaligen Refektorium.
− Die unmittelbare Umgebung des Hotels ist etwas düster und heruntergekommen.

PALMA DE MALLORCA

Portixol

Calle Sirena 27
T +34 971 27 18 00
www.portixol.com
hotel@portixol.com

Preise
EZ 130–345 €
DZ 145–420 €
inkl. Frühstück

Ambiente ★★★★★
Das «Portixol» ist anders als alle anderen Hotels auf Mallorca, frischer, cooler, aufregender – und bei aller skandinavisch geprägten Modernität vielleicht nicht jedermanns Sache. Doch der hohe Qualitätsanspruch des schwedischen Besitzerpaars Mikael und Johana Landström beeindrucken allemal. Das 1999 eröffnete Haus präsentiert sich innen und aussen in Weiss, akzentuiert durch Blautöne und helles Holz. Es gibt ein hübsches Freibad mit Sonnenterrasse, ein angesagtes Restaurant mit Lounge-Bar und ein kleines Spa mit Sauna, Fitnessraum und zahlreichen Body- und Beautybehandlungen. Eine überzeugende Adresse mit einer liebevollen Hinwendung zum Detail, vielen strahlenden Gesichtern und (trotz stolzer Tarife zu sommerlichen Hauptsaisonzeiten) einem exzellenten Verhältnis des Preises zur Leistung.

Lage ★★★★☆
In einem kleinen Hafen am östlichen Ortsrand von Palma, mit fantastischem Blick auf die Bucht von Palma und das alte Stadtzentrum. 200 Meter zum nächsten Strand.

Zimmer ★★★★☆
24 helle Zimmer, wahlweise mit Blick auf den Hafen, aufs Meer oder auf die Strasse. Manche Zimmer mit Terrasse, alle mit iPod-Dock, CD- und DVD-Player und kostenlosem WiFi.

Essen & Trinken
★★★★★
Trendbewusste mediterrane Marktküche. Zur Einstimmung kommt frisches, hausgebackenes Brot mit Olivenpaste auf den Tisch.

Service ★★★★★
Lässig, aber nicht nachlässig, persönlich und mit Persönlichkeit. Die vorwiegend skandinavische Hotelcrew ist mit Herz und Seele um das Wohl der Gäste besorgt.

ÖV: Von der Kathedrale Bus 15 bis Station Portixol Porto. Von der Plaza España Bus 30 bis Station Portixol Porto.

plus-minus

+ Das Hotel-Bijou zieht eine bunt gemischte Gästeschar mit vielen Nationalitäten, aus unterschiedlichen Berufen und Altersgruppen an.
− Zwei Kilometer bis ins Stadtzentrum, doch die Uferpromenade vom «Portixol» bis zur «Kathedrale» weckt Feriengefühle und Leihfahrräder stehen kostenlos im Hotel bereit.

PALMA DE MALLORCA

Tres

Calle Apuntadores 3
T +34 971 717 333
www.hoteltres.com
reservation@hoteltres.com

Preise
EZ und DZ 155–265 €
Suite 265–495 €
inkl. Frühstück

Ambiente ★★★○○
Zwei Gebäude – eines aus dem 16. Jahrhundert und eines aus den 1950er-Jahren – wurden 2004 zu einem stimmigen Ganzen mit elegant minimalistischem Touch zusammengefügt. Jetsetter und junge Kosmopoliten werden vom «Tres» magisch angezogen, entsprechend trendy ist das Lebensgefühl in den öffentlichen Räumen, zu denen ein Innenhof mit Lounge-Bar und eine hübsche Dachterrasse mit kleinem Pool, Sonnendeck und Panoramablick über das Häuser- und Mittelmeer gehören.

Lage ★★★★○
Im Gassengewirr des quirligen Lonja-Viertel inmitten der Altstadt von Palma.

Zimmer ★★★○○
38 schlicht-modern gestaltete, teilweise bereits renovationsbedürftige Zimmer und 3 geräumige Suiten, teilweise mit Balkon, alle mit künstlerischen Aktfotos und kostenlosem WiFi.

Essen & Trinken ★○○○○
Lounge-Bar mit kleinen Snacks und grosser Weinauswahl. Zahlreiche Restaurants und Bars in unmittelbarer Umgebung.

Service ★★★○○
Beautiful People auch im Service, der gar nicht so schlecht wie sein Ruf ist.

ÖV: Bus-Station Plaça de la Reina.

plus-minus

+ Die Sauna befindet sich nicht im Keller, sondern auf der Dachterrasse mit Blick auf die Kathedrale.
– Die Wände der Zimmer sind dünn – man kriegt so einiges aus dem Privatleben der Zimmernachbarn mit. Und die Zimmer nach hinten sind nur scheinbar ruhig gelegen – tatsächlich blicken sie auf den zauberhaften Innenhofgarten des legendären Restaurants «Abacco», der im Sommer kaum vor 2 Uhr nachts schliesst.

PARIS

Besonders ruhig
Besonders preiswert

Arvor Saint-Georges

8 rue Laferrière
T +33 1 48 78 60 92
www.arvor-hotel-paris.com
info@arvor-hotel-paris.com

Preise
DZ 120–170 €
Suite 170–190 €
Frühstück 11 €

Ambiente ★★★★○
«Die fabelhafte Welt der Amélie» zeigte das Lebensgefühl einer neuen Pariser Generation. Flaniert man durch das leicht anrüchige, künstlerisch angehauchte und enorm trendige SoPi-Viertel (South of Pigalle) unterhalb des Hügels von Montmartre, taucht man in diese lebensfrohe Welt ein – fast möchte man meinen, die Dreharbeiten zum Film seien nie beendet worden. Mitten in diesem quirligen Geschehen und doch in einer kleinen, verhältnismässig ruhigen Einbahnstrasse hat Nadine Flammarion im Jahr 2007 aus einem zuvor banalen Hotel ein Refugium geschaffen, das anspruchsvolle Gäste mit kleinem Budget anzieht. Der hübsche Wohnsalon mit Bar, Bibliothek und frischen Blumen schmeichelt dem Besucher mit seiner Ästhetik. Viele Zimmer blicken auf die Dächerlandschaft des 9. und 18. Arrondissements, teilweise auch auf den Eiffelturm. Sehr empfehlenswert.

Lage ★★★★○
Nahe der Place Saint-Georges im südlichen Pigalle-Viertel. 15 Gehminuten zum Montmartre.

Zimmer ★★○○○
30 charmante Zimmer, geschmackvoll schlicht eingerichtet und stets mit einem schönen antiquarischen Möbelstück ausgestattet. Kostenloses WiFi im ganzen Hotel.

Essen & Trinken ★○○○○
Bar für Hausgäste. Kein Restaurant im Haus, doch finden sich zahlreiche Lokale in der nahen Umgebung.

Service ★★★★○
Sehr persönlich und hilfsbereit. Madame Flammarion wacht aufmerksam über das Geschehen im Haus. Mit weniger, als immer alles und immer ihr Bestes geben zu wollen, gibt sie sich nicht zufrieden.

ÖV: Metro-Station Saint-Georges um die Ecke.

plus-minus

+ Man kann bei offenen Fenstern schlafen.
− Wie fast immer in Pariser Drei-Sterne-Hotels: mehrheitlich sehr kleine Zimmer und Bäder. Die geräumigsten sind die Nummern 301, 302, 401, 402 und die beiden Suiten.

PARIS

Besonders preiswert

Caron de Beaumarchais

12 Rue Vieille-du-Temple
T +33 1 42 72 34 12
www.caronde
beaumarchais.com
hotel@caronde
beaumarchais.com

Preise
EZ und DZ 145–185 €
Frühstück 13 €

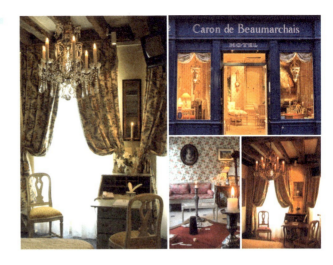

Ambiente ★★★★★
Wenn Sie beim Vorbeigehen zufällig gerade blinzeln müssen, dann werden Sie es übersehen. Denn das «Caron de Beaumarchais» fügt sich von aussen nahtlos in die umliegenden Bürgerhäuser des quirligen Marais-Quartiers ein. Wer am Eingangsschaufenster vorbeispaziert, denkt, es wäre ein kleines Geschäft für Antiquitäten oder Innendekoration. Das diskrete Auftreten passt zum kultivierten Lebensstil, den das Haus und dessen Besitzerfamilie verkörpert. Ein Cembalo aus dem Jahr 1792, ein antiker Kartenspieltisch, ein Marmorkamin, verschnörkelte Kerzenständer, Spiegel und Pendulen, Stoffe nach historischen Mustern sowie Möbel und Ölgemälde im Louis-XVI-Stil erzeugen die Atmosphäre eines privaten Pariser Stadthauses aus dem 18. Jahrhundert. Das Hotel ist eine Hommage an den Uhrmacher, Aristokraten und Theaterschriftsteller Beaumarchais («Die Hochzeit des Figaro»), der in der Nachbarschaft gewohnt hatte. Keine zwei Zimmer sind gleich, die Liebe zum Detail ist enorm, und ständig wird weiter verfeinert. Insgesamt eine Adresse, die man geheim halten möchte – und ein Magnet für Menschen, die leise, feine Eleganz zu schätzen wissen.

Lage ★★★★○
Zentral im Herzen des Marais-Quartiers. Wenige Gehminuten zur Place des Vosges, zum Picasso-Museum oder zum Carnavalet-Museum.

Zimmer ★★★○○
19 feinfühlig dekorierte, verspielt eingerichtete, kleine Zimmer mit guten Matratzen.

Essen & Trinken ○○○○○
Kein Restaurant im Haus, doch finden sich ungezählte Lokale in unmittelbarer Umgebung.

Service ★★★★○
Bei Etienne und Alain Bigeard, Vater und Sohn, ist man in guten, ja in besten Händen.

ÖV: Metro-Stationen Hôtel-de-Ville oder Saint-Paul-le-Marais.

plus-minus

+ Frühstück gibt es bis mittags.
– Die Zimmer zum Innenhof sind etwas düster und im Sommer oftmals stickig, was jedoch mit einer (lauten) Klimaanlage ausgeglichen werden kann.

Gabriel

25 rue du Grand-Prieuré
T +33 147 00 13 38
www.gabrielparismarais.com
info@gabrielparis.com

Preise
EZ und DZ 149–239 €
Frühstück 17 €

Ambiente ★★★○○
Hinter der klassischen Pariser Stadthausfassade steckt seit 2009 ein konsequent modernes, sorgfältig gestaltetes und gut geführtes Boutiquehotel mit Zen-Flair und ganzheitlicher Ausrichtung. Zum Frühstück gibt es hochwertige Bioprodukte, an der «Detox Bar» werden – neben dem klassischen Barangebot – gesundheitsfördernde, nichtalkoholische Cocktails und Teespezialitäten serviert. Im «Detox Room» kann man bei einer Körper- oder Schönheitsbehandlung entspannen oder bei einer Anti-Stress-Behandlung zu neuer Lebensbalance finden. Eine Weltneuheit, die in den meisten Zimmern zur Verfügung steht, ist das schlafbegleitende, von einem renommierten Schlafforscher entwickelte «Night-Cove»-Programm, das während der verschiedenen Schlafphasen das jeweils optimale Licht- und Sound-Ambiente verbreitet.

Lage ★★★○○
Relativ ruhig in einer Seitenstrasse nahe der Place de la République. Obschon das Hotel vorgibt, im Marais-Viertel zu liegen, befindet es sich im nördlich angrenzenden, seit einigen Jahren aufstrebenden Oberkampf-Quartier.

Zimmer ★★★○○
41 kleine, raffiniert gestaltete Designzimmer in warmen Farben, alle mit guten Betten, iPod-Docks, DVD-Player, originellen LED-Lichteffekten und kostenlosem WiFi.

Essen & Trinken ★○○○○
Bar. Kein Restaurant im Haus, doch finden sich zahlreiche Lokale in der nahen Umgebung.

Service ★★★★○
Charmant und liebenswürdig.

ÖV: Metro-Stationen République und Oberkampf.

plus-minus

+ Hochwertige Pflege- und Detox-Produkte stehen in den Badezimmern zur freien Verfügung.
– Die Zimmer der untersten Kategorie («Lone Star» und «Double Deluxe») sind mit 13 bis 15 Quadratmetern wirklich klein und mangels Ablageflächen auch eng. Selbst die Zimmer der obersten Kategorie («Glowing») sind mit 20 bis 25 Quadratmetern nicht gerade riesig, verfügen jedoch teilweise über einen kleinen Balkon.

Hidden Hotel

28 Rue de l'Arc-de-Triomphe
T +33 1 40 55 03 57
www.hidden-hotel.com
contact@hidden-hotel.com

Preise
EZ und DZ 149–429 €
Frühstück 15 €

Ambiente ★★★★○
Der Name «Hidden» kommt einerseits von der versteckten Lage hinter dem Triumphbogen – verborgen vor dem geschäftigen Treiben des Pariser Lebens, andererseits von der gleichnamigen Sportbekleidungsmarke, welche die Hoteldesigner Jamie und Diane Welstead einst begründeten. Das «Hidden» zählt zu den wenigen wirklichen Designhotels in Paris und könnte in seinem rustikalen Beach-Chic-Look auch in Kapstadt oder auf Ibiza stehen. Die Innenarchitektur setzt auf natürliche Materialien wie Stein, Leinen, unbehandeltes Holz, Glas, Eisen und Leder. Eine Spezialität sind die Matratzen aus hundert Prozent Kokosfasern – traumhaft bequem und passend zu einem verborgenen Ort wie diesem.

Lage ★★○○○
Etwas abseits im 17. Arrondissement, praktisch in der verlängerten Achse der Champs-Elysées und so versteckt, dass selbst Taxifahrer oft Anfahrtsschwierigkeiten haben.

Zimmer ★★★○○
23 komfortable, hochwertig schlicht gestaltete Zimmer mit halboffenen Bädern und kostenlosem WiFi. Einzelne Zimmer mit kleiner Terrasse.

Essen & Trinken ★○○○○
In der Bar gibt es jederzeit kleine Häppchen. Kein Restaurant im Haus, doch finden sich diverse Lokale in der Umgebung.

Service ★★★★○
Ausserordentlich freundlich und hilfsbereit.

ÖV: Metro- und RER-Station Charles-de-Gaulle-Etoile. Ausgang Avenue Carnot, dann rechts in die Rue du Général Lanrezac und links in die Rue de l'Arc de Triomphe. Das «Hidden Hotel» liegt am Ende dieser Strasse.

plus-minus

+ Leckeres Bio-Frühstück mit frischen Säften und Früchten, knusprigen Broten und Croissants, Müesli und Joghurt, hausgemachter Marmelade, geräuchertem Lachs und Trockenfleischspezialitäten – an warmen Tagen im kleinen Innenhof serviert.
− Die Lage ist gewöhnungsbedürftig – doch ist das Abseits-Gefühl mehr psychologisch: Zum oberen Ende der Champs-Elysées sind es lediglich zehn Gehminuten.

PARIS

Besonders ruhig
Besonders preiswert

Hôtel des Grandes Ecoles

75 Rue du Cardinal Lemoine
T +33 1 43 26 79 23
www.hotel-grandes-ecoles.com
hotel.grandes.ecoles@wanadoo.fr

Preise
EZ und DZ 118–145 €
Frühstück 9 €

Ambiente ★★★★○
Was dieses ländlich anmutende Drei-Sterne-Hotel ausmacht, ist gewiss nicht sein Komfort: Es gibt weder Zimmerservice noch Minibar, weder moderne Badezimmer noch Fernseher, noch Zeitungen. Dafür erwartet einen hier, unweit des Panthéon und der Sorbonne, ein Schmuckstück von einem romantischen Stadtdomizil. Die drei zwei- und dreistöckigen Gebäude aus dem 19. Jahrhundert gruppieren sich um einen lauschigen baumbestandenen Garten, der im Sommer auch als Frühstücksplatz dient. Die Zimmer sind liebenswert altmodisch und plüschig – von den meisten blickt man in den Garten. Wenn einem Agatha Christie im Korridor entgegenkäme, würde man sich kaum wundern.

Lage ★★★★○
Auf dem Sainte-Geneviève-Hügel im Quartier Latin. Ruhig.

Zimmer ★★○○○
In den 51 einfachen Zimmern wird es Laura-Ashley-Fans warm ums Herz. Blümchenmuster zieren Tapeten und Vorhänge, und auch die obligatorischen Spitzendeckchen liegen auf ihrem Platz. Kostenpflichtiges WiFi.

Essen & Trinken ○○○○○
Kein Restaurant im Haus, doch finden sich zahlreiche Lokale in der Umgebung.

Service ★★★○○
Gastgeberin Marie Simoes ist von unerschütterlicher Liebenswürdigkeit – und dies seit dreissig Jahren.

ÖV: Metro-Station Cardinal Lemoine. Von dort zwei Gehminuten zum Hotel.

plus-minus

+ Günstigere Zimmer mit so viel Charme sind im Pariser Stadtzentrum kaum zu finden.
− Die Matratzen stammen definitiv aus einem anderen Jahrhundert.

PARIS

Hôtel du Petit Moulin

29-31 Rue du Poitou
T +33 1 42 74 10 10
www.paris-hotel-petit
moulin.com
contact@hoteldupetit
moulin.com

Preise
EZ und DZ 190–350 €
Frühstück 15 €

Ambiente ★★★★★

Dass Modeschöpfer Christian Lacroix aus der prunkvollen Vergangenheit immer wieder die schönsten modernen Märchen erschafft, lässt sich in Paris nicht nur während der Mode-Défilés sehen: 2005 gestaltete der Couturier dieses kleine Hotel im Stadtteil Marais. Das Viertel hat einen besonders facettenreichen Charakter: Einst von den «Hôtel Particuliers» des Adels geprägt, später Adresse für Handwerker und Kleinbetriebe, heute Szenetreff mit Boutiquen, Galerien und Restaurants. Diesen Geist wollte Lacroix auf die Zimmer übertragen: «Meine Idee war, lauter verschiedene ‹Marais-Apartments› zu kreieren.» Seinen üppigen Muster-, Farben- und Materialmix brachte er in die Gestaltung ein. Die einstige Bäckerei, in der schon Victor Hugo sein Brot gekauft habe, beherbergt heute die Rezeption. Die angrenzende Bar, wo morgens auch das Frühstück serviert wird, erinnert mit ihren farbigen Wänden an ein Gemälde von Mondrian. Im Faubourg Saint-Germain, nahe dem Musée d'Orsay, hat Lacroix ein weiteres Hotel ausgestattet, das «Le Bellechasse», etwas teurer und ebenso empfehlenswert (www.lebellechasse.com).

Lage ★★★★☆

Mitten im lebhaften Marais-Quartier, zwischen Place de la République und Place des Vosges.

Zimmer ★★★☆☆

17 komfortable Zimmer mit kostenpflichtigem WiFi. Opulente Dekors zwischen Kitsch, Zen und Pop sowie ein Mix von Materialien und Motiven bestimmen die Inneneinrichtung. Manche Wände zieren Vergrösserungen von Lacroix' berühmten Collagen und Zeichnungen.

Essen & Trinken ★☆☆☆☆

Bar. Kein Restaurant im Haus, doch finden sich diverse Lokale in unmittelbarer Umgebung.

Service ★★★★☆

Sehr persönlich und aufmerksam.

ÖV: Metro-Station Saint-Sébastien-Froissart.

---

plus-minus

✚ Egal, ob es um einen besonderen Restauranttipp, um Theatertickets, um eine dritte Portion Kaffee zum Frühstück oder um ein Taxi geht – immer heisst die Parole des liebenswerten Hotelteams: «Pas de problème!»

− Wer hier absteigen will, muss lange im Voraus buchen.

PARIS

Le Petit Paris

214 Rue Saint-Jacques
T +33 1 53 10 29 29
www.hotelpetitparis.com
info@hotelpetitparis.com

Preise
EZ und DZ 192–320 €
Dreibettzimmer 272–340 €
Vierbettzimmer 288–360 €
Frühstück 12 €

Ambiente ★★★★★
Einst eine ziemlich heruntergekommene Quartier-Latin-Absteige (in der auch «Doors»-Sänger Jim Morrison einen drogenreichen Sommer verbrachte), strahlt das schöne Gebäude aus dem 18. Jahrhundert in frischem Glanz – und setzt dabei auf eine Reise in die Vergangenheit: Die Innenarchitektin Sybille de Margerie hat bei der Dekoration der Zimmer fünf historische Etappen der Seine-Metropole thematisiert: das mittelalterliche Paris, das Louis-XV-Paris, das Napoleon-III-Paris, das Golden-Twenties-Paris und das Pop-Seventies-Paris. Das Ganze ist romantisch und modisch zugleich: Alle Räume sind so eingerichtet, dass man ganz automatisch in die Prosa von Einrichtungsmagazinen verfällt.

Lage ★★★★◯
Zentral im Quartier Latin, zwischen Panthéon und Jardin du Luxembourg. Drei Gehminuten zur Sorbonne und zehn Gehminuten zur Notre-Dame.

Zimmer ★★★◯◯
20 komfortable, sehr unterschiedlich gestaltete, kleine Zimmer mit guten Betten und kostenlosem WiFi. Manche Zimmer mit Mini-Balkon und/oder Blick über die Dächer von Paris.

Essen & Trinken ◯◯◯◯◯
Kein Restaurant im Haus, doch finden sich zahlreiche Lokale in nächster Umgebung.

Service ★★★★◯
Nett, immer hilfsbereit und aufmerksam.

ÖV: RER-Station Luxembourg.

plus-minus

+ Hübscher Lounge-Bereich, abends mit «Honesty Bar» und im Sommer mit ein paar Tischchen im Innenhof.
− Die Bäder sind so winzig, dass jeweils nur eine Person hineinpasst und auch kein Platz für Necessaire oder persönliche Dinge bleibt. Auch in den Zimmern gibt es kaum Ablageflächen.

PARIS

Besonders preiswert

Les Jardins du Luxembourg

5 Impasse Royer Collard
T +33 1 40 46 08 88
www.les-jardins-du-luxembourg.com
jardinslux@wanadoo.fr

Preise
EZ und DZ 120–175 €
Frühstück 11 €

Ambiente ★★★○○
Von aussen wirkt das Gebäude aus dem 19. Jahrhundert mehr wie ein grosses Haus als wie ein Hotel. Drinnen erwarten den Gast ein heiteres Ambiente mit sonnigen Farben, schlicht-schöne Zimmer und aufmerksame Mitarbeiter. Schon Sigmund Freud war zufrieden, als er bei seinem ersten Parisbesuch im Jahr 1885 während fünf Monaten hier logierte und in den umliegenden Strassen wohl den Alte-Welt-Charme seiner Heimatstadt Wien wiederfand. Auch heute ist das Drei-Sterne-Hotel nahe dem Jardin du Luxembourg ein klassisches Home-away-from-home für Menschen mit Geschmack und beschränkten finanziellen Mitteln.

Lage ★★★★○
In einer einigermassen ruhigen Sackgasse im Quartier Latin, zwischen Panthéon und Jardin du Luxembourg.

Zimmer ★★○○○
26 komfortable, saubere, kleine Zimmer mit kostenpflichtigem WiFi.

Essen & Trinken ○○○○○
«Honesty Bar» für Hotelgäste. Kein Restaurant im Haus, doch finden sich zahlreiche Lokale in der Umgebung.

Service ★★★○○
Freundlich und hilfsbereit.

ÖV: Metro-Station Cluny-La Sorbonne (zehn Gehminuten zum Hotel). RER-Station Luxembourg (zwei Gehminuten zum Hotel).

plus-minus

+ Den Gästen steht eine kleine Sauna für kalte Tage zur freien Verfügung.
− Wie so oft in Frankreich: Kein Duschvorhang im Bad.

Besonders ruhig

Les Marronniers

21 Rue Jacob
T +33 1 43 25 30 60
www.paris-hotel-marronniers.com
hotel-des-marronniers@wanadoo.fr

Preise
EZ 136–148 €, DZ 176–195 €
Dreibettzimmer 225–245 €
Vierbettzimmer 255–345 €
Frühstück 13–15 €

Ambiente ★★★★★
Das reizvoll altertümliche Drei-Sterne-Hotel mitten in Saint-Germain könnte als Kulisse für einen nostalgischen Film mit der typischen Pariser Atmosphäre des 19. Jahrhunderts dienen. Die beiden grossen Kastanienbäume im reich bepflanzten Garten gaben dem Hotel seinen Namen. Im Sommer kann man das Frühstück draussen oder in der gläsernen Veranda einnehmen. Überhaupt fühlt man sich hier wie zu Besuch bei Freunden auf dem Land. Die Salons wurden im Kellergewölbe aus dem 16. Jahrhundert eingerichtet. Von den Zimmern in den oberen Stockwerken geniesst man eine pittoreske Aussicht auf die Dächer von Paris. Insgesamt ist das «Les Marronniers» die richtige Anlaufstelle für alle, die von einem romantischen Wochenende fern globaler Hotelnormen träumen.

Lage ★★★★★
Eine Oase der Ruhe im Herzen von Saint-Germain. Vorne ein gepflasterter Hof, hinten ein geschützter kleiner Garten.

Zimmer ★★★○○
36 komfortable, sehr unterschiedliche, eher kleine Zimmer mit kostenpflichtigem WiFi.

Essen & Trinken ★○○○○
Café. Kein Restaurant im Haus, doch finden sich zahlreiche Lokale in der Umgebung.

Service ★★★★○
Die Familie Henneveux gibt sich seit Jahrzehnten grosse Mühe, den Gästen freundliche, dezente Gastgeber zu sein. Morgens bekommt man auf Wunsch köstliche Croissants und Pains au chocolat ans Bett gebracht.

ÖV: Metro-Station Saint-Germain-des-Près.

plus-minus

✚ Ruhe im Zentrum der lärmenden Seine-Metropole? Hier, zurückversetzt von der ohnehin beschaulichen Rue Jacob, sind Hektik und Strassenlärm weit weg.
− Die Innendekoration mag dem einen oder anderen jüngeren Gast zu überladen sein.

PARIS

Besonders preiswert

Mama Shelter

109 Rue de Bagnolet
T +33 1 43 48 48 48
www.mamashelter.com
paris@mamashelter.com

Preise
EZ und DZ 80–400 €
Suite 240–500 €
Frühstück 15 €

Ambiente ★★★★○

Wer sich von der hässlichen Fassade nicht abschrecken lässt, wird im Inneren des «Mama Shelter» positiv überrascht. Ex-Club-Med-Chef Serge Trigano und Designer Philippe Starck haben sich für ihre 2008 eröffnete Herberge für die Generation Facebook einiges einfallen lassen. Eine Videosäule zwischen Restaurant und Bar etwa. Hier können die Gäste Botschaften aufnehmen, die dann hotelweit über alle Bildschirme verbreitet werden. Wem diese Art der Kontaktaufnahme zu unkontrolliert erscheint, der kann den direkten Weg nehmen, etwa bei einer Partie Tischfussball: Vier Meter lang ist der Tisch. Daneben windet sich ein zwölf Meter langes Esstischungetüm. Der Clou daran: Unter Plexiglas flimmern Bildschirme, die TV-Nachrichten aus aller Herren Länder zeigen. Für diejenigen, die noch lesen können, gibt es eine gut sortierte Bibliothek mit Modemagazinen aus aller Welt. Schwarz, Grau und Weiss sind die dominierenden Farben in den Gängen und Zimmern.

Lage ★○○○○

Im abgelegenen 20. Arrondissement, nahe dem Kult-Friedhof «Père Lachaise» und neben dem Musik-Tempel «Flèche d'Or».

Zimmer ★★○○○

172 Zimmer, alle mit riesigem Apple-iMacs (der auch als Fernseher, DVD-Player, Radio und Fotoapparat dient) und Kitchenette mit Kühlschrank, Kaffeemaschine und Mikrowelle. Kostenloses WiFi im ganzen Haus.

Essen & Trinken ★★★○○

Rustikal gemütliches Restaurant. Pizzeria. Lounge-Bar.

Service ★★○○○

Na ja. Zu viele Mitarbeiter sind viel zu sehr mit sich selbst beschäftigt, um sich wirklich um die Gäste kümmern zu können.

ÖV: Metro-Stationen Porte-de-Bagnolet oder Alexandre-Dumas.

plus-minus

+ In Jugendherbergen gab es früher Veranstaltungsbretter, im «Mama Shelter» haben grosse Spiegel diese Rolle übernommen. Sie stehen auf jeder Etage. Die Rezeption listet dort täglich die Kultur- und Spassangebote von Paris auf. Tango am Seine-Ufer, avantgardistische Vernissagen und das Konzertprogramm des benachbarten «Flèche d'Or».

− Das Hotel liegt weitab vom Schuss am östlichen Stadtrand.

PARIS

Besonders ruhig

Hôtel Thérèse

5–7 Rue Thérèse
T +33 1 42 96 10 01
www.hoteltherese.com
info@hoteltherese.com

Preise
EZ und DZ 136–320 €
Frühstück 5–13 €

Ambiente ★★★★★
Sylvie de Lattre, die schon das «Verneuil» auf der gegenüberliegenden Seine-Seite zu einem erfolgreichen Hotel gemacht (und inzwischen verkauft) hat, konnte mit dem «Thérèse» nahe dem Louvre erneut einen Volltreffer landen. Es ist der Prototyp eines zeitgemässen Stadtrefugiums für Individualisten jüngeren und mittleren Alters. Einrichtungsfreaks bekommen hier vor lauter Augenschmaus den Mund nicht mehr zu. Dabei lebt das Hotel nicht von spektakulären Dekorationen, sondern von seiner Schlichtheit und einer bewussten Materialkultur. Natürlich hat sich die Adresse schnell bei den Dirigenten des Lifestyle herumgesprochen; hier gönnen sich Models und Schauspieler gern einen Seitensprung, hier wird an Karrieren gefeilt und kreiert, was auf den Laufsteg kommt.

Lage ★★★★★
Sehr zentral in einer kleinen, relativ ruhigen Seitenstrasse zwischen Louvre und Palais-Royal. Kultur und Shopping gibt es direkt vor der Haustüre.

Zimmer ★★★☆☆
43 charmante, tadellos saubere Zimmer im «Esprit maison»-Stil, mit guten Betten und kostenpflichtigem WiFi.

Essen & Trinken ★☆☆☆☆
Lobby-Lounge. Kein Restaurant im Haus, doch finden sich zahlreiche Lokale in der Umgebung.

Service ★★★★★
Ausgesprochen freundlich und professionell. Für einen erfreulichen Aufenthalt fehlt es dem Gast an nichts.

ÖV: Metro-Station Pyramides. Von dort drei Gehminuten bis zum Hotel.

plus-minus

+ Ein grossartiger Ausgangspunkt für Paris-Erkundungen in alle Himmelsrichtungen. Und nach einem langen Tag auf den Beinen kehrt man gerne wieder ins «Thérèse» zurück.
− Die Zimmer der «Classic»-Kategorie, die vom Hotel als «klein» bezeichnet werden, sind wortwörtlich klein.

PARIS

Besonders ruhig

Verneuil

8 Rue de Verneuil
Tel. +33 (0)1 42 60 82 14
www.hotelverneuil.com
info@hotelverneuil.com

Preise
EZ 155–181 €
DZ 185–276 €
Frühstück 14 €

Ambiente ★★★★○
Eine diskrete Tür führt von der ruhigen Rue de Verneuil in dieses liebevoll renovierte Haus aus dem 17. Jahrhundert. Man fühlt sich wie in einer privaten Residenz zu Gast – bei einem Gastgeber mit besonders gutem Geschmack. Die Möbel und Accessoires, Stoffe und Bilder sind handverlesen und jenseits gängiger Hotelklischees. Mag die Stadt draussen noch so hetzen, hier scheint die Zeit stillzustehen. Das wissen vor allem gestresste Menschen wie Modejournalistinnen, Fotografen und Kunsthändler zu schätzen. Eine Adresse, die man geheim halten möchte.

Lage ★★★★○
Zentral und ruhig. An der Grenze zwischen sechstem und siebtem Arrondissement. Viele Antiquitätenhändler und Galerien in den umliegenden Strassen. Nahe dem Musée d'Orsay.

Zimmer ★★★○○
26 wohnliche, saubere, ziemlich kleine Zimmer mit gerahmten Drucken, Antiquitäten, Büchern auf dem Nachttisch und kostenlosem WiFi.

Essen & Trinken ○○○○○
Kein Restaurant im Haus, doch finden sich zahlreiche Lokale in der Umgebung.

Service ★★★★○
Unaufdringlich aufmerksam und sehr hilfsbereit.

ÖV: Metro-Stationen Saint-Germain-des-Près oder Rue du Bac.

plus-minus

+ Gemütliche Bibliotheks-Lounge mit Kamin und «Honesty Bar».

− Wenn man ein Haar in der Suppe finden müsste, dann sind es die rauschenden Wasserleitungen durchs alte Gemäuer und die fehlenden Klimaanlagen in manchen Zimmern, die im Hochsommer zur Sauna werden können.

PRAG

Dum U Tri Capu

Aldstejnske náměstí 8
T +420 257 210 779
www.utricapu.cz
utricapu@avehotels.cz

Preise
EZ und DZ 132–250 €
inkl. Frühstück

Ambiente ★★★★○
Nirgendwo in Europa werden Vergangenheit und Zukunft (be)greifbarer als in Prag. Dem kleinen Hotel «Dum U Tri Capu» (Zu den drei Störchen), das aus mehreren tadellos restaurierten Altstadthäusern besteht, die sich um einen gemeinsamen Innenhof gruppieren, gelingt der Brückenschlag zwischen Gestern und Morgen. Es verfügt über supermoderne Zimmer und Bäder in mehrhundertjährigen Mauern. Das coole Dekor, das bestehende Elemente aus der Renaissance- und Barockzeit feinsinnig integriert, verantwortete die tschechische, in London ansässige Architektin Eva Jiřičná, die auch das Designhotel «Josef» gestaltete.

Lage ★★★★○
Umgeben von historischen Gebäuden im Stadtteil Malá Strana (Kleinseite), direkt an den berühmten Treppen zur Prager Burg. Fünf Gehminuten zur Karlsbrücke.

Zimmer ★★★★○
20 geräumige, komfortable, geschmackvoll eingerichtete Zimmer mit DVD-Player und kostenlosem WiFi.

Essen & Trinken ★★★★○
Stimmungsvolles Restaurant «Wallenstein» mit fein zubereiteter traditioneller tschechischer Küche. Lobby-Bar.

Service ★★○○○
Das Personal ist sehr vielseitig – von freundlich und zuvorkommend bis vergesslich und gleichgültig.

ÖV: U-Bahn/Tram-Station Malostranské náměstí. Von dort fünf Gehminuten zum Hotel.

plus-minus
+ Aus den Fenstern blickt man auf die Prager Burg oder auf die Dächer der Altstadt.
− Täglich frühmorgens wird der Glascontainer vor dem Hotel geleert.

Hotel Paris

U Obecniho Domu 1
T +420 222 195 195
www.hotel-paris.cz
booking@hotel-paris.cz

Preise
EZ und DZ 170–255 €
Suite 305–655 €
inkl. Frühstück

Ambiente ★★★★★

«Das Hotel Paris war so schön, dass es mich fast umwarf», heisst es in Bohumil Hrabals herrlichem Roman «Ich habe den englischen König bedient»: «Die vielen Spiegel, Messinggeländer, Messingklinken und Messingleuchten waren so blankgewienert, dass man sich in einem goldenen Palast wähnte. Und überall rote Teppiche und Glastüren, ganz wie in einem Schloss.» Im besten Sinne altmodisch wirkt dieses hundertjährige Hotel mit der neogotischen Fassade und dem Art-nouveau-Interieur auch heute noch – dass das «Paris» aber kein müder Oldtimer ist, sondern auch den Ansprüchen neuzeitlicher Gäste genügt, zeigt sich in den komfortablen Zimmern, im kleinen Spa mit Fitnesscenter, Sauna, Dampfbad und Whirlpool (kostenloser Zutritt für Hotelgäste) und im Serviceverständnis, das entspannt und kompetent zugleich ist. Für die Zimmertür gibt es noch einen richtigen Schlüssel mit Messinganhänger – und keine Plastikkarte. Ein Traum für Reisende auf Nostalgiepfaden und doch nicht museal oder verstaubt.

Lage ★★★★★
In der Fussgängerzone im Altstadtkern, neben dem Rathaus und dem Pulverturm.

Zimmer ★★★★○
70 elegante Zimmer und 16 Suiten mit kostenlosem WiFi. Besonders schön sind die Eckzimmer in den oberen Etagen.

Essen & Trinken
★★★★★
Prachtvolles «Sarah Bernhardt Restaurant» mit tschechischer und französischer Cuisine. Bar und Café.

Service ★★★★○
Verlässlich und aufmerksam, hin und wieder etwas gestelzt.

ÖV: U-Bahn Linie B bis Station Republiky náměstí. Tram 5, 8 oder 14 bis Station Republiky náměstí.

plus-minus

+ Das Frühstücksbuffet ist bemerkenswert: Ob warm oder kalt, süss oder herzhaft – es fehlt an nichts.
− Die Qualifikation der Spa-Therapeuten für ayurvedische Massagen hat Steigerungspotenzial.

PRAG

Besonders preiswert

Josef

Rybna 20
T +420 221 700 111
www.hoteljosef.com
reservation@hoteljosef.com

Preise
EZ und DZ 124–249 €
inkl. Frühstück

Ambiente ★★★★★
Die in Prag geborene und in London lebende Architektin Eva Jiřičná konnte sich in Prag einen Namen machen, indem sie das puristische Design zahlreicher Restaurants und Shops prägte und damit eindrucksvolle Gegensätze zur mittelalterlichen Altstadt schuf. Mit dem extrem minimalistischen Hotel «Josef» kreierte sie 2002 das erste wahre Designhotel Prags. Klare, helle und transparente Oberflächen zaubern saubere Frische und Leichtigkeit in die Räume. Das Weiss von Wänden und Bettwäsche geht über in einen zarten Schilfton auf Tagesdecke und Kissen. In blassem Grün leuchtet auch das chromblitzende Bad, denn Trennwände, Waschtisch und Ablagen sind à la Jiřičná ganz aus Glas. Möbelstücke in knalligem Orange oder Pink peppen den neutralen Look auf. Beeindruckend ist der grosszügige begrünte Innenhof als Ruheoase inmitten der beiden Hotelgebäude.

Lage ★★★★☆
Im ehemaligen jüdischen Viertel Josefov, fünf Gehminuten von der Prager Altstadt entfernt.

Zimmer ★★★★★
In den 109 komfortablen, zweckmässig konzipierten Zimmern beherrschen viel Weiss, Glas und klare Linien das Bild. Alle Zimmer mit DVD/CD-Player, guten Betten, grosser Regendusche und kostenlosem ADSL-Anschluss. Kostenloses WiFi in der Lobby.

Essen & Trinken ★☆☆☆☆
Bar. Kein Restaurant im Haus, doch finden sich zahlreiche Lokale in der Nähe.

Service ★★★★★
Der Gast steht im Mittelpunkt aller Überlegungen und nicht wie so oft im Weg.

ÖV: U-Bahn-Stationen Mustek oder Republiky náměstí (jeweils rund 500 Meter vom Hotel entfernt).

plus-minus

+ Frühstück gibt es wochentags bis 11.30 Uhr, wochenends bis 12.30 Uhr. Vom Fitnesscenter blickt man über die Dächer der Stadt.

− Das Hotel polarisiert stark: Entweder man liebt es oder es fröstelt einen vor lauter Coolness.

PRAG

Besonders preiswert

Neruda

Nerudova 44
T +420 257 535 557
www.hotelneruda.cz
info@hotelneruda-praha.cz

Preise
EZ und DZ 63–159 €
inkl. Frühstück

Ambiente ★★★★○

Das labyrinthisch verwinkelte Haus aus dem Jahr 1348 fügt sich nahtlos in das Kolorit des historischen Stadtteils ein. Das Innere verbindet den Zauber des alten Prag mit stilvoll modernem Design. Das motivierte Hotelteam sorgt mit souveräner Natürlichkeit für eine gemütliche Atmosphäre. Der Saunabereich mit Whirlpool kann von maximal sechs Personen exklusiv gemietet werden (29 € für die erste Stunde, jede weitere Stunde 14 €). Von den Zimmern im obersten Stock hat man eine schöne Sicht über die Stadt.

Lage ★★★★○

Mittendrin im mittelalterlichen Stadtteil Malá Strana (Kleinseite), auf halber Höhe zur Prager Burg. Wenige Gehminuten zur Karlsbrücke und zum Altstädter Ring.

Zimmer ★★★○○

42 komfortable, schlicht-elegante Zimmer mit guten Betten, grossen Regenduschen und kostenlosem WiFi. Unbedingt Zimmer im Haupthaus buchen – die Zimmer in der Dépendance sind weniger charmant.

Essen & Trinken ★★★○○

Restaurant «Metropolitan Bistro» mit tschechischer und internationaler Küche.

Service ★★★★○

Sehr persönlich und aufmerksam. Den Concierge können auch knifflige Fragen nicht aus der Fassung bringen.

ÖV: U-Bahn-/Tram-Station Malostranské náměstí. Von dort knapp zehn Gehminuten zum Hotel.

plus-minus

+ Ein ideal gelegener Ausgangspunkt für Stadterkundungen oder ein romantisches Wochenende zu zweit.
− Das Frühstücksbuffet ist dürftig, die Sauberkeit der Zimmer grenzwertig.

PRAG

Besonders ruhig
Besonders preiswert

Sax Vintage Design Hotel

Jánský Vršek 328/3
T +420 257 531 268
www.hotelsax.cz
hotel@sax.cz

Preise
EZ und DZ 90–168 €
Suite 154–187 €
inkl. Frühstück

Ambiente ★★★★○
Wer den maximalen Kontrast zwischen Hotel und Umgebung sucht, der ist hier richtig. Innen schwelgt man in den Siebzigerjahren, umgeben ist man vom mittelalterlichen Prag mit der deutschen und amerikanischen Botschaft in direkter Nachbarschaft. Von den funkigen Teppichen über die geometrischen Tapeten und von den Panton-Sesseln bis zu den orangefarbenen Lampen und schrillen Kinofilmplakaten sind hier ungezählte Kultobjekte der Seventies (und einige der Fifties und Sixties) versammelt. Keine zwei Zimmer gleichen einander – die heiter stimmenden Einrichtungsgegenstände und Design-Accessoires wurden mit viel Liebe und Sachverstand auf der ganzen Welt zusammengetragen. In der Wohnlobby erklingen Abba-Songs, ausserdem gibt es eine pittoreske Dachterrasse, einen kleinen Fitnessraum und einen Saunabereich mit Whirlpool und Massagen.

Lage ★★★★★
Ruhig im historischen Stadtteil Malá Strana (Kleinseite), unterhalb der Prager Burg. Wenige Gehminuten zur Karlsbrücke und zum Altstädter Ring.

Zimmer ★★★○○
19 komfortable, originell gestaltete, quietschbunte Zimmer und 3 Suiten mit DVD-Player und kostenlosem WiFi. Jedes Zimmer verfügt zudem über einen frei zugänglichen Laptop.

Essen & Trinken ★○○○○
In der Lobby-Bar werden tagsüber kleine Häppchen sowie der Afternoon-Tea serviert. In der nahen Umgebung finden sich zahlreiche Restaurants.

Service ★★★★★
Die Hotelcrew ist mit Herz und Seele um das Wohl der Gäste besorgt. Bemerkenswert: Als Entschuldigung für einen Warmwasserausfall im ganzen Hotel wird den Gästen eine Champagnerflasche aufs Zimmer gestellt.

ÖV: U-Bahn-/Tram-Station Malostranské náměstí. Von dort knapp zehn Gehminuten zum Hotel.

plus-minus

+ DVD-Bibliothek mit über 5000 Titeln.
− Die Zimmer zum überdachten Innenhof (ohne Frischluftzufuhr) sind wohl nicht jedermanns Sache.

Adriano

Via di Pallacorda 2
T +39 06 68 80 24 51
www.hoteladriano.com
info@hoteladriano.com

Preise
EZ 117–187 €
und DZ 167–317 €
Dreibettzimmer 217–387 €
Juniorsuite 287-427 €
inkl. Frühstück

Ambiente ★★★★○
Die meisten Rom-Besucher kennen die Hotels, bei denen man einen Schuhlöffel braucht. Nicht für die Schuhe, sondern um ins Zimmer zu gelangen, das nicht viel grösser ist als ihr Koffer. Im «Adriano», das in einem eleganten Gebäude aus dem 17. Jahrhundert untergebracht ist, ist man vor solchen Überraschungen sicher. Die Zimmer sind für hiesige Drei-Sterne-Verhältnisse geräumig. Jedes ist zudem äusserst zeitgemäss ausgestattet, ohne jedoch luxuriös viel zu kosten. Wer hier, mitten im historischen Stadtzentrum und in Fussgängerdistanz zu allen Sehenswürdigkeiten, wohnen möchte, muss jedoch rechtzeitig buchen: Das «Adriano» ist selbst in der Nebensaison oft ausgebucht. Wenige Schritte entfernt entstand aus einer 180-Quadratmeter-Wohnung in der vierten Etage eines Wohnhauses die Dépendance «Domus Adriani» mit fünf Zimmern (vier davon mit Balkon) und Wohnsalon.

Lage ★★★★○
Im Stadtzentrum nahe des Parlaments. Spanische Treppe, Trevi-Brunnen, Pantheon und Piazza Navona sind in fünf bis zehn Gehminuten erreichbar.

Zimmer ★★★○○
80 komfortable, unlängst renovierte Zimmer mit modernen Bädern.

Essen & Trinken ★○○○○
Bar und Wintergarten-Lounge. Kein Restaurant im Haus, doch finden sich zahlreiche Lokale in unmittelbarer Umgebung.

Service ★★★★○
Warmherzig, effizient. Der Gastgeberfamilie Ricci liegt es seit über vierzig Jahren sehr am Herzen, dass ihre Gäste den Aufenthalt als gelungen empfinden. Mit sichtlicher Freude informieren sie über optimale Stadttouren und Insider-Restaurants.

ÖV: Vom Bahnhof Termini die U-Bahn (Richtung Battistini) bis Station Spagna. Von dort fünf Gehminuten zum Hotel.

plus-minus

+ Einmalig in Rom: Verleih von Fahrrädern für Hotelgäste (12 € pro Tag).
− Wie so oft in Rom: Schlecht isolierte Zimmer. Je nach direkten Zimmernachbarn steht man um 7 Uhr morgens aufrecht im Bett.

Albergo del Sole Al Pantheon

Piazza della Rotonda 63
T +39 06 678 04 41
www.hotelsolealpantheon.com
info@hotelsolealpantheon.com

Preise
EZ und DZ 159–320 €
Suite 359–429 €
inkl. Frühstück

Ambiente ★★★★★
Rom, seit 2500 Jahren im Blickpunkt der Welt, hat Schätze angehäuft, die sich kaum bewältigen lassen. «Es kommt nicht darauf an, alles zu sehen», sagt der Schriftsteller Reinhard Raffalt, «es kommt nicht einmal darauf an, das Wichtige zu sehen, sondern sich Zeit zu nehmen und in den Rhythmus dieses aus Faulheit und Bedeutung so perfekt gemischten Stadtlebens einzutauchen.» Wer sein Hotel an der Piazza della Rotonda vor dem Pantheon wählt, am besten im «Albergo del Sole», landet mitten im Leben. Mehr noch als die Piazza Navona und die Spanische Treppe birst die Piazza della Rotonda abends vor Vitalität und Leichtigkeit. Gelächter hallt von den alten Fassaden wider. Junge Leute sitzen auf den Stufen des Brunnens mit dem Obelisken, und noch nach Mitternacht quäkt ein einsames Saxofon zwischen der Müllabfuhr. Authentischer als vom «Sole al Pantheon» aus kann man Rom kaum erleben, was schon Goethe, Sartre und Hunderte von anderen berühmten Intellektuellen schätzten, die in diesem über fünfhundertjährigen Albergo ein und aus gingen.

Lage ★★★★★
Direkt an der Piazza della Rotonda gegenüber dem Pantheon.

Zimmer ★★★○○
31 sehr unterschiedliche, teilweise renovationsbedürftige Zimmer und Suiten. Die Zimmer zum Hof sind überraschend ruhig, diejenigen zur Piazza haben einen fantastischen Ausblick. Kostenpflichtiges WiFi in den öffentlichen Räumen.

Essen & Trinken ★○○○○
Lounge-Bar. Kein Restaurant im Haus, doch finden sich ungezählte Lokale in unmittelbarer Nähe.

Service ★★★○○
Routiniert freundlich.

ÖV: U-Bahn-Station Piazza Barberini. Von dort sind es rund 15 Gehminuten zum Hotel (keine nähere Möglichkeit mit öffentlichen Verkehrsmitteln).

plus-minus

✚ Die Frühstücksterrasse ist entzückend, der Blick auf den Pantheon ein einzigartiger Genuss.
— Schlechte Matratzen, schlampiges Reinigungspersonal, blubbernde Heizkörper.

ROM

Forum

Via Tor de' Conti 25–30
+39 06 679 24 46
www.hotelforumrome.com
info@hotelforum.com

Preise
EZ 160–240 €, DZ 180–270 €
Dreibettzimmer 220–300 €
Familienzimmer (4 Personen)
320–450 €
Frühstück 25 €

Ambiente ★★★★★
Die Lage des Hotel «Forum» direkt neben dem Forum Romanum, mit Blick auf Forum, Capitol, Kolosseum und die Piazza Venezia, ist kaum zu toppen. Das Hotel selber ist reizvoll altmodisch, und zahlreiche der liebenswerten Mitarbeiter scheinen ebenso zum Mobiliar zu gehören wie die korinthische Säule in der holzgetäferten Eingangshalle. Zum Frühstück, Mittag- und Abendessen auf der Dachterrasse lockt eine unvergleichliche Aussicht auf die grandiosen Ruinen – ein Traum nicht nur für Hobbyarchäologen.

Lage ★★★★★
Im einstigen Herz der Ewigen Stadt, unmittelbar neben den römischen Foren.

Zimmer ★★★○○
76 nostalgische, saubere, ziemlich kleine Zimmer, manche mit Blick auf das Forum.

Essen & Trinken ★★★★○
Berauschendes Panoramarestaurant mit traditioneller italienischer Küche und – wen wunderts – gesalzenen Preisen (diese schluckt man aber gerne, da Qualität, Service und Gesamterlebnis stimmen). Sehr schöne Cocktailbar über dem Restaurant.

Service ★★★★○
Man wird mit aufmerksamer italienischer Herzlichkeit empfangen, was gerade bei Hotels an solchen Standorten in Rom keinesfalls immer der Fall ist.

ÖV: U-Bahn Linie B bis Station Colosseo. Von dort sind es 200 Meter bis zum Hotel.

plus-minus

+ Dank der Live-Webcam (installiert auf der Dachterrasse des Hotels) kann man von seinem Computer aus jederzeit auf die Tempel und Denkmäler des antiken Roms blicken – und wenn man gerade der einzige Benutzer ist, kann man sogar die Blickrichtung ändern.
− Die Via dei Fiori, eine der Hauptverkehrsadern der Stadt, rauscht direkt am Hotel vorbei.

Besonders ruhig

Hotel Locarno

Via della Penna 22
T +39 06 36 10 841
www.hotellocarno.com
info@hotellocarno.com

Preise
EZ 116–178 €
DZ 139–330 €
Suite 350–500 €
inkl. Frühstück

Ambiente ★★★★★
Wer sich einige Tage Rom ansehen und dort auch stilvoll übernachten will, muss entweder die vergoldete Kreditkarte einstecken oder sich tendenziell mit einer wenig überzeugenden Absteige begnügen. Oder das «Locarno» kennen. Es ist eines der charaktervollsten, liebenswürdigsten Hotels der Stadt und liegt zudem sehr zentral und friedlich zwischen Piazza del Popolo und Tiber. 1925 in einem Stilmix aus spätem Liberty und frühem Art-déco erbaut, hat das Haus bis heute seine verspielt-romantische Aura bewahrt. Es ist voller Antiquitäten aus den Zwanzigerjahren und erfreut mit einer aussichtsreichen Dachterrasse, einem herrlichen Innenhof und einer beliebten Lounge-Bar. Auf eigenartige Weise fühlt man sich hier von der ersten Minute an heimisch, zumal das zuvorkommende Team gute Laune aufkommen lässt. Das Hotel darf sich rühmen, schon viele illustre Persönlichkeiten aus der Kunst- und Filmwelt beherbergt zu haben.

Lage ★★★★★
Relativ ruhig in einer Seitenstrasse der belebten, autofreien Piazza del Popolo. Ein idealer Ausgangspunkt für Stadterkundungen – alles ist bequem zu Fuss erreichbar.

Zimmer ★★★○○
66 sehr unterschiedliche, eher kleine, teilweise renovationsbedürftige Zimmer und Suiten, verteilt auf zwei benachbarte Gebäude. Kostenloses WiFi im ganzen Hotel.

Essen & Trinken ★★○○○
Lounge-Bar, mittags mit Lunch-Menü. Zahlreiche Restaurants in unmittelbarer Umgebung.

Service ★★★★○
Sensibel, herzlich, spontan. Bei der Annahme von Reservationen etwas chaotisch.

ÖV: U-Bahn-Station Flaminio/Piazza del Popolo.

plus-minus

+ Der Ausblick von der Dachterrasse ist wahrhaft bezaubernd und lohnt alleine schon den Besuch.
− Bezüglich Zimmer kann man hier überrascht werden – im Positiven wie im Negativen.

ROM

Ponte Sisto

Via dei Pettinari 64
T +39 06 68 63 100
www.hotelpontesisto.it
info@hotelpontesisto.it

Preise
EZ 152–190 €
DZ 190–250 €
Suite 390–450 €
inkl. Frühstück

Ambiente ★★★○○
Familiäres, unprätentiöses Vier-Sterne-Hotel in einem vollständig renovierten historischen Gebäude mit hübschem Hofgarten unter grossen Palmen. Dem bestens motivierten Hotelteam gelingt es, ein legeres südliches Lebensgefühl mit professionellem, effizientem Service zu verbinden.

Lage ★★★★○
Im Stadtzentrum zwischen Trastevere und Campo di Fiori. Alle Sehenswürdigkeiten Roms sind zu Fuss erreichbar. Wenige Gehminuten zur Piazza Navona.

Zimmer ★★★○○
103 komfortable, saubere, eher kleine Zimmer und Suiten, teilweise mit Balkon oder Terrasse. Nach Möglichkeit unbedingt Zimmer zum ruhigen Innenhof buchen. Kostenloser ADSL-Empfang in den Zimmern, kostenloses WiFi im Innenhof und in der Lobby.

Essen & Trinken ★○○○○
Bar. Kein Restaurant im Haus, doch finden sich zahlreiche Restaurants in unmittelbarer Nähe.

Service ★★★★★
Hier wird man in hohem Masse zuvorkommend umsorgt.

ÖV: Vom Bahnhof Termini Bus 64 bis Station Corso Vittorio Emanuele II/Sant'Andrea della Valle. Dort Strasse überqueren zum Minibus-Stop. Dann Minibus 116 bis Station Via Giulia/Polverone.

plus-minus

✚ Stimmiges Preis-Leistungs-Verhältnis, gutes Frühstück im Innenhof, netter Empfang.
➖ Die umliegenden Gebäude in der Gasse sind etwas trostlos, doch vergisst man dies schnell, sobald man das Hotel betreten hat.

ROM

Besonders ruhig
Besonders preiswert

Victoria Roma
Via Campania 41
T +39 06 42 37 01
www.hotelvictoriaroma.com
info@hotelvictoria.com

Preise
EZ und DZ 135–250 €
Dreibettzimmer 180–300 €
Familienzimmer (4 Personen)
223–350 €
inkl. Frühstück

Ambiente ★★★★○
Das «Victoria» ist der Inbegriff eines bezahlbaren und dennoch niveauvollen Vier-Sterne-Hotels im Zentrum Roms. 1899 erbaut, strahlt es authentische römische Eleganz und gepflegtes Understatement aus und überrascht mit der grössten offenen Dachterrasse der Stadt. Diese ist mit ungezählten mediterranen Pflanzen begrünt und beherbergt ein stimmungsvolles Freiluftrestaurant mit Lounge-Bar. Dem liebenswerten Team gelingt es im ganzen Haus, ein legeres Lebensgefühl mit zuvorkommendem Service zu verbinden, sodass man sich von der ersten Minute an heimisch fühlt. Die Zimmer sind teilweise etwas klein und grossmütterlich eingerichtet, doch stets wohnlich, und vor allem kann man bei offenem Fenster schlafen. Hier, im historischen Herzen der Stadt, mit den Edelboutiquen der Via Veneto gleich um die Ecke, kann man das, was man in diesem für seine Klasse preisgünstigen Hotel spart, gleich vor der Tür wieder ausgeben.

Lage ★★★★○
Relativ ruhig im Stadtzentrum, eine Gehminute von der Via Veneto entfernt und direkt gegenüber dem Park der Villa Borghese. Alle wichtigen Sehenswürdigkeiten sind bequem zu Fuss erreichbar.

Zimmer ★★★○○
111 komfortable, traditionell eingerichtete, aber eher kleine Zimmer mit kostenlosem WiFi.

Essen & Trinken ★★★★○
Restaurant mit zeitgemäss interpretierter italienischer Küche. An warmen Sommertagen auf der Dachterrasse. Lobby-Bar. Dachgarten-Bar.

Service ★★★★★
Der Schweizer Hoteldirektor Henry Hunold kümmert sich fast geräuschlos, aber allgegenwärtig um das Wohl seiner Gäste.

ÖV: U-Bahn-Stationen Spagna und Barberini.

plus-minus

+ Die Dachterrasse ist abends ein magischer Ort. Man blickt auf die Dächer der Stadt und auf den Pinienwald des Villa-Borghese-Parks.
− Das Frühstücksbuffet ist noch ausbaufähig.

ROM

Besonders ruhig

Villa Laetitia

Lungotevere delle Armi 22/23
T +39 06 322 67 76
www.villalaetitia.com
info@villalaetitia.com

Preise
EZ und DZ 190–220 €
Suite 270–350 €
Frühstück 20–30 €

Ambiente ★★★★★
Die extravagante, 1911 vom renommierten römischen Architekten Armando Brasini erbaute Villa wurde unlängst von der Modeunternehmerin Anna Fendi Venturini erworben. Zusammen mit ihren Töchtern Maria Teresa und Maria Ilaria hat sie das von viel Grün umgebene, durch und durch italienisch anmutende Anwesen aufwendig renoviert und das Hinterhaus zu einem kleinen Hoteljuwel mit vierzehn charaktervoll gestylten Zimmern umgewandelt. Die Suite «Karl» – ganz in Schwarzweiss gehalten – ist eine Hommage an Karl Lagerfeld, der viel zum Fendi-Ruhm beigetragen hat; der «Round Room» ist von einem runden Doppelbett dominiert und mit riesigen Fotos von Silvana Mangano in Fendi-Kleidern dekoriert. Die Sicherheitsmassnahmen in der von hohen Zäunen umringten «Villa Laetitia» sind enorm: Die schweren Eisentore beim Strassenzugang öffnen sich nur mit einem Code oder mittels Gegensprechanlage.

Lage ★★★○○
Trotz naher Hauptstrasse relativ ruhig und abseits der Touristenströme in einem üppigen Garten am Tiber, im Stadtzentrum zwischen Piazza del Popolo und dem Prati-Viertel. Rund 15 bis 20 Gehminuten zum Petersplatz und zur Spanischen Treppe.

Zimmer ★★★★○
14 komfortable, stilvoll originelle, makellos saubere Zimmer und Suiten, alle mit Kitchenette, mehrheitlich mit Balkon oder Garten. Kostenloser ADSL-Empfang in den Zimmern, kostenloses WiFi in den öffentlichen Bereichen.

Essen & Trinken ○○○○○
Kein Restaurant im Haus, doch finden sich zahlreiche Restaurants in der Nähe.

Service ★★○○○
Das wenige Personal versucht sein Bestes, ist aber unterbesetzt und deshalb oftmals überfordert.

ÖV: U-Bahn-Station Lepanto.

plus-minus

+ Im Sommer ist der Garten mit alten Bäumen ein wunderbarer Erholungsort inmitten der Ewigen Stadt.
− Die Betten sind ziemlich kurz, die Badezimmer und Duschen teilweise winzig.

SALZBURG

Arthotel Blaue Gans

Getreidegasse 41–43
T +43 662 84 24 91 50
www.blauegans.at
office@blauegans.at

Preise
EZ 125–165 €
DZ 145–265 €
Suite 269–440 €
inkl. Frühstück

Ambiente ★★★★★
Zeitgemässes Gegenstück zum Luxushotel «Goldener Hirsch», ebenfalls in der Getreidegasse. Hinter der 660-jährigen Fassade verbergen sich 37 Designzimmer und viel Avantgarde-Kunst. Fast alle Arbeiten sind käuflich, und so wirkt das Haus wie eine bewohnbare Ausstellung, die sich stetig verändert. Musiker, Künstler und Journalisten lieben die unangestrengte Atmosphäre nicht nur während der Festspielzeit. «Ein Hotel für Menschen, die ihren eigenen Weg gehen», wie es Hausherr Andreas Gfrerer ausdrückt.

Lage ★★★★★
An der berühmten Getreidegasse mitten im Zentrum des Weltkulturerbebezirks, nur wenige Häuser von Mozarts Geburtshaus entfernt. Trotz Fussgängerzone: Öffentliche Parkgarage (Altstadtgarage im Mönchsberg) direkt gegenüber dem Hotel.

Zimmer ★★★○○
37 komfortable, sehr unterschiedliche Zimmer und Suiten, die man teilweise über verwinkelte Gänge erreicht. Kostenloses WiFi im ganzen Haus. Grosse DVD-Auswahl.

Essen & Trinken ★★★★○
Traditionelles und Neues, serviert in freskenverzierten historischen Gewölben oder auf der Sommerterrasse in der barocken Kulisse der Altstadt. Weinbar mit jazzigen Klängen.

Service ★★★○○
Gut drauf, aber im Detail etwas nachlässig.

ÖV: Die Bushaltestelle Herbert-von-Karajan-Platz befindet sich direkt vor dem Hotel.

plus-minus

+ Die Lage ist ideal für die Festspiele im Sommer, da das Festspielhaus gleich gegenüber liegt – allerdings braucht es eine grosse Portion Glück, dann ein Zimmer zu bekommen.
− Lärmempfindliche Reisende meiden die Zimmer zum Karajan-Platz und buchen eines zur Hofseite.

SALZBURG

Besonders ruhig

Die Gersberg Alm

Gersberg 37
T +43 662 64 12 57
www.gersbergalm.at
office@gersbergalm.at

Preise
EZ 95–125 €, DZ 139–295 €
Juniorsuite 287–349 €
Familienapartment
(4 Personen) 359–425 €
inkl. Frühstück

Ambiente ★★★★○
Salzburg lässt sich am spektakulärsten vom Gaisberg betrachten, hier steht man über den Dingen. Die «Gersberg Alm» unterstreicht das Grundgefühl des Entrücktseins – über den Dächern der Stadt und doch mitten im Grünen. Die First-Class-Almhütte diente schon zu Mozarts Zeiten als Sommerfrische und wurde in den Neunzigerjahren umsichtig renoviert. In ansprechend rustikalen Stuben kann man festlich tafeln, in den ruhigen Zimmern angenehm wohnen und schlafen – und abends funkeln die Lichter der Stadt zum Gaisberg herauf.

Lage ★★★★○
Inmitten herrlicher Natur etwa auf Drittelhöhe von Salzburgs Hausberg gelegen, mit Blick auf Dom und Festung, rund zehn Autominuten vom Stadtzentrum entfernt.

Zimmer ★★★○○
42 solide, etwas bieder eingerichtete Zimmer und Juniorsuiten sowie 1 Familienapartment mit zwei Schlafzimmern und grossem Wohnbereich. Kostenloses WiFi im ganzen Haus.

Essen & Trinken ★★★○○
Im Restaurant werden bodenständige österreichische Gerichte auf hohem kulinarischem Niveau serviert.

Service ★★★★○
Engagiert und herzlich. Das Personal kennt fast alle Gäste mit Namen.

ÖV: Keine gute Anbindung: Fünfmal täglich fährt Bus Linie 51 vom Mirabellplatz auf den Gaisberg (Abfahrt 10:03 Uhr, 11:03 Uhr, 14:03 Uhr, 15:03 Uhr und 16:03 Uhr). Haltestelle Gersbergalm, von dort zehn Gehminuten bis zum Hotel.

plus-minus

+ Sehr, sehr schönes Gartenrestaurant. Im Sommer eigenes Freibad und Tennisplatz, im Winter Natureisbahn vor der Haustür. Zum Aufwärmen kann man sich in Sauna, Dampfbad und Whirlpool zurückziehen.

− Man ist aufs Taxi oder Auto angewiesen.

SALZBURG

Besonders preiswert

Elefant

Sigmund-Haffner-Gasse 4
T +43 662 84 33 97
www.elefant.at
elefant@bestwestern.at

Preise
EZ 86–119 €
DZ 102–215 €
Dreibettzimmer 142–245 €
inkl. Frühstück

Ambiente ★★★○○
«Als König Max durch Salzburg ritt, kam auch ein Elefant mit. Und weil nun diese dicke Haut allhier zum Fenster reingeschaut, ist dieses Haus seit jeher bekannt als Herberge zum Elefant.» So steht es im Hotelprospekt, und in den vergangenen sieben Jahrhunderten hat zwar oft der Besitzer, aber nie die Bestimmung des Hauses gewechselt: Die Salzburger Gastlichkeit ist hier von jeher zu Hause, und das Hotel «Elefant» gehört zur Mozartstadt wie Schloss Mirabell, die Festung und die Musik. Bemerkenswert: Das Prädikat «ältestes Gasthaus in Salzburg» nimmt sowohl das «Elefant» als auch das nahe gelegene «Arthotel Blaue Gans» in Anspruch.

Lage ★★★★★
In der Fussgängerzone im barocken Stadtzentrum, genau in der Mitte zwischen Festspielhaus und Dom.

Zimmer ★★○○○
32 sehr unterschiedliche, eher einfache und mehrheitlich ziemlich kleine Zimmer (manche blicken in einen engen Lichthof). Kostenloses WiFi im Foyer.

Essen & Trinken ★★○○○
Klassische österreichische Spezialitäten in diversen Stuben, darunter der «Ratsherrenkeller» aus dem 17. Jahrhundert.

Service ★★★○○
Freundlich und hilfsbereit.

ÖV: Ab Bahnhof Bus Linie 3, 5 oder 6 bis Station Rathaus. Das Hotel befindet sich auf der Rückseite des Rathausgebäudes.

plus-minus

✚ Zentraler kann man in Salzburg kaum absteigen.
━ Für österreichische Verhältnisse kommt das Frühstücksbuffet etwas mager daher – und was weg ist, ist weg.

SALZBURG

Hotel & Villa Auersperg

Auerspergstrasse 61
T +43 662 88 94 40
www.auersperg.at
info@auersperg.at

Preise
EZ 109–145 €
DZ 150–215 €
Suite 225–295 €
inkl. Frühstück

Ambiente ★★★★★
Eine Stadtoase mit dem gewissen Etwas. Dazu gehören angenehme Zimmer, die sich auf das Haupthaus und die benachbarte Gründerzeitvilla verteilen, ein hübscher Hotelgarten mit Liegestühlen und Brunnen, eine Bibliothek mit einer grossen Auswahl an Zeitungen und Zeitschriften, eine gemütliche Bar und ein Dach-Spa mit Sauna, Dampfbad und Sonnenterrasse. Bettina Wiesinger, in dritter Generation Gastgeberin, legt grossen Wert auf eine familiäre Atmosphäre und eine hohe Qualität aller Produkte und Dienstleistungen: Der Willkommensgruss ist handgeschrieben, die Konfitüre hausgemacht und die Kissen sind selbst genäht. Zudem strahlen die Mitarbeiter, als würden sie nirgends lieber arbeiten als hier. Es gibt viele Stammgäste, für die das «Hotel & Villa Auersperg» wie ein Zuhause in fremden Betten ist.

Lage ★★★○○
Am Ende der Fussgängerzone Linzergasse, rund fünfzehn Gehminuten zur zentralen Getreidegasse am anderen Ufer der Salzach. Kostenlose Leihvelos mit Rad-Stadtplan und Velohelm. Grosse Auswahl an DVDs und CDs zum kostenlosen Verleih.

Zimmer ★★★○○
55 komfortable Zimmer mit guten Betten, kuscheligen Daunendecken und kostenlosem WiFi. Die Zimmer in der Villa sind schlicht modern, diejenigen im Haupthaus klassisch und etwas bieder eingerichtet.

Essen & Trinken ★★○○○
In der «A*Bar» gibt es neben dem üblichen Getränke- und Spirituosenangebot den ganzen Tag hausgemachte Kuchen, frisch zubereitete Sandwiches sowie saisonal variierende Tagesgerichte. Zahlreiche Restaurants in der Nähe.

Service ★★★★★
Das Hotelteam bewahrt stets eine fröhliche Gelassenheit und vermag dabei jedem das Gefühl zu vermitteln, ein besonders wichtiger Lieblingsgast zu sein.

ÖV: Bus Linie 21 oder 22 bis Station Wolf Dietrich Strasse.

plus-minus

+ Das hochwertige Frühstücksbuffet steht an Sonntagen bis 11.30 Uhr bereit (wochentags bis 11 Uhr). Für Superlangschläfer gibt es täglich ganztags ein kleines Frühstück an der Bar.
− Am Hotel führt eine vor allem tagsüber stark frequentierte Strasse vorbei.

ST. PETERSBURG

Besonders ruhig

Alexander House

27 Kryukova Kanala
T +7 812 575 3877
www.a-house.ru
info@a-house.ru

Preise
EZ 5900–9500 RUB
DZ 6500–12 000 RUB
Suite 10 700–15 500 RUB
inkl. Frühstück

Ambiente ★★★★★
Alexander Zhukov, ein ehemaliger Journalist, und seine Frau Natalya, haben ihr ganzes Vermögen und Herzblut in diese schöne Stadtvilla aus dem frühen 19. Jahrhundert gesteckt. Die Zimmer variieren stark in Grösse und Stil – jedes ist nach einer Stadt (Amsterdam, Bangkok, London, Marrakesch, Barcelona usw.) benannt und entsprechend eingerichtet. Je nach Raum ist dies mal besser, mal weniger überzeugend gelungen, doch macht die überaus gemütliche Gesamtatmosphäre dies wieder wett. Zudem scheut das aufmerksame Hotelteam keinen Aufwand für die Gäste. Es gibt eine Kamin-Lounge mit Bibliothek im oberen Stock, eine Sommerterrasse und ein rund um die Uhr geöffnetes Restaurant mit soliden russischen Gerichten. Wer einmal hier war, kommt gerne wieder.

Lage ★★★○○
Ruhig am romantischen Kryukov-Kanal unweit des berühmten Mariinsky-Theaters.

Zimmer ★★★○○
19 komfortable, tadellos gepflegte, sehr unterschiedlich eingerichtete Zimmer mit kostenlosem WiFi.

Essen & Trinken ★★★○○
Restaurant mit gut zubereiteter einheimischer Küche. Sublimes Frühstück.

Service ★★★★★
Das aus St. Petersburg stammende Gastgeberpaar wacht mit Sperberaugen über das Geschehen im Haus und fühlt sich für das Wohlsein jedes einzelnen Gastes verantwortlich. Alle Mitarbeiter an der Rezeption und im Restaurant sprechen Englisch, oftmals auch etwas Deutsch.

ÖV: U-Bahn-Stationen Sennaya Ploshad und Sadovaya.

plus-minus

+ Das «Alexander House» ist das Hotel in St. Petersburg mit dem wohl besten Preis-Leistungs-Verhältnis.
− Zur Innenstadt mit der Flaniermeile Nevsky Prospekt sind es gute dreissig Gehminuten, zur nächsten U-Bahn-Station zwanzig Gehminuten, weshalb man tendenziell aufs Taxi angewiesen ist. Die Taxis sind aber relativ günstig und werden vom Hotel bestellt – in der Stadt findet man allerdings nicht ohne Weiteres ein Taxi (am besten, man lässt sich jeweils eines von einem Restaurant organisieren).

ST. PETERSBURG

Casa Leto
Private Hotel

34 Bolshaya Morskaya
T +7 812 314 66 22
www.casaleto.com
info@casaleto.com

Preise
EZ und DZ 7000–12 000 RUB
inkl. Frühstück

Ambiente ★★★★○
Unter allen ihren Namen – Petrograd, Leningrad, St. Petersburg – war die Stadt immer ein Symbol des von Zar Peter dem Grossen gegründeten anderen, europäisierten Russland. Als der Metropole 1918 die Hauptstadtfunktion genommen wurde, blieben ihr die Paläste und Herrschaftshäuser, die Kanäle und Boulevards, Theater und Kathedralen. Zumindest im weitläufigen historischen Zentrum fühlt man sich ein bisschen wie in einem gigantischen Freilichtmuseum einer untergegangenen Zivilisation, inklusive Dostojewskis Hinterhöfen und einer Oberschicht, die in gepanzerten Limousinen zum Afternoon-Tea ins Grandhotel fährt. Mitten im Unesco-Weltkulturerbe versteckt sich in einem schön restaurierten weissen Gebäude das charmante Edel-Bed-&-Breakfast «Casa Leto» mit imposantem Treppenhaus und fünf geräumigen Zimmern mit hohen Stuckdecken, Muranoleuchtern, antikem Mobiliar und einem Flair des 19. Jahrhunderts. Der englisch-italienische Gastgeber Adriano Leto und seine russische Frau Tatiana erfreuen mit Herzlichkeit und unaufdringlicher Aufmerksamkeit.

Lage ★★★★★
Fussgängerfreundlich nahe dem Kunstmuseum Eremitage, der Isaak-Kathedrale und der Prachtstrasse Nevsky Prospekt. Direkt neben dem Luxushotel «Astoria».

Zimmer ★★★○○
5 komfortable Zimmer mit kostenlosem WiFi.

Essen & Trinken ★○○○○
Lounge-Bar. Kein Restaurant im Haus, doch finden sich ungezählte Lokale in unmittelbarer Nähe.

Service ★★★★★
Von fürsorglicher Professionalität. Das Personal erledigt umgehend Reservierungen für Restaurants, Theater und Weiterreisen und kann auf Wunsch einschlägige Empfehlungen geben.

ÖV: U-Bahn-Station Nevsky Prospekt.

plus-minus

+ Neben WiFi und Frühstück sind auch internationale Telefonanrufe, alkoholfreie Getränke, Kaffee und Tee sowie leichte Snacks im Zimmerpreis inbegriffen.
− Die fünf Zimmer sind oftmals lange im Voraus ausgebucht.

ST. PETERSBURG

Rossi

Fontanka River Embankment
55 Lomonosova Square
T +7 812 635 6333
www.rossihotels.com
reservation@rossihotels.com

Preise
EZ und DZ 5500–11 500 RUB
Suite 10 500–15 500 RUB
inkl. Frühstück

Ambiente ★★★○○
Hotelbauten, die zuvor eine andere Funktion hatten, gelingt es oftmals nicht, ihr früheres Leben atmosphärisch abzustreifen. Ein Flair von dumpfer Lustlosigkeit kann über einem ehemaligen Büro- oder Verwaltungsgebäude liegen, auch lange nachdem die Fotokopierer verschwunden sind. Glücklicherweise war das «Rossi», das 2007 als Hotel eröffnete, zuvor ein grosses Wohnhaus, und hinter der Grandhotel-ähnlichen Fassade aus dem Jahr 1870 blieb der wohnliche Charme von einst erhalten. Wenn man es nicht besser wüsste, könnte man glauben, dass hier schon immer Hotelgäste ein und aus gingen. Das zurückhaltende Innendesign wirkt zwar nicht mehr ganz zeitgemäss, aber alles ist höchst sauber. Der persönliche Empfang lässt den Gast fühlen, dass man sich um sein Wohlergehen Gedanken macht. Wichtig zu wissen: Die (bewusst angebotene) Bandbreite zwischen Budget-Zimmern und Luxus-Suiten ist gross. Man erhält also das, wofür man bezahlt.

Lage ★★★★○
Zentral am Fontanka-Kanal, gegenüber der berühmten Vaganova Ballett-Akademie. Wenige Gehminuten zum Nevsky Prospekt.

Zimmer ★★★○○
47 Zimmer und Suiten sehr unterschiedlicher Grösse und Ausstattung – manche blicken auf den Fontanka-Kanal. Alle Zimmer mit kostenlosem WiFi.

Essen & Trinken ★★★○○
Restaurant «Fiolet» mit solider internationaler Küche.

Service ★★★★★
Individuell, authentisch, ausgesprochen umsichtig und aufmerksam.

ÖV: U-Bahn-Station Gostiny Dvor. Von dort Richtung Alexandrinsky-Theater gehen und weiter entlang der Rossi-Strasse bis Lomonosova Square.

plus-minus

+ Wer in St. Petersburg in einer prachtvollen Suite absteigen möchte, kann dies wohl nirgendwo preisgünstiger tun als hier.
− Die winzigen Zimmer der untersten Kategorie sind definitiv nichts für Reisende mit grossen Koffern.

STOCKHOLM

Columbus

Tjärhovsgatan 11
T +46 8 503 11 200
www.columbushotell.se
info@columbushotell.se

Preise
EZ 995–1350 SEK
DZ 1350–2495 SEK
inkl. Frühstück

Ambiente ★★★○○
Charmanter wohnen in Södermalm, dem kultigen Süden der Stadt: Das «Columbus» ist ein reizvolles familiäres Drei-Sterne-Hotel in einem denkmalgeschützten Gebäude von 1780, das einst eine Brauerei, eine Polizeiwache und ein Krankenhaus war. Es erfreut mit wohltuender Schlichtheit in bester skandinavischer Art, ländlich anmutenden Zimmern und einem herzlichen Team, das jeden Wunsch erfüllen zu können scheint. Im ruhigen Innenhof wird an warmen Tagen das Frühstück serviert. Da das Hotel auf einem Hügel liegt, hat man auf dem Weg nach Gamla Stan eine herrliche Sicht auf die Stadt.

Lage ★★★★○
Zentral im angesagten Södermalm-Quartier, nahe der Katharinenkirche. Rund zehn Gehminuten zur Innenstadt.

Zimmer ★★★○○
40 angenehme, tadellos saubere Zimmer mit kostenlosem WiFi.

Essen & Trinken ★○○○○
Bar. Kein Restaurant im Haus, doch finden sich zahlreiche Lokale in der Umgebung.

Service ★★★★○
Sehr persönlich und zuvorkommend.

ÖV: U-Bahn-Station Medborgarplatsen. Dort Aufgang Björns Trädgård-Tjärhovsgatan.

plus-minus

+ Fahrradverleih im Hotel.
− Die steile Treppe (kein Lift) ist für ältere Leute mit Gepäck eine Herausforderung. Des Weiteren sind die Zimmer sehr ringhörig.

STOCKHOLM

Hellsten

Luntmakargatan 68
T +46 8 661 86 00
www.hellsten.se
hotel@hellsten.se

Preise
EZ und DZ 1490–2090 SEK
DZ 1690–2690 SEK
Juniorsuite 2090–3290 SEK
inkl. Frühstück

Ambiente ★★★★○
Per Hellsten, der charismatische Hausherr und Gestalter dieses 2005 eröffneten Hotels, wollte in erster Linie eine positive Atmosphäre für seine Gäste schaffen. Dass ihm dies gut gelungen ist, merkt man bereits beim Betreten des hundertjährigen Gebäudes, dessen Inneneinrichtung historische und moderne skandinavische Elemente stilsicher mit Antiquitäten und Ethno-Gegenständen aus Afrika und Asien verbindet. Traditionelle Gastlichkeit ist hier grossgeschrieben: Ob beim Empfang oder in der kolonialen Bar – immer hat man das vertraute Gefühl, dass alles für einen vorbereitet ist. Das «Hellsten» hat sich bei trendbewussten Reisenden – viele aus der Film-, Musik-, Mode- oder Werbebranche – herumgesprochen, deshalb empfiehlt es sich, frühzeitig zu reservieren.

Lage ★★★★○
Zentral in der Luntmakargatan, die parallel zum Sveavägen verläuft, Stockholms einzigem richtigen Boulevard. Die Innenstadt ist in fünf bis zehn Gehminuten zu erreichen.

Zimmer ★★★★○
78 exzentrisch gestaltete, ziemlich kleine Zimmer und Juniorsuiten mit guten Betten und hübschen Bädern. In etlichen Zimmern finden sich Zeugen der Vergangenheit: Kachelöfen, Stuckaturen, alte Parkettböden. Sieben Zimmer haben einen Balkon zum ruhigen Innenhof. Kostenloses WiFi in der Lobby.

Essen & Trinken ★○○○○
Bar. Kein Restaurant im Haus, doch gibt es zahlreiche Lokale in der Umgebung.

Service ★★★★○
Der Gast steht spürbar im Mittelpunkt.

ÖV: U-Bahn-Station Rådmansgatan.

plus-minus

+ Jeden Donnerstagabend finden in der Bar kostenlose Jazzkonzerte statt.

− Vier Zimmer der günstigsten Kategorie haben kein Fenster nach aussen, sondern blicken auf den Frühstücksraum – klaustrophobisch veranlagte Gäste sollten diese Zimmer bei der Reservation explizit ausschliessen!

STOCKHOLM

Besonders ruhig

Hotel J

Ellensviksv 1, Nacka Strand
T +46 8 601 30 00
www.hotelj.com
info@hotelj.com

Preise
EZ und DZ 1825–2995 SEK
Suite 3175–3800 SEK
inkl. Frühstück

Ambiente ★★★★★
Zum Charme von Stockholm tragen die vielen kleinen Inseln bei, über die sich die Stadt erstreckt. Zu einem edlen Wohngebiet hat sich Nacka Strand entwickelt. Hier liegt, fünfzehn Auto- oder Bootsminuten vom Zentrum entfernt, das «Hotel J» mit eigenem Hafen. Das einladende Backsteinhaus aus dem Jahr 1912 wurde im modernen Marine-Stil renoviert und durch zwei neuere Nebengebäude ergänzt. Es dominieren die Farben Weiss, Blau und Rot, dazu gesellen sich dunkel lackierte Holzböden; die Betreiber haben sich an den Bootshäusern von New England an der amerikanischen Ostküste inspiriert. Fast wähnt man sich in einem Werbespot von Ralph Lauren oder Thommy Hilfiger, wäre da nicht der nordische Touch. In den kalten Monaten lebt das Designhotel von der Ästhetik und der warmen Atmosphäre mit Kaminfeuer, im Sommer von der weiten Aussicht aufs Meer und die vorüberziehenden Boote. Der Name «J» stammt von den legendären Segelyachten am America's Cup der Dreissigerjahre.

Lage ★★★★★
Direkt an der Stockholmer Hafeneinfahrt, in einem Garten am Ufer von Nacka Strand.

Zimmer ★★★★☆
158 komfortable, fröhliche Zimmer und Suiten, die meisten mit Balkon oder Terrasse. Kostenloses WiFi im ganzen Hotel.

Essen & Trinken ★★★★☆
Brasserie-Restaurant mit moderner Seafood-Küche und wunderbarer Sommerterrasse direkt am Wasser. Lounge-Bar.

Service ★★★☆☆
Freundlich und aufmerksam.

ÖV: U-Bahn-Station Slussen. Von dort Bus 443 nach Nacka Strand. Regelmässiger Fährschiffverkehr nach Nacka Strand von Nybrokajen und Slussen (Fahrzeit rund fünfzehn Minuten).

plus-minus

+ Der Blick aufs Wasser, den man vom Garten und von vielen Zimmern hat, ist unbezahlbar. Perfekt für einen City-Trip mit Naturanbindung.
− Was das Hotel an Grösse zugelegt hat (die Bettenkapazität hat sich im Herbst 2011 verdreifacht), hat es an familiärem Charme eingebüsst.

STOCKHOLM

Besonders ruhig

Rival

Mariatorget 3
T +46 8 545 789 00
www.rival.se
reservations@rival.se

Preise
EZ 1495–2495 SEK
DZ 1595–2995 SEK
Suite 3690–5790 SEK
Frühstück 175 SEK

Ambiente ★★★★★
Aus einem abgewirtschafteten Hotel der Dreissigerjahre wurde ein hippes Boutiquehotel. Es konnte zwei Art-Déco-Schätze in unsere Zeit hinüberretten: eine runde Cocktailbar in der Lobby und ein rotsamtenes Kino mit glamourösem Flair. Die Zimmer in modernem skandinavischem Design sind mit neuster Kommunikationstechnologie ausgestattet. Über jedem Bett – mit flauschigen Daunendecken und diversen Kissen zur Wahl – hängt eine Szene eines klassischen schwedischen Films, einschliesslich des ersten grossen Hits von Lasse Hallström, «Abba: The Movie». Das hat unter anderem damit zu tun, dass das ehemalige Bandmitglied Benny Andersson Mitinhaber des Hotels ist.

Lage ★★★★○
Im trendigen Södermalm-Quartier, gegenüber einem kleinen Park mit alten Bäumen. Rund fünfzehn Gehminuten ins Stadtzentrum.

Zimmer ★★★★○
97 modern gestaltete, teilweise etwas abgewohnte Zimmer und 2 Suiten mit grossen Fenstern, guten Betten und offenen Bädern. Alle Zimmer mit DVD/CD-Player (Gratis-DVD- und CD-Verleih an der Rezeption) und kostenlosem WiFi. Die Standardzimmer blicken in einen gesichtslosen Innenhof, die Deluxe-Zimmer auf den Park vor dem Hotel, und die beiden Suiten bieten schöne Ausblicke über Stockholms Dächer.

Essen & Trinken ★★★★★
Sympathisches Bistro mit schwedischer Küche – und den klassischen einheimischen Zutaten Senf, Meerrettich und Dill. Stimmiges Café mit Bäckerei. Zwei gut besuchte Bars.

Service ★★★★★
Freundlich, kompetent und effizient. Auf Sonderwünsche wird umgehend eingegangen.

ÖV: Vom Hauptbahnhof U-Bahn rote Linie (Richtung Fruängen) bis Station Mariatorget. Dort Ausgang Mariatorget und links zum Park. Das Hotel liegt auf der rechten Seite des Parks.

plus-minus

+ Hauseigenes Kino. Und das Frühstück auf dem Zimmer gibt es ganzjährig rund um die Uhr.
− Die Teppiche in den Hotelkorridoren sind ziemlich schmuddelig – hoffentlich wurden diese inzwischen ersetzt.

STOCKHOLM

Besonders ruhig

Skeppsholmen

Gröna gången 1
T +46 8 407 23 00
www.hotelskeppsholmen.com
info@hotelskeppsholmen.se

Preise
EZ und DZ 1440–2900 SEK
Suite 5000–12 000 SEK
inkl. Frühstück

Ambiente ★★★★★
Das erfolgreiche schwedische Designer-Trio Claesson Koivisto Rune hat das denkmalgeschützte Anwesen von 1699 auf der einstigen Militär- und heutigen Museumsinsel Skeppsholmen mitten in Stockholm in eine urbane Oase mit entspanntem Bohème-Chic verwandelt. Der schlichte Barockbau mit grossen Fenstern, steinernen Treppenhäusern und rustikalen Holzböden wirkt wie gemacht für moderne italienische Bäder und skandinavische Möbel.

Lage ★★★★★
Auf der idyllischen Insel Skeppsholmen, beim «Moderna Museet» (Museum für moderne Kunst) und mit Blick aufs Wasser. Das Stadtzentrum ist über eine Brücke in rund zehn Gehminuten zu erreichen.

Zimmer ★★★★○
81 komfortable, geschmackvoll schlicht gestaltete Zimmer und Suiten mit guten Betten, DVD und kostenlosem WiFi. Die Zimmer der beiden unteren Preisklassen sind ziemlich klein, aber dennoch sehr gemütlich. Da die Zimmer im Erdgeschoss teilweise von Passanten einsehbar sind, empfiehlt es sich, nach Möglichkeit ein Zimmer im ersten Stock zu buchen.

Essen & Trinken ★★★★○
Gepflegt lebendiges Restaurant mit zeitgemässer skandinavischer Küche und wunderbarer Panoramaterrasse. Bar.

Service ★★★★○
Charmant, warmherzig, durchwegs jung. Da sich das Restaurant vor lauter Gästen (darunter viele einheimische Szenegänger) kaum retten kann, ist die Servicecrew manchmal überfordert.

ÖV: U-Bahn bis Station Kungsträdgården. Bus 65 bis Skeppsholmen. Anleger der Fährschiffe zwei Gehminuten entfernt.

plus-minus

+ Die Lage ist genial und nicht zu toppen: Mittendrin und doch ruhig und friedlich wie auf dem Land.
− In den öffentlichen Räumen wird es bei vollem Haus und schlechtem Wetter ziemlich eng. Im Sommer verteilen sich die Gäste besser.

STRASSBURG

Besonders ruhig
Besonders preiswert

Beaucour

Rue des Bouchers 5
T +33 388 76 72 00
www.hotel-beaucour.com
info@hotel-beaucour.com

Preise
EZ 78–110 €
DZ 138–165 €
Juniorsuite 190–220 €
Frühstück 14 €

Ambiente ★★★★○
Wenn schon Strassburg, dann richtig: Das «Beaucour», bestehend aus zwei typischen Elsässer Fachwerkhäusern mit lauschigem Innenhof, liegt wenige Schritte von Altstadt und Münster entfernt und doch ruhig. Sobald man das Portal aus dem 17. Jahrhundert durchschritten hat, berührt einen die Behaglichkeit dieses angenehmen, gut geführten Drei-Sterne-Hotels. Hier erwartet einen jene Freundlichkeit, die ganz ohne Unterwürfigkeit oder Arroganz auskommt, sodass man sich weder belagert noch verstossen fühlt, sondern einfach als gern gesehener Gast.

Lage ★★★★○
Nahe an allem dran, aber nicht laut: Von der Altstadt (beim Musée de l'Oeuvre Notre-Dame) über die Brücke, und schon ist man im Hotel. Schräg gegenüber dem «Beaucour» befindet sich das Parkhaus Austerlitz.

Zimmer ★★★○○
49 komfortable, teilweise etwas abgewohnte Zimmer und Juniorsuiten in warmen Farben. Kostenpflichtiges WiFi.

Essen & Trinken ○○○○○
Kein Restaurant im Haus, doch finden sich zahlreiche Lokale in unmittelbarer Umgebung.

Service ★★★★○
Man fühlt sich bestens umsorgt.

ÖV: Tram Linie A (Richtung Illkirch Lixenbuhl) oder Linie D (Richtung Aristide Briand) bis Station Porte de l'Hôpital. Von dort sind es fünfzig Meter bis zum Hotel.

plus-minus

✚ Wunderbares Frühstück, im Sommer im Innenhof serviert.
− Die Kopfkissen sind flach wie Pfannkuchen.

STRASSBURG

Besonders ruhig

Villa Novarina

Rue Westercamp 11
T +33 390 41 18 28
www.villanovarina.com
contact@villanovarina.com

Preise
EZ 89–169 €
DZ 129–389 €
Suite 319–559 €
Frühstück 17 €

Ambiente ★★★★★
Umgeben von Edelresidenzen, Botschaften und Honorarkonsulaten, empfängt diese resolut modern gestaltete Villa aus den Fünfzigerjahren (benannt nach ihrem Architekten Maurice Novarina) seit ein paar Jahren Reisende aus aller Welt. Irgendwo zwischen Boutiquehotel und luxuriösem Bed & Breakfast angesiedelt, stehen überaus wohnliche Zimmer und Suiten, ein Kamin-Salon mit Bibliothek, ein lichtdurchfluteter Frühstücksraum und ein schöner Garten mit Freibad zur Verfügung. Hausherrin Christine Claus, eine bescheiden zurückhaltende Dame, ist ein wandelndes Glossar und nimmermüdes Auskunftsbüro für ihre Gäste. Ihr Motto steht auf einer Wandtafel im Foyer: «Bienvenue Chez Vous!» Unter so viel gepflegtem Wohlsein leidet höchstens die Unternehmungslust: Wollen wir wirklich noch mal raus?

Lage ★★★○○
Ruhig beim Parc de l'Orangerie, rund zwanzig Gehminuten ins historische Zentrum.

Zimmer ★★★★○
15 komfortable, geschmackvoll eingerichtete Zimmer und Suiten, die meisten mit Balkon oder Terrasse. Kostenloses WiFi im ganzen Haus.

Essen & Trinken ★○○○○
Nachmittagskaffee und abendlicher Aperitif. Kein Restaurant im Haus, aber es sind jederzeit kleine Snacks zu haben. Im Parc de l'Orangerie liegt das Feinschmeckerlokal «Le Buerehiesel».

Service ★★★★★
Alle Wünsche werden prompt und zuverlässig erfüllt.

ÖV: Tram bis Station Droits de l'Homme.

plus-minus

+ Bei diesem herzhaften Frühstück (alles frisch und bio und mit hausgemachten Kuchen) werden sogar Morgenmuffel munter.
− Wie so oft in Frankreich fehlt im Bad der Duschvorhang.

VALENCIA

Besonders ruhig
Besonders preiswert

Ad Hoc Monumental Hotel

Calle Boix 4
T +34 96 391 91 40
www.adhochoteles.com
adhoc@adhochoteles.com

Preise
EZ 88–124 €, DZ 105–152 € inkl. Frühstück

Ambiente ★★★○○
Das angenehm schlichte, zentral nahe der Kathedrale gelegene Drei-Sterne-Hotel befindet sich in einem sorgsam restaurierten ehemaligen Wohnhaus aus dem 19. Jahrhundert. Es strahlt rustikale Eleganz und mediterrane Gelassenheit aus. Die Zimmer sind mit Backsteinwänden, Marmorböden und gewölbten Holzbalken-/Ziegeldecken ausgestattet. Die Zimmer mit eigenem Balkon werden tendenziell den Gästen zugeteilt, die schon einmal im Hotel abgestiegen sind. Ansonsten wird jeder gleich gut behandelt. Die warmherzigen, ausgesprochen zuvorkommenden Mitarbeiter vermitteln auch Neulingen das Gefühl, schon seit längerem gern gesehene Gäste zu sein.

Lage ★★★★○
Relativ ruhig am Rand des historischen Xerea-Viertels, fünf Gehminuten zur Innenstadt.

Zimmer ★★★○○
28 komfortable, sehr saubere Zimmer mit kostenlosem WiFi.

Essen & Trinken ★★★○○
Nettes kleines Restaurant mit klassischer spanischer Küche zu sehr vernünftigen Preisen.

Service ★★★★★
Hier wird einem von ausnahmslos freundlichen und hilfsbereiten Mitarbeitern jeder Wunsch erfüllt.

ÖV: Bus-Station Poeta Llorante-Temple.

plus-minus

+ Verleih von Fahrrädern und Segways im Hotel.
− Wie so oft in Spanien fällt auch hier das Frühstück etwas dürftig aus.

VALENCIA

Besonders preiswert

Chill Art Hotel Jardín Botánico

Calle Doctor Peset Cervera 6
T +34 96 315 40 12
www.hoteljardinbotanico.com
inf-reservas@hoteljardin
botanico.com

Preise
EZ und DZ 70–140 €
inkl. Frühstück

Ambiente ★★★○○
Zwischen dem MUVIM (Museum der Illustration und Moderne), dem IVAM (Museum für Moderne Kunst) und dem Museo de Bellas Artes Valencia gelegen, zelebriert das «Chill Art Hotel Jardín Botánico» Kultur als Lifestyle. In den öffentlichen Räumen und in den geräumigen Zimmern finden Wechselausstellungen zeitgenössischer einheimischer Künstler und Fotografen statt, und die freundliche Hotelcrew gibt ihr Insiderwissen über die hiesige Kunst- und Designszene gerne an die Gäste weiter.

Lage ★★★○○
Wenige Schritte vom Trendviertel Barrio del Carmen entfernt beim Botanischen Garten und dem ausgetrockneten Flussbett. Nahe der Altstadt, noch näher beim Nightlife-Geschehen von Valencia.

Zimmer ★★★○○
16 komfortable, geschmackvoll modern gestylte Zimmer mit Holzböden, DVD-/CD-Player und kostenlosem WiFi.

Essen & Trinken ★○○○○
Lounge-Bar. Kein Restaurant im Haus, doch finden sich zahlreiche Lokale in naher Umgebung.

Service ★★★★○
Vor und hinter den Kulissen des renovierten historischen Gebäudes geht es heiter und entspannt zu – entsprechend unverkrampft begegnen sich Mitarbeiter und Gäste.

ÖV: U-Bahn-Station Angel Guimerà.

plus-minus

+ Hervorragendes Preis-Leistungs-Verhältnis.
− Die unmittelbare Umgebung des Hotels ist ziemlich heruntergekommen.

VENEDIG

Casa de Uscoli

Campo Pisani
San Marco 2818
T +39 041 241 06 69
www.casadeuscoli.com
info@casadeuscoli.com

Preise
EZ und DZ 210 €
Suite 350 €
inkl. Frühstück

Ambiente ★★★★★
Alejandro Suárez Díaz de Bethencourt. Wer solch einen Namen trägt, muss wohl auch einen ganz besonderen Geschmack haben. In diesem Fall trifft man mit dieser Mutmassung jedenfalls ins Schwarze. Der ebenso feingeistige wie kosmopolitische Rechtsanwalt aus Madrid hat bei der Renovation seines authentischen Palazzo aus dem 15. Jahrhundert eine Etage für Gäste bestimmt. Empfangen werden sie im «portego», dem zentralen Saal, in dem ein Muranoleuchter, riesige historische Kerzenständer und ein brauner Flügel mit modernen Möbelstücken kontrastieren. Individualisten, die in der Serenissima etwas Einzigartiges suchen und für ein paar Tage wie ein Venezianer wohnen möchten, liegen in diesem charaktervollen Bed & Breakfast richtig.

Lage ★★★★★
Direkt am Canal Grande mit Postkartenblick auf die Accademia sowie Chiesa della Salute und Guggenheim-Museum.

Zimmer ★★★○○
2 geräumige, geschmackvoll dekorierte Zimmer («La Biblioteca» und «La Boiserie») sowie «La Salute Suite» für zwei bis fünf Personen mit Blick auf den Canal Grande. Kostenloses WiFi im ganzen Haus.

Essen & Trinken ○○○○○
Kein Restaurant im Haus, doch finden sich zahlreiche Restaurants in der Nähe.

Service ★★○○○
Zuvorkommend und hilfsbereit, aber nicht immer zur Stelle. Alejandro ist ein charmanter Gastgeber, der seine Gäste verwöhnt und sie mit aktuellen Tipps für Museen und Restaurants versorgt.

ÖV: Vaporetto Linie 1 bis Haltestelle Santa Maria del Giglio.

plus-minus

✚ Man fühlt sich wie bei einem exzentrischen reichen Onkel zu Hause.
− Checkt man die Erfahrungsberichte auf der Internet-Plattform «Trip Advisor», kommt es offenbar öfters vor, dass die Gäste nicht das Zimmer erhalten, das sie gebucht haben, oder sogar in den unaufgeräumten Privatgemächern des Hausherrn untergebracht werden. Und an Sommertagen kann es heiss werden in den Zimmern: Es gibt keine Klimaanlage und demzufolge viele Mücken.

VENEDIG

Besonders ruhig

Charming House DD 724

Dorsoduro 724
T +39 041 277 02 62
www.dd724.it
info@dd724.it

Preise
EZ und DZ 196–425 €
Suite 300–575 €
inkl. Frühstück

Ambiente ★★★★☆
Das 2003 eröffnete Design-Bed-&-Breakfast neben dem Peggy-Guggenheim-Museum ist ein Lieblingshotel der Künstler und Kuratoren, die mit der dortigen Sammlung zu tun haben. Der Grund ist einfach: Sowohl das Museum als auch das «DD 724» widmen sich moderner und zeitgenössischer Kunst. Der abweisend futuristische Name steht für die Adresse, Dorsoduro 724. Das puristische Design, das sich stilistisch zwischen Christian Liaigre und Armani Casa positioniert, würde in London oder Barcelona kein Aufsehen erregen, aber in dieser Schatzkammer abendländischer Kultur wirkt das Hotel mit den sieben Zimmern wie ein Ufo in der Lagunenstadt. Das Dekor ist in erdigen Tönen gehalten: Regale aus Wengeholz, Bettkopfteile aus dunkelbraunem Leder, Holzböden aus blassem Apricot und Wände in Beige-Creme-Tönen. Abends erzeugen zahlreiche Kerzen ein mystisches Ambiente, morgens blickt man vom Frühstücksraum in den Garten des Guggenheim-Museums.

Lage ★★★★★
Zentral und ruhig im Dorsoduro-Quartier, direkt neben dem Peggy-Guggenheim-Museum.

Zimmer ★★★★☆
7 komfortable, schnörkellos gestaltete Zimmer und Suiten mit kostenlosem WiFi.

Essen & Trinken ☆☆☆☆☆
Kein Restaurant im Haus, doch finden sich zahlreiche Restaurants in der Nähe.

Service ★★★★☆
Aufmerksam und im Gegensatz zu anderen Bed & Breakfasts professionell. Die Rezeption ist rund um die Uhr besetzt. Wann immer man einen Kaffee bestellt oder ein Bootstaxi bestellen möchte, wird diesem Wunsch umgehend entsprochen. Eigentümerin Chiara Bocchini ist um jedes Detail besorgt.

ÖV: Vaporetto Linie 1 bis Haltestelle Accademia. Von dort drei Gehminuten zum Hotel.

plus-minus

+ Für Gäste, die zu früh anreisen oder erst abends in Venedig abreisen, steht ein spezielles Bad mit Dusche zur Verfügung.
− Zu Hauptsaisonzeiten schnellen die Zimmerpreise unverhältnismässig in die Höhe.

VENEDIG

Besonders preiswert

Locanda Fiorita

Campiello Novo, San Marco
T +39 041 523 47 54
www.locandafiorita.com
info@locandafiorita.com

Preise
EZ 65–130 €
DZ 120–170 €
Dreibettzimmer 165–190 €
inkl. Frühstück

Ambiente ★★★○○
Die charmante, pflanzenumrankte «Locanda Fiorita» verbreitet eine ausgesprochen friedliche Stimmung. Fehlender Komfort wird durch authentisch venezianisches Flair und den freundlichen Empfang wettgemacht. Die Zimmer sind sehr einfach – es lohnt sich, ein paar Euro mehr zu bezahlen und die teuerste Kategorie zu buchen. Wer aus dem Fenster schaut, kann feststellen, dass es nicht nur in Pisa einen schiefen Turm gibt: Man sehe sich nur den Glockenturm der Kirche Santo Stefano an. Die Besitzerfamilie betreibt auch das etwas teurere, gleich um die Ecke liegende Bed & Breakfast «Settimo Cielo» mit einer hübschen Dachterrasse (www.settimocielo-venice.com).

Lage ★★★★○
Etwas zurückversetzt vom Campo Santo Stefano. Abseits der touristischen Trampelpfade und doch nur zehn Gehminuten von Markusplatz und Rialtobrücke entfernt.

Zimmer ★○○○○
10 einfache, kleine, saubere Zimmer mit kostenlosem WiFi.

Essen & Trinken ○○○○○
Kein Restaurant im Haus, doch finden sich zahlreiche Restaurants in der Nähe.

Service ★★★○○
Traditionelle italienische Gastfreundschaft, fröhlich und hilfsbereit.

ÖV: Vaporetto Linie 1 bis Haltestelle Sant'Angelo.

plus-minus

+ Rund um den Campo Santo Stefano sieht man endlich einmal normale Venezianer, die arbeiten, Kinder, die zur Schule gehen, und einheimische Frauen, die sich auf einen Schwatz vor dem Gemüseladen treffen.
− In den Wintermonaten kann es in den schlecht isolierten Zimmern ganz schön kalt werden. Und manche Bäder sind winzig wie auf einer Yacht.

VENEDIG

Besonders ruhig

Novecento Boutique Hotel

Calle del Dose
Campo San Maurizio
T +39 041 241 37 65
www.novecento.biz
info@novecento.biz

Preise
EZ und DZ 150–260 €
Dreibettzimmer 200–310 €
inkl. Frühstück

Ambiente ★★★★☆
Ruggero und Gioele Romanelli, Vater und Sohn, die auch das bezaubernd altmodische Hotel «Flora» (www.hotelflora.it) betreiben, haben 2001 mit dem «Novecento» ein für Venedig untypisches Hotel mit orientalischem Flair eröffnet. Das Design mischt marokkanische, indische und venezianische Einflüsse zu einem einzigartigen Ganzen und zieht ein unkonventionelles Publikum an. Vor den in dieser Stadt grassierenden Reisegruppen ist man hier also sicher. In den öffentlichen Räumen sind regelmässig Wechselausstellungen lokaler Künster zu sehen.

Lage ★★★★★
Zentral und relativ ruhig in einer Seitengasse zwischen Piazza San Marco und Accademia, beim Campo San Maurizio. Alle Sehenswürdigkeiten der Stadt sind bequem zu Fuss erreichbar.

Zimmer ★★★☆☆
9 geschmackvoll gestaltete, romantische kleine Zimmer mit kostenlosem WiFi.

Essen & Trinken ☆☆☆☆☆
Kein Restaurant im Haus, doch finden sich zahlreiche Restaurants in der Nähe. «Honesty Bar» im Hotel, an der man sich selbst bedienen kann.

Service ★★★★☆
Ausnahmslos freundlich und hilfsbereit.

ÖV: Vaporetto Linie 1 bis Haltestelle Santa Maria del Giglio. Von der Haltestelle hundert Meter geradeaus und links in Richtung Campo San Maurizio abbiegen. Auf dem Campo San Maurizio links in die Calle del Dose.

plus-minus

+ Die Gastgeberfamilie Romanelli ist Herausgeber des Online-Reiseführers «Inside Venice» (www.insidevenice.it) und teilt ihr Wissen bereitwillig mit den Gästen.
− Das lukullische Frühstück – im Sommer draussen auf der begrünten Hofterrasse serviert – verleitet zum Zunehmen.

VENEDIG

Besonders ruhig

Oltre Il Giardino

Fondamenta Contarini,
San Polo
T +39 041 275 00 15
www.oltreilgiardino-venezia.com
info@oltreilgiardino-venezia.com

Preise
EZ und DZ 150–250 €
Suite 200–500 €, inkl. Frühstück

Ambiente ★★★★★
Die Stadt der Pfahlbauten bietet ganz in der Nähe der grossen Touristenströme zahlreiche authentische Ecken, beispielsweise im lebhaften Viertel San Polo. Hier liegt ruhig und friedlich das «Oltre Il Giardino», eines der besonders guten kleinen Hotels in Venedig. Jeder Raum und jedes Zimmer ist ein kleines Kunstwerk für sich. Die Eigentümerin Alessandra Arduini Zambelli und ihr Sohn Lorenzo sorgen dafür, dass in ihrem charmanten Refugium das Besondere zum Inventar gehört. Das Haus war von 1922 bis 1935 im Besitz der aus Wien stammenden Femme fatale Alma Mahler – Witwe des Komponisten Gustav Mahler, Ehefrau des Architekten Walter Gropius und des Dichters Franz Werfel sowie Gefährtin des Malers Oskar Kokoschka und weiterer prominenter Künstler. Alma Mahler bezeichnete das Kleinod als «pures Paradies» und musste es gegen ihren Willen vor dem Gang ins kalifornische Exil verkaufen.

Lage ★★★★★
Ruhig in einem privaten Garten an einem kleinen Kanal im Stadtteil San Polo, nahe der monumentalen Frari-Kirche und fünfzehn Gehminuten von der Rialtobrücke entfernt.

Zimmer ★★★★★
4 komfortable, geräumige und bis ins Detail elegante Zimmer und Suiten in sanften Erd- und Creme-Tönen und mit englischem Flair. Kostenloses WiFi im ganzen Haus.

Essen & Trinken ○○○○○
Kein Restaurant im Haus, doch finden sich zahlreiche Restaurants in der Nähe.

Service ★★★★★
Sehr persönlich und individuell.

ÖV: Vaporetto Linien 1 und 2 bis Haltestelle San Tomà.

plus-minus

✚ Nach einer Erholungspause im schönen Garten voller Oliven-, Magnolien- und Granatapfelbäume («Oltre Il Giardino» heisst übersetzt «auf der anderen Seite des Gartens») ist man gestärkt für weitere Venedig-Erkundungen.
− Das Hotel ist oft schon monatelang im Voraus ausgebucht.

VENEDIG

Besonders ruhig

Pensione Accademia

Dorsoduro 1058
Tel. +39 041 521 01 88
www.pensioneaccademia.it
info@pensioneaccademia.it

Preise
EZ 80–140 €
DZ 135–320 €
Juniorsuite 200–350 €
inkl. Frühstück

Ambiente ★★★★★
Die venezianische Villa aus dem 17. Jahrhundert, die einst die russische Botschaft beherbergte, lässt sich nicht von gängigen Superlativen und Designtrends unter Druck setzen und ist dennoch das Lieblingshotels vieler Venedig-Kenner. Es punktet mit einer zeitlosen Privathausatmosphäre, alles wirkt sehr entspannt und echt. Aus den charmanten Zimmern schaut man entweder auf den Canal Grande oder in einen der beiden hauseigenen Gärten. Der Salon und der Frühstücksraum atmen lokale Geschichte, in den Fluren folgen einem die Blicke der Ahnen, nichts ist zugrunde renoviert. Der Service mag nicht immer sofort zur Stelle sein, doch der Empfang ist kaum zu schlagen: Wenn man nach einem Jahr wiederkommt, wird man so selbstverständlich freundlich begrüsst, als wäre man kurz für einen Besuch im nahegelegenen Gemäldemuseum Galleria dell'Accademia aus dem Haus gegangen.

Lage ★★★★★
Im ruhigen Dorsoduro-Viertel, etwas zurückversetzt vom Canal Grande. Die Galleria dell'Accademia und die Collezione Peggy Guggenheim sind nur wenige Gehminuten entfernt.

Zimmer ★★★○○
27 gepflegte Zimmer, in denen die Zeit stillzustehen scheint.

Essen & Trinken ○○○○○
Kein Restaurant im Haus, doch finden sich zahlreiche Restaurants in der Nähe.

Service ★★★★○
Die langjährigen Mitarbeiter betreuen die Gäste mit Freude und Freundlichkeit.

ÖV: Vaporetto Linie 1 bis Haltestelle Accademia. Von dort fünf Minuten zu Fuss ins Hotel.

plus-minus

+ Idyllischer Garten zum Frühstücken und zum Relaxen nach langen Märschen durch Venedig.
− Ohne frühzeitige Reservation geht nichts: Das Hotel ist fast immer mittel- bis langfristig ausgebucht.

VENEDIG

Besonders preiswert

Pensione La Calcina

Dorsoduro 780
T +39 041 520 64 66
www.lacalcina.com
info@lacalcina.com

Preise
EZ 80–150 €
DZ 110–310 €
inkl. Frühstück

Ambiente ★★★★○
Die Zattere sind eine beliebte Wohngegend der echten Venezianer. Von den Kais aus öffnet sich ein prächtig weiter Blick auf den Giudecca-Kanal, und es gibt viele stille Winkel, obwohl die Accademia und der Canal Grande nur wenige Gehminuten entfernt sind. Direkt an der Uferpromenade liegt der Familienbetrieb «La Calcina» mit gemütlicher Lobby, freundlichen Zimmern, kleiner Panoramaterrasse auf dem Dach (wo auf Wunsch das Frühstück serviert wird) und zauberhafter Restaurantterrasse auf dem Wasser. Wer einmal hier war, kommt gerne wieder, nicht zuletzt wegen des ausgezeichneten Preis-Leistungsverhältnisses.

Lage ★★★★★
An den Zattere auf der Nordseite des Giudecca-Kanals, gegenüber der Kirche Il Redentore. Die ganze Umgebung hat eine sehr positive Atmosphäre.

Zimmer ★★★○○
29 komfortable, makellos saubere, teilweise sehr kleine Zimmer. Kostenpflichtiges WiFi.

Essen & Trinken ★★★○○
Restaurant mit fein zubereiteten mediterranen Spezialitäten und sehr schöner Terrasse auf dem Giudecca-Kanal. Bar.

Service ★★★★○
Debora und Alessandro Szemere sind die liebenswürdigsten Gastgeber, die man sich vorstellen kann.

ÖV: Vaporetto Linie 82 bis Haltestelle Zattere. Von dort sind es 150 Meter zum Hotel.

plus-minus

+ Das Hotel ist noch viel schöner, als seine Website es erwarten lassen würde.

− Es muss einen nicht stören, aber der Bootsverkehr auf dem Giudecca-Kanal ist beträchtlich; auch die Route der Kreuzfahrtschiffe führt direkt an der «Pensione La Calcina» vorbei.

VENEDIG

Besonders ruhig

Quattro Fontane

Via Quattro Fontane 16
Lido di Venezia
T +39 041 526 02 27
www.quattrofontane.com
info@quattrofontane.com

Preise
EZ und DZ 150–280 €
Suite 310–410 €
inkl. Frühstück

Ambiente ★★★★★
Niemand würde am Lido von Venedig, ganz in der Nähe des Casinos, ein englisches Landhaus erwarten. Doch hinter soliden Mauern des 16. Jahrhunderts verbirgt sich in der Tat eines der romantischsten Hotels der Stadt. Es war ursprünglich die Sommerresidenz einer venezianischen Familie, die von den Cottages von Stratford-upon-Avon fasziniert war. Heute wird das Hotel mit Stil, Hingabe und ehrlicher Gastfreundschaft von zwei weitgereisten Schwestern geführt. Es steht für eine bestimmte Lebensart, deren Wert in einem unwiderstehlichen altmodischen Charme und einer gediegenen Natürlichkeit liegt, die selten geworden ist. Das Lido liegt zwar etwas abseits des steinernen Märchenreichs, aber wer der touristischen Hektik und der sommerlichen Hitze in Venedig (wenigstens zeitweise) entkommen will, findet im «Quattro Fontane» eine rundum angenehme Zuflucht. Der Markusplatz ist mit dem Vaporetto in zwölf visuell spektakulären Minuten erreichbar (tagsüber im Fünf-Minuten-Takt, abends alle zwanzig Minuten).

Lage ★★★★○
In einem gepflegten Villenviertel auf dem Lido. Einen Häuserblock vom Strand entfernt.

Zimmer ★★★○○
Die 60 Zimmer und Suiten, die sich auf drei Gebäude verteilen, präsentieren sich in einem Stilmix aus skandinavischen, venezianischen, asiatischen und afrikanischen Elementen, sind aber durchwegs gemütlich. Kostenpflichtiges WiFi.

Essen & Trinken ★★★○○
Im authentischen Restaurant mit Gartenterrasse gibts venezianische Spezialitäten und italienische Gerichte mit Schwerpunkt Fisch. Bar.

Service ★★★★○
Freundlich familiär und jederzeit hilfsbereit.

ÖV: Vaporetto Linie 1 bis Haltestelle Lido. Von dort rund fünfzehn Gehminuten zum Hotel.

plus-minus

+ Prachtvoller Garten mit altem Baumbestand und Gartenhaus-Salon («barchessa»). Tennisplatz.
− Die Zimmer der kleinsten Kategorie sind winzig und nur rund 30 € günstiger pro Tag als ein schönes Superior-Zimmer.

WIEN

Besonders preiswert

Altstadt Vienna

Kirchengasse 41
T +43 1 522 66 66
www.altstadt.at
hotel@altstadt.at

Preise
EZ 119–169 €
DZ 139–179 €
Suite 199–369 €
inkl. Frühstück

Ambiente ★★★★★
Es ist die gelungene Innenarchitektur, die das «Altstadt Vienna» so beliebt macht bei verwöhnten Weltenbummlern. Aber es sind auch die Menschen, die dahinterstehen – all das, was der kultivierte Besitzer Otto Ernst Wiesenthal hineingesteckt hat. In dem sorgfältig restaurierten Patrizierhaus trifft man auf ein faszinierendes Neben- und Ineinander von Altwiener Charme und heutigem Lifestyle. Antike Möbel kontrastieren mit modernen Lampen und eindrücklichen Werken zeitgenössischer Kunst. Alles wirkt geräumig, grosszügig und einzigartig. Neun Zimmer wurden unlängst vom Architekten Matteo Thun gestaltet – in einem «Verrucht, aber geschmackvoll»-Stil, der einen Hauch der Rotlicht-Vergangenheit des historischen Künstlerviertels Spittelberg vermittelt. Inspiriert hat ihn Josefine Mutzenbacher, die es zur Zeit der vorletzten Jahrhundertwende als Wiens berühmteste Dirne zu literarischen Ehren brachte.

Lage ★★★★○
Im Spittelberg-Viertel, fünf Gehminuten zum Museumsquartier und fünfzehn Gehminuten von der Hofburg entfernt. Die strassenseitigen Zimmer blicken zur Ulrichskirche, diejenigen zur Hofseite sind sehr ruhig.

Zimmer ★★★★★
42 komfortable, sehr unterschiedliche und durchwegs liebevoll gepflegte Zimmer und Suiten mit kostenlosem WiFi.

Essen & Trinken ★★○○○
Hotelbar mit kleinen Gerichten. Kostenloser Nachmittagstee mit hausgemachtem Kuchen im Kamin-Salon.

Service ★★★★★
Ausgesprochen individuell und zuvorkommend.

ÖV: U-Bahn-Station Volkstheater. Von dort auf der Burggasse stadtauswärts gehen und nach rund fünf Gehminuten rechts in die Kirchengasse einbiegen.

plus-minus

+ Wenn Sie es beispielsweise verpasst haben, drei Monate im Voraus Konzertkarten für eine begehrte Premiere zu besorgen, macht das überaus freundliche Team manchmal Wunder wahr.
− Teilweise ringhörige Zimmer.

WIEN

Besonders ruhig
Besonders preiswert

Boutiquehotel Stadthalle

Hackengasse 20
T +43 1 982 42 72
www.hotelstadthalle.at
office@hotelstadthalle.at

Preise
EZ 78–108 €, DZ 118–168 €
Juniorsuite 158–188 €
inkl. Frühstück

Ambiente ★★★○○
Die Grösse dieses Hotels besteht darin, dass man nichts Grosses darüber sagen kann. Seine Schönheit gründet in seiner Normalität und in der Freundlichkeit seiner Mitarbeiter. Es besteht aus einem komplett renovierten Jahrhundertwendehaus und einem Neubau – verbunden sind beide Häuser durch die Lobby, den Frühstücksraum mit Glasveranda und einen hübschen Stadtgarten im Innenhof. Die Anlage erfüllt hohe Anforderungen an ökologisch sinnvolle Bauweise und umweltbewusste Bewirtschaftung – hier kann man sich also mit bestem Gewissen wohlfühlen.

Lage ★★★○○
Relativ ruhig nahe dem Wiener Westbahnhof. Das Stadtzentrum ist über die Mariahilfer Strasse (Wiens längster Shopping-Boulevard) zu Fuss zu erreichen. Auch das Schloss Schönbrunn liegt nur einen kurzen Spaziergang entfernt. Das Hotel verleiht (über einen Partnerbetrieb) Fahrräder, E-Velos und E-Scooters.

Zimmer ★★★○○
81 solide, makellos saubere, eher kleine Zimmer und Familienzimmer mit kostenlosem WiFi. Entweder mit Blick auf den schönen Innenhof oder auf die verkehrsarme Hackengasse.

Essen & Trinken ○○○○○
Kein Restaurant im Haus, doch ganz in der Nähe liegt das Spittelberg-Viertel mit zahlreichen gemütlichen Wiener Restaurants.

Service ★★★★○
Freundlich, unkompliziert, hilfsbereit.

ÖV: U-Bahn Linien U 3 und U 6 bis Station Westbahnhof.

plus-minus

+ Alle Gäste, die schon einmal im «Boutiquehotel Stadthalle» zu Gast waren oder mit dem Zug anreisen, erhalten einen Bonus von 10 Prozent auf den Zimmerpreis (gegen Vorweis der Zugkarte vom Anreisetag).
− Die Bäder sind etwas gar klein und teilweise ältlich.

WIEN

Hollmann Beletage

Köllnerhofgasse 6
T +43 1 961 19 60
www.hollmann-beletage.at
hotel@hollmann-beletage.at

Preise
EZ und DZ 140–250 €
Suite (bis 5 Personen) 450 €
inkl. Frühstück

Ambiente ★★★★★
Ungewöhnliche Menschen betreiben ungewöhnliche Hotels. Peter Hollmann, früherer Schauspieler und begnadeter Koch, sah sich vor ein paar Jahren nach einer innerstädtischen Immobilie für ein Edel-Guesthouse um. In einem gepflegten Gründerzeitgebäude richtete er eine gastliche Welt mit stylischen Zimmern, behaglichem Wohnsalon mit Kamin und Klavier, Bibliothek und Heimkino ein – und führt das «Hollmann Beletage» seitdem frei nach Goethe: «Hier bin ich Mensch, hier darf ichs sein.»

Lage ★★★★★
Im Herzen der Altstadt, zwei Gehminuten vom Stephansdom entfernt.

Zimmer ★★★★○
25 komfortable, geschmackvoll schlicht gestaltete Zimmer mit iPod-Dock, CD-Player und kostenlosem WiFi. Zwei Gehminuten vom Hotel entfernt bietet das Hotel das Full-Service-Apartment «Suite XXXL» mit zwei Schlafzimmern und grossem Wohnraum an (110 Quadratmeter, maximal fünf Personen).

Essen & Trinken ★★★★○
Gleich um die Ecke, im barocken Heiligenkreuzerhof (dem vielleicht schönsten Innenhof der Wiener Altstadt), betreibt Peter Hollmann das In-Restaurant «Hollmann Beletage» mit biologischer Marktküche aus regionalen Produkten. Top: Das sechsgängige Frühstücksmenü im Hotel, täglich bis 11.30 Uhr.

Service ★★○○○
Sehr persönlich, aber die Rezeption ist nicht immer besetzt wie in einem normalen Hotel. Gäste bekommen den Code für die Tür, der Zimmerschlüssel wird auf der Theke der Lobby bereitgelegt.

ÖV: Das Hotel befindet sich genau zwischen den U-Bahn-Stationen Stephansplatz (Linien U 1 und U 3) und Schwedenplatz (Linien U 1 und U 4).

plus-minus

+ Der kleine Stadtgarten und die Saunaoase sind sehr entspannend und lassen vergessen, dass man sich mitten in Wien befindet. Das hauseigene Mini-Kino mit acht restaurierten Lichtspieltheaterstühlen zeigt täglich vier Filme, darunter regelmässig den Filmklassiker «Der dritte Mann».
− Hier lässt es sich so wohl sein, dass man Gefahr läuft, gar nicht mehr aus dem Haus zu wollen, und die vielen Sehenswürdigkeiten vor der Haustür glatt vergisst.

Besonders ruhig
Besonders preiswert

Kärntnerhof

Grashofgasse 4
T +43 1 512 19 23
www.karntnerhof.com
info@karntnerhof.com

Preise
EZ 79–119 €
DZ 95–179 €
Dreibettzimmer 139–219 €
Suite (2–5 Personen) 185–285 €
inkl. Frühstück

Ambiente ★★★○○
«Altmodisch und stolz darauf», könnte das Motto dieses familiengeführten Drei-Sterne-Hotels an Fünf-Sterne-Lage sein. Das Haus aus der Jahrhundertwende mit museumsreifem Aufzug war zunächst ein Wohnhaus und beherbergte nach dem Zweiten Weltkrieg ein stadtbekanntes Edelbordell. Es bietet sowohl den «O du mein Österreich»-Liebhabern als auch jüngeren Stadtreisenden eine diskrete Zuflucht mit typischem Wiener Flair zu moderaten Preisen. Höhepunkt ist die nette kleine Dachterrasse im fünften Stock mit Blick auf die barocken Kirchtürme des Heiligenkreuzerhofes.

Lage ★★★★○
Relativ ruhig in einer Sackgasse im ersten Bezirk, zwei Gehminuten vom Stephansdom entfernt. Was man in Wien gesehen haben muss, erreicht man bequem zu Fuss.

Zimmer ★★○○○
41 solide, saubere, mehrheitlich kleine Zimmer und 3 Suiten mit kostenlosem WiFi.

Essen & Trinken ○○○○○
Kein Restaurant im Haus, doch finden sich zahlreiche Restaurants in unmittelbarer Umgebung.

Service ★★★★○
Die Mitarbeiter sind hochgradig gastbewusst, ohne übertrieben dienstbar zu sein.

ÖV: Das Hotel befindet sich zwischen den U-Bahn-Stationen Stephansplatz (Linien U 1 und U 3) und Schwedenplatz (Linien U 1 und U 4).

plus-minus

+ Sehr gutes Preis-Leistungs-Verhältnis.
− Wie das oft so ist in einem Altbau: Man hört die Wasserrohre und Toilettenspülungen der oberen Etagen. Ausserdem: Manche Zimmer blicken in einen düsteren Hinterhof.

WIEN

König von Ungarn

Schulerstrasse 10
T +43 1 515 84
www.kvu.at
hotel@kvu.at

Preise
EZ 130–175 €
DZ 180–220 €
Suite 350 €
inkl. Frühstück

Ambiente ★★★★★

Das pittoreske Gebäude aus dem 16. Jahrhundert, das seit 1746 Gäste beherbergt, grenzt an das Figarohaus, wo Mozart seine Oper «Die Hochzeit des Figaro» komponierte. Wenn man im beeindruckenden überdachten Innenhof sitzt, der um einen Baum herumgebaut ist, fühlt man sich fast in die k.u.k.-Zeiten der Donaumonarchie zurückversetzt. Damals residierten hier Adlige monatelang, wenn sie ihren Pflichten bei Hof nachkamen oder an gesellschaftlichen Ereignissen teilnahmen. Einige Porträts solcher illustren Gäste schmücken den Korridor im Obergeschoss, dessen mit Fenstern versehener Wandelgang eine architektonische Besonderheit darstellt. Neben dem Luxushotel «Sacher» ist das einfachere «König von Ungarn» vielleicht das wienerischste aller Wiener Hotels.

Lage ★★★★★

Im historischen Stadtzentrum gleich hinter dem Stephansdom, eingeklemmt zwischen zwei engen Gassen, direkt neben dem Figarohaus.

Zimmer ★★★☆☆

44 komfortable Zimmer, drei Viertel davon im altösterreichischen, der Rest im modernen Stil. Spektakuläre Penthouse-Suite. Kostenloses WiFi im ganzen Haus.

Essen & Trinken ★★☆☆☆

Restaurant mit klassischer Wiener Küche. Bar im Innenhof.

Service ★★☆☆☆

Überraschungen sind jederzeit möglich – im Positiven wie im Negativen.

ÖV: U-Bahn Linie U 3 bis Station Stephansplatz.

plus-minus

+ Die Hotelhalle zählt zu den schönsten im Land und bietet Raum zum Entspannen.
− Kulinarisch gibt es bessere Alternativen vor der Haustür.

WIEN

Rathaus Wine & Design

Lange Gasse 13
T +43 1 400 11 22
www.hotel-rathaus-wien.at
office@hotel-rathaus-wien.at

Preise
EZ 120–150 €
DZ 160–210 €
Suite 400 €
Frühstück 17 €

Ambiente ★★★○○
In diesem behutsam renovierten Wiener Bürgerhaus dreht sich fast alles um den Wein. Sobald man durch die mit Weinetiketten dekorierten Türen tritt, wird einem klar, dass jedes der «Wine & Design»-Zimmer einem anderen österreichischen Spitzenwinzer gewidmet ist, mit dessen Weinen auch die jeweilige Minibar bestückt ist. Zudem gibt es aus Weintrauben hergestellte Pflegeprodukte im Bad, Literatur zum Thema Wein, eine Weinlounge für Degustationen sowie Weinmotive an den Hofwänden. Zum vinophilen Genusskonzept gehören auch regelmässig durchgeführte Tagesausflüge in die nahen Weinregionen und zu den «Winzerpaten» des Hauses.

Lage ★★★★○
Im Josefstadt-Viertel, wenige Gehminuten zur Innenstadt und zum Museumsquartier.

Zimmer ★★★○○
39 komfortable, geschmackvoll schlicht gestaltete, eher kleine Zimmer mit guten Betten, Regendusche und kostenlosem WiFi. Riesige «Atelier»-Suite mit privater Terrasse und Panoramablick über Wien und seine Weinberge.

Essen & Trinken ★★○○○
Die Weinbar bietet einfache Gerichte und das Beste aus Österreichs Weinregionen. Dabei gibt der jeweilige «Winzer des Monats» den Weinton an: Dessen gesamtes aktuelles Repertoire wird auch glasweise ausgeschenkt. Fantastisches Frühstück, das an warmen Tagen im hübschen Innenhof serviert wird.

Service ★★★★○
Liebenswürdiges Personal vom Rezeptionisten bis zur Hausdame.

ÖV: U-Bahn-Station Volkstheater. Dort Aufgang Burggasse, dann rechts am Volkstheater vorbei der Museumsstrasse folgen und nach 250 Meter links in die Lerchenfelderstrasse einbiegen. Nach weiteren 200 Metern gelangt man rechts in die Lange Gasse.

plus-minus

+ Die Minibars im «Rathaus Wine & Design» stehen im Zeichen österreichischer Topwinzer und sind entsprechend bestückt. Dazu gib es stilvolle Weinaccessoires und hochwertige Gläser.

− Das Wort «Design» im Hotelnamen weckt zu hohe Erwartungen an die Innenarchitektur, die mit wirklichem Design aber wenig zu tun hat.

WIEN

Besonders ruhig

Wandl

Petersplatz 9
T +43 1 534 550
www.hotel-wandl.com
reservation@hotel-wandl.com

Preise
EZ 110–165 €
DZ 150–220 €
inkl. Frühstück

Ambiente ★★○○○
Angenehmes Wohnen an ruhiger Altstadtlage – das Drei-Sterne-Hotel «Wandl» zählt zu den Geheimtipps unter Wien-Besuchern. Es ist seit Generationen in Familienbesitz, was sich am freundlichen Empfang bemerkbar macht, aber auch an der Eigentümerfamilie, die sich nicht von kurzlebigen Trends beeinflussen lässt. Eine Einschränkung bei der Zimmerwahl soll hier nicht unerwähnt bleiben: Fenster zum Hof (oder gar zu einem deprimierenden Lichtschacht) sollte man bei der Reservation ausdrücklich ausschliessen. Aus den besseren Zimmern blickt man auf die Fussgängerzone und auf Fiaker (Pferdekutschen), im Idealfall sogar auf den berühmten «Steffl».

Lage ★★★★★
In einer ruhigen Gasse im Herzen der Stadt.

Zimmer ★★○○○
138 funktionelle, mehrheitlich sehr kleine Zimmer mit winzigen Bädern.

Essen & Trinken ★○○○○
Bar. Kein Restaurant im Haus, doch finden sich zahlreiche Restaurants in unmittelbarer Umgebung.

Service ★★★○○
Freundlich-familiär, hin und wieder vom Massenandrang überfordert.

ÖV: U-Bahn Linien U 1 und U 3 bis Station Stephansplatz.

plus-minus

+ Mehr im Zentrum geht nicht. Der Stephansdom ist keinen Steinwurf entfernt.
− Die vielen Reisegruppen im Hotel können nerven – etwa zur Frühstückszeit, wenn es im glasüberdachten Innenhof nicht immer genügend Platz für alle hat und es zu Wartezeiten kommen kann.

ZÜRICH

Greulich

Herman-Greulich-Strasse 56
T +41 43 243 42 43
www.greulich.ch
mail@greulich.ch

Preise
EZ und DZ 250–340 CHF
Suite 410–680 CHF
Frühstück 28 CHF

Ambiente ★★★★★
Ein Haus mit einer eigenen Identität und ganz ohne den üblichen Hotel-Schnickschnack. Das nach einem Gewerkschaftspionier benannte Hotel blickt zur einen Seite aufs pralle Leben des multikulturellen Kreis 4 und richtet sich zur anderen Seite auf einen grossen Innenhof aus. Dort befindet sich auch der zweiflüglige Zimmertrakt, der vom Architektenteam Romero & Schaefle in konsequent minimalistischer Art durchgestaltet wurde. In den Zimmern dominiert Weiss, das durch Farbtupfer belebt wird – die Einrichtung orientiert sich an der «Reduced to the max»-Philosophie. Mittelpunkt des Innenhofs ist der japanisch anmutende Birkenhain, der von der Expo.02 stammt. Besitzer Thomas B. Brunner, Zürcher Rechtsanwalt mit Sinn für Ästhetik, versteht sein Engagement als städtebaulichen Impuls an einer entwicklungsträchtigen Lage. Gastlichkeit und ein reger Kulturaustausch stehen im Zentrum seiner Ideenwelt, die sich beständig weiterentwickelt.

Lage ★★○○○
Im ehemaligen Arbeiterquartier Kreis 4, das sich seit ein paar Jahren mit aufregenden Ateliers, Geschäften und Boutiquen zum «Design-District» mausert.

Zimmer ★★★★★
28 puristisch elegante Zimmer, verteilt auf Haupthaus und Gartenpavillon.

Essen & Trinken
★★★★★
Das Konzept lautet «Small Plates» – kleine Teller mit genussvollem Inhalt. Je nach Appetit und Lust stellt man seine eigene Kombination zusammen. Das Ergebnis macht Spass: Alles ist handwerklich sauber aus guten Produkten zubereitet.

Service ★★★★★
Das hochmotivierte Team bringt Effizienz und Liebenswürdigkeit in keinen Widerspruch.

ÖV: Vom Hauptbahnhof Bus 31 bis Station Bäckeranlage. Vom Bellevue Tram 8 bis Station Bäckeranlage.

plus-minus

+ Kostenfreie Mietvelos machen den Nachteil wett, dass das Hotel ausserhalb bequemer Gehweite zur Zürcher Innenstadt liegt.
− Die Zimmer sind etwas gewöhnungsbedürftig: halboffene Toiletten, problematisches Duschsystem (Überschwemmung ist programmiert), kaum Stauraum, wenig Verdunkelungsmöglichkeiten.

ZÜRICH

Besonders ruhig

Lady's First Design Hotel

Mainaustrasse 24
T +41 44 380 80 10
www.ladysfirst.ch
info@ladysfirst.ch

Preise
EZ 230–270 CHF
DZ 265–395 CHF
inkl. Frühstück

Ambiente ★★★★○
Das stilvolle, von Innenarchitektin Pia Schmid sanft renovierte Haus aus dem 19. Jahrhundert war früher ein Mädcheninternat. Zunächst stand es nur Frauen offen, empfängt heute aber längst auch Männer als Gäste. Pure wirtschaftliche Not zwang die Betreiberinnen zum Umdenken. Selbst weibliche Stammgäste blieben plötzlich fern – etwa Künstlerinnen mit wochenlangen Engagements am Opernhaus, die am Wochenende ihre Partner und Freunde ins «Lady's First» bringen wollten und nicht durften. Männer sind allerdings nur in den unteren Etagen des Hotels willkommen. Die obersten beiden Etagen, wo sich auch ein schmucker Wellnessbereich und eine Dachterrasse befinden, bleiben den Frauen vorbehalten. Das frauenspezifische Angebot in den Zimmern hält sich in Grenzen: Eine «Annabelle» liegt auf dem Nachttisch, und zu den Badezimmerutensilien gesellen sich Tampons und Binden.

Lage ★★★★○
Ruhig im Seefeldquartier. Wenige Gehminuten von See und Oper.

Zimmer ★★★★○
Die 28 hellen Zimmer verfügen mehrheitlich über hohe Decken und sind durchgehend mit Parkettböden, hochwertigen Materialien und kostenlosem WiFi-Empfang ausgestattet. Manche Zimmer haben einen kleinen Balkon und seitlichen Blick auf den Zürichsee.

Essen & Trinken ★★○○○
Kleines Restaurant für Hausgäste mit italienischen Spezialitäten. Zahlreiche Restaurants und Bars im Quartier.

Service ★★★★○
Persönlich und kompetent. Auf Sonderwünsche wird umgehend eingegangen.

ÖV: Ab Hauptbahnhof Tram 4 bis Station Feldeggstrasse. Von dort sind es zwei Gehminuten zum Hotel.

plus-minus

+ Gemütliche Kamin-Lobby-Lounge, hübsche Rosengarten-Terrasse.
− Die Kehrseite eines charmanten Altbaus: ringhörige Zimmer. Das Risiko, morgens von den ratternden Rollkoffern anderer Gäste geweckt zu werden, ist hoch.

ZÜRICH

Plattenhof

Plattenstrasse 26
T +41 44 251 19 10
www.plattenhof.ch
sidler@plattenhof.ch

Preise
EZ 175–275 CHF
DZ 225–405 CHF
inkl. Frühstück

Ambiente ★★★○○
Sympathisch unaufgeregtes Design-Domizil, das in einem typisch zürcherischen Stadthaus nahe der Universität untergebracht ist und bei aller gestalterischen Schlichtheit eine urbane Behaglichkeit ausstrahlt. Die Hotel-Lounge lädt mit Latte Macchiato, Hot Panini, Zeitungen und Zeitschriften zum Entspannen ein. Frühstück und italienische Cucina schmecken ausgezeichnet.

Lage ★★★○○
An einer relativ ruhigen Wohnstrasse im Universitätsquartier, rund zehn Gehminuten zur Altstadt.

Zimmer ★★○○○
37 funktionale, eher kleine Zimmer mit «Mood-Lighting», kostenlosem WiFi und kostenloser DVD-Auswahl.

Essen & Trinken ★★★○○
Restaurant «Sento» mit italienischen Spezialitäten und hübscher Gartenterrasse (Samstag und Sonntag geschlossen).

Service ★★★○○
Das Hotelteam besteht teilweise aus Studenten, sorgt aber mit grossem persönlichem Einsatz für das Wohlbefinden der Gäste.

ÖV: Ab Hauptbahnhof Tram 6 bis Station Platte.

plus-minus

✚ Für Zürcher Verhältnisse ausgesprochen gutes Preis-Leistungs-Verhältnis.
━ Manche Zimmer sind etwas abgewohnt und renovationsbedürftig, zudem ziemlich ringhörig.

ZÜRICH

Rössli

Rössligasse 7
T +41 44 256 70 50
www.hotelroessli.ch
reception@hotelroessli.ch

Preise
EZ 210–270 CHF, DZ 290–390 CHF
Juniorsuite 370–480 CHF
Dach-Apartment (4 Personen)
680–750 CHF
inkl. Frühstück

Ambiente ★★★★○
Im Zürcher Oberdorf versteckt sich in einem Gässchen an zentralster Lage das vielleicht intimste Hotel der Altstadt – und ist von aussen kaum als Hotel zu erkennen. Die sehr unterschiedlichen Zimmer sprechen Individualisten an, welche die Verbindung von schlichtem Design, historischen Mauern und einer entspannten persönlichen Atmosphäre zu schätzen wissen. Mit etwas Glück kann man die Juniorsuite 601 mit eigener Dachterrasse ergattern und einen traumhaften Abend bei einer Flasche Wein über Zürichs Dächern verbringen. Neueren Datums ist ein spektakuläres zweistöckiges Dach-Apartment mit grossem Wohn-/Essraum, zwei Schlafzimmern, zwei Badezimmern, einer Küche und einer Dachterrasse mit Blick aufs Grossmünster. Im Parterre des kleinen Hotels lockt eine stimmige Bar, wo coole Romantiker bei wohldosierten Jazzklängen eine exquisite Auswahl offener Weine, Schweizer Biere und alter Single Malt Whiskys geniessen.

Lage ★★★★★
Im sprichwörtlichen Herzen der Zürcher Altstadt.

Zimmer ★★○○○
26 sehr unterschiedliche, einfache Zimmer mit kostenlosem WiFi. 1 Juniorsuite mit privater Dachterrasse. 1 Dach-Apartment (100 Quadratmeter) mit zwei Schlafzimmern und privater Dachterrasse.

Essen & Trinken ★○○○○
Gepflegte Weinbar im Erdgeschoss. Kein Restaurant im Haus, doch finden sich ungezählte Restaurants in unmittelbarer Umgebung.

Service ★★★○○
Unkompliziert freundlich und hilfsbereit.

ÖV: Ab Hauptbahnhof Tram 4 bis Station Helmhaus. Dort die Strassenseite wechseln, entlang der Schifflände gehen (Durchgang Haus Nummer 32) und nach 100 Metern in die Rössligasse abbiegen.

plus-minus

+ Eine bessere Ausgangslage für Zürich-Erkundungen gibt es kaum.
− Manche Zimmer sind für die vergleichsweise hohen Preise ziemlich klein und spartanisch. Und im Sommer kann es ein wenig lauter werden, wenn man ein Zimmer zur Rössligasse hat.

ZÜRICH

Seehof

Seehofstrasse 11
T +41 44 254 57 57
www.seehof.ch
reception@seehof.ch

Preise
EZ 165–270 CHF
DZ 225–360 CHF
Juniorsuite 360–430 CHF
inkl. Frühstück

Ambiente ★★★○○
Wenn es denn wahr ist, dass jedes Hotel (nur) so gut ist wie seine Gäste, braucht sich der «Seehof» keine Sorgen zu machen. Hier trifft man stets eine multimediale Mischung aus Kreativen und Agenturmanagern, aus Junganwälten und Redakteuren, aus Akteuren vor und hinter der Kamera. Das Haus hat ja auch eine bevorzugte Lage: Es sind nur wenige Schritte zur Seepromenade oder zum Opernhaus. Zudem war der «Seehof» das erste Hotel in Zürich, das konsequent auf das Konzept «minimalistisch, cool, kosmopolitisch» setzte. Landhaus- und Laura-Ashley-Fans werden hier trotz entspannter Gastlichkeit und tadellosem Service auch im Sommer frösteln.

Lage ★★★★○
Gleich hinter dem Opernhaus mitten im Seefeldquartier.

Zimmer ★★○○○
19 funktionale, schnörkellose Zimmer mit kostenlosem WiFi. 1 Junior-Dachsuite mit Terrasse. Die Zimmer zum Hof sind sehr ruhig, diejenigen zur Strasse etwas weniger.

Essen & Trinken ★★★○○
Nettes kleines Restaurant mit japanischer und europäischer Küche.

Service ★★★★○
Sehr persönlich und zuvorkommend.

ÖV: Ab Hauptbahnhof Tram 4 bis Station Opernhaus. Dort der Seefeldstrasse weiter folgen und bei der nächsten Strasse (Seehofstrasse) rechts abbiegen.

plus-minus
+ See und Seebad Utoquai liegen drei Gehminuten nah.
− Die Einzelzimmer haben mit ihren 10 Quadratmetern Schiffskojengrösse. Und: Wer ein richtiges Designhotel mit Wow-Effekt erwartet, wird enttäuscht – der «Seehof» ist ein ehrliches, urbanes Hotel zu erschwinglichen Preisen und gibt nicht vor, mehr zu sein, als es ist.

ZÜRICH

Seehotel Sonne

Seestrasse 120, Küsnacht
T +41 44 914 18 18
www.sonne.ch
info@sonne.ch

Preise
EZ 195–345 CHF
DZ 215–430 CHF
Juniorsuite 415–580 CHF
inkl. Frühstück

Ambiente ★★★★★
Jeder Stadtbewohner hegt insgeheim zwei Wünsche: sich im Zentrum des Geschehens zu bewegen und selbigem zu entfliehen in eine ländlichere, friedlichere Gegend mit schattigen Plätzchen unter alten Bäumen. Das «Seehotel Sonne» ist in der glücklichen Lage, diese beiden Wünsche erfüllen zu können. Einerseits liegt das geschichtsträchtige Hotel – es besteht seit 1641 – direkt am Seeufer. Andererseits sind die Restaurants und Loungebereiche beliebte Treffpunkte der Zürcher Gesellschaft. Die Atmosphäre ist entspannt, das Interieur wurde in einem Mix aus romantischem Zauber und modernem Design renoviert. Dazu gibt es über achtzig Originalkunstwerke namhafter Künstler im Hotel (etwa von Alois Carigiet, Augusto Giacometti, Bernhard Luginbühl, Julian Schnabel und Andy Warhol).

Lage ★★★★○
Im Zürcher Vorort Küsnacht am Seeufer, unmittelbar neben der Bootsanlegestelle Küsnacht und 100 Meter vom Bahnhof Küsnacht (zwölf S-Bahn-Minuten bis zum Hauptbahnhof Zürich).

Zimmer ★★★○○
Die 37 Zimmer und 3 Juniorsuiten sind sehr verschieden ausgestattet, der Stil der Einrichtung ist jedoch durchwegs freundlich und wohnlich.

Essen & Trinken
★★★★★
Zeitgemässe Marktküche im Restaurant «Sonnengalerie» mit schöner Terrasse, Schweizer Spezialitäten in den rustikalen «Gaststuben», leichte Sommergerichte im Selbstbedienungsrestaurant «Sonnengarten» unter schattenspendenden Kastanienbäumen direkt am See. Turmbar.

Service ★★★★○
Die liebenswürdige Crew sorgt dafür, dass man sich wohl und bestens betreut fühlt.

ÖV: Ab Hauptbahnhof Zürich: S-Bahn Linien S 6 und S 16 bis Station Küsnacht ZH. Von dort zwei Gehminuten bis zum Hotel.

plus-minus

✚ Private Liegewiese am Seeufer, kleiner Wellnessbereich mit Sauna, Dampfbad und Fitnessraum. Fahrräder zum Mieten.
━ Die Zimmer zur vielbefahrenen Seestrasse (Hauptverbindung Zürich–Rapperswil) sind rund um die Uhr laut und nicht zu empfehlen.